화이트헤드철학의 모험

문 창 옥

통 나 무 2002

원전약호　4

서언: 화이트헤드와 현대　5

저자해제　9

1. "관념의 모험"으로서의 사변철학 ……………………………… 27

2. 수학의 형이상학적 기초: 영원한 객체의 영역 ……………… 51

3. 화이트헤드철학의 미학적 함축 ………………………………… 71

4. 화이트헤드의 철학과 종교 ……………………………………… 99

5. 아리스토텔레스의 실체와 화이트헤드의 획기성 이론 ‥ 125

6. 과정철학에서 인격적 동일성의 문제 ………………………… 159

7. 창조성과 궁극자의 범주 ………………………………………… 189

8. 예측명제의 합리성: 흄과 화이트헤드의 경우 …………… 217

9. 화이트헤드의 자연철학과 물리과학의 환원주의 ………… 243

10. 화이트헤드와 포스트모더니즘 ……………………………… 267

참고문헌　296

찾아보기　303

원전약호

AI *Adventures of Ideas*(1933). New York: Macmillan Company, 1952.

CN *The Concept of Nature*(1920). Michigan: The University of Michigan Press, 1957.

FR *The Function of Reason*(1929). Boston: Beacon Press, 1958.

IM *Introduction to Mathematics*(1911). Reprint London: Oxford University Press, 1953.

MT *Modes of Thought*(1938). Reprint. New York: The Free Press, 1968.

PR *Process and Reality: An Essay in Cosmology*(1929). Corrected edition. Edited by D. R. Griffin and D. W. Sherburne. New York: The Free Press, 1978.

RM *Religion in the Making*(1926). New York: Macmillan Company, 1954.

SMW *Science and the Modern World*(1925). New York: Macmillan Company, 1967.

S *Symbolism: Its Meaning and Effect.* New York: Macmillan Company, 1927.

화이트헤드와 현대

시간의식의 도래와 이에 따른 이성 중심 철학의 와해. 이것은 현대 서구 사상의 골격만을 아주 간략하게, 그래서 매우 거칠게 특징지은 것이다. 단순히 후자, 즉 이성에 대한 불신만을 따로 떼어 말한다면 그것은 현대에 처음 등장한 것이 결코 아니다. 사상사는 이성에 대한 신뢰와 불신간의 투쟁사였다고 해도 과언이 아니다. 그러나 그 불신의 주요 동기가 철두철미 시간의식에서 비롯되었다고 볼 수 있는 것은 분명히 현대이다.

현대 사상이 헤겔 철학의 합리적 거대 담론에 대한 반발에서 시작되었다고 하는 것은 서구철학사의 정설이다. 이 점은 다양한 맥락에서 긍정적으로 평가 분석될 수 있다. 하지만 현대가 헤겔과 공유하는 것이 한 가지 있다. 그것은 우리가 화이트헤드 철학에서 요체로 발견하게 되는 논제, 즉 존재가 시간성을 갖는다는 사실에 대한 통찰이다. 서양의 전통 합리주의 사상은 존재를 시간 밖에 둠으로써 이성에 종속시키고자 하였다. 고대로부터 사람들은 시간성이 파괴적인 것이요 불가해한 것일 뿐 아니라 이성의 토대와 구성물을 위협하는 요인임을 간파하고 있었다. 근대 이후 어쩌다 시간을 고려할 때에도 그들은 그것을 아무런 외적 구속성이 없는 투명한 하나의 축으로 등장시켰고, 그래서 흔히 텅 빈 공간의 이미지로 표상하였다. 결국 헤겔 이전까지 존재 이해는 언제나 논리적 공간에서 벌어지는 작업이었다.

헤겔은 존재가 시간 밖에 있는 것이 아니라고 주장함으로써 전통에 반역하였고, 존재가 이성적인 것이라고 주장함으로써 전통을 계승하였다. 그러나 이것은 시간이 이성에 복속된다는 것을 의미했다. 그래서 그에게 있어 시간성은 이성적 존재의 역사성이다. 이 역사는 이성의 법칙 안에서 이 법칙과 함께 하는 것이었다. 헤겔의 시간은 결코 이성의 타자가 아니었다. 이것은 헤겔이 존재의 시간성에 눈을 떴음에도 불구하고 근대 철학자로, 기껏해야 근대의 완성자로 간주되는 근본적인 이유이다.

현대 사상은 헤겔적 이성의 억압으로부터 존재와 시간을 해방시키면서 여정을 시작했다. 19세기 중엽에 이미 존재를 이성에서 해방시킨 사람들이 있었다. 인간의 실존과 생(生)을 각기 문제삼았던 키에르케고르와 니체가 그들이다. 그리고 20세기의 여명기에 베르그송은 시간의식을 이성에서 해방시켰다. 그에게서 시간은 본래의 힘을 회복하였다. 이 일련의 비합리주의 급류를 타고 존재와 시간은 더 이상 이성의 매개 없이 화해할 터전을 마련하였다. 우리는 존재와 시간이 이성의 간섭 없이 만나고 있는 생생한 현장을 하이데거에게서 발견한다. 그리고 이것은 결국 존재와 시간이 이성의 영향권에서 완전히 이탈했음을 의미한다. 시간이 진정 파괴적인 힘이라면 모든 동일성은 존재의 표피가 되어 끊임없이 흩어질 수밖에 없을 것이요, 이성을 기점으로 하는 모든 담론은 공허한 개념놀이로 전락할 수밖에 없을 것이다. 이성적 인간에게 더 이상 활로는 없다. 이런 극단적 단언은 20세기 후반 서구 사유에 부상한 해체 또는 탈구축의 목소리이다.

　그러나 20세기는 다양한 사상사적 원천과 면모를 갖추고 있었다. 헤겔적 이성이 거부되었던 것은 사실이지만 근대적 이성의 모든 면모가 그 지배력을 일거에 그리고 완전히 상실한 것은 아니었다. 20세기 초 한때 이성은 선험 현상학, 구조주의, 논리적 원자론(또는 전기 비트겐슈타인) 등에 둥지를 틀고 시간의식에 대하여 강력하게 항거하였다. 그러나 대세는 시간 쪽에 있었다. 그 자체로 이질적인, 그래서 타자 파괴적일 뿐만 아니라 어떤 의미에서 자기 파괴적이라고까지 할 시간이 존재의 뿌리를 관통하고 있다는 반성이 파급되면서 모든 형태의 이성 중심 철학은 급격히 설득력을 잃어갔다. 그 결과 그들은 각기 생활세계의 현상학, 후기 구조주의, 일상언어분석철학(후기 비트겐슈타인) 등으로 한 걸음씩 물러설 수밖에 없었다. 하지만 지금도 이들은 제각기 시간과 적절히 타협함으로써 제한적이나마 합리적 논의의 가능성을 열어가고자 분투하고 있다. 17세기에 무대에 등장하여 19세기에 이르러 절대권력을 획득했던 합리적 주체는 이제 이들에게 있어 그 대부분의 영향력을 상실한 채, 시간의식에 대항하여 생존을 위한 투쟁을 하고 있는 셈이다.

　화이트헤드는 존재와 시간의 화해 현장에 이성이 개입할 수 있다고 보았던 점에서 분명히 헤겔의 신념을 부분적으로 공유한 합리주의자였다. 그러나 그는 이런 이성의 개입에 궁극적으로 한계가 있다고 보았던 점에서 존재와 시간의 타자성을 열어놓은 비합리주의자이기도

했다. 비록 한계인식 하에서이긴 하지만 그는 존재와 시간과 이성간의 화해를 극대화하고자 하였다. 20세기 후반 이후 목소리를 높여온 해체 성향의 철학자들은 이런 종류의 시도는 마땅히 해체되어야 할 이성중 심주의 철학의 잔재로 간주할 것이다. 이들은 존재와 시간에 대한 자의적 이성의 폭력성을 역설하면서 이성 중심철학으로부터의 자유와 해방을 노래한다. 이들이 말하듯 해체의 철학은 우리에게 진정 해방과 자유를 가져다 줄 것인가? 혹 시간의식이 몰고 온 파괴력이 우리에게 또 다른 억압과 굴종을 강요하는 것은 아닌가? 지금의 우리로서는 이 물음에 확답하기 어렵다. 분명한 것은 우리가 지금 아무런 방향타 없이 시간의식에 부유하여 이리저리 흩어지고 있다는 것이다. 화이트헤드는 그의 저술 몇 곳에서 현대 문명의 와해를 시사하고 있다. 그는 창조적이고 구성적인 사유를 외면하고 분열과 분파를 조장하는 문명은 이미 소멸기에 접어든 것이라고 보았다. 그가 비판과 해체의 잔해 위에서, 사변이성을 내세워 존재와의 화해를 시도하는 까닭은 바로 여기에 있다. 그는 사변이성이 문명에 창조적 방향을 제시할 수 있어야 한다고 믿었다.

저 자 해 제

이 책은 필자가 지난 몇 해 동안 간간이 지면이나 강의를 통해 이미 발표한 적이 있는 글들을 내용으로 하고 있다. 그런 까닭에 이 책의 글들은 서로 내용상의 긴밀한 연관성이 있는 것은 아니다. 독자는 어느 것을 먼저 읽는다 해도 별 문제가 없을 것이다. 그렇기는 하지만 앞부분에 실린 글, 특히 제1장에서 제4장까지의 글이 그 뒤에 실린 글보다 평이한 내용을 담고 있어서 초심자라면 앞쪽의 글을 먼저 읽는 것이 좋을 듯하다. 뒤쪽의 논의는 화이트헤드 연구자들 사이에 쟁점이 되고 있는 특정한 논제를 다루고 있어서 문제사에 대한 선이해가 어느 정도 필요할 것이기 때문이다. 사정이 어떻든 남의 글을 읽는다는 것은 그렇게 쉬운 일이 아니다. 그래서 각 장의 논의 주제를 개요 형식으로 요약해 보았다. 내용 접근에 도움이 될 것이라는 생각에서이다.

1. "관념의 모험"으로서의 사변철학

이 글은 「화이트헤드의 철학과 추상의 역리」(『과학과 형이상학』, 오영환 편, 서울: 자유사상사, 1993)를 상당 부분 수정·보완하여 지금의 제목으로 『화이트헤드연구』 제5집(2002)에 실렸던 것이다. 필자는 이 글에서 화이트헤드의 형이상학적 논의를 방법론적 측면에서 추적해 보았다.

화이트헤드는 철학이 인간의 사유 배후에 지배적인 영향을 행사하는 관념들을 끌어내어 비판적으로 검토 수정하는 가운데 문명의 활로를 열어주어야 한다고 믿었다. 그가 역설하는 관념의 모험은 이 과제 수행의 포괄적인 전략적 절차이다. 이 절차는 『과정과 실재』에서 **일반화**와 **합리화**라는 두 축의 모험을 따라 진행된다. 일반화는 글자 그대로 궁극적인 일반 관념을 찾아내기 위해 일상의 경험과 특수과학의 다양한 영역의 경계를 넘어서는 상상적 도약의 작업이다. 화이트헤드는 궁극적인 일반관념들로 존재 전체를 조망할 수 있다는 합리주의적 믿음을 바탕으로, 이런 상상적 도약의 극대화를 주장한다. 그는 이런 일반화를 통해, **차이의 방법**에 의한 관찰이 포착하지 못하는 경험의 필연적이고 보편적인 요인들을 건져 올린다. 그리고 이렇게 확보된 일반관념들은 화이트헤드의 사변철학에서 형이상학적 원리들로 규정된다. 이에 반해 합리화는 직접 경험의 내적 구조에 주목하면서 이들 형이상학적 제일원리들 간의 상호 연관을 찾아나가는 모험이다. 이 모험에서 일반화의 산물인 추상적 관념들은 구체적인 직접 경험의 내용들을 구제하기 위해 상호 제약의 정합적인 체계로 조직된다. 체계 속에서 일반관념들은 그 일반성을 상실하고 특수화되어 구체적인 경험에 접근한다. 그리고 이런 추상화의 완결판이 형이상학적 우주론이다. 이 우주론은 구체적인 세계의 실상을 드러내는 도구이다. 이 우주론에 의해 드러나는 실재의 실상은 창조적 사유와 문명을 억압하는 전통의 추상관념들을 비판·해체하는 준거가 된다. 결국 『과정과 실재』에서 화이트헤드가 우주론을 구축하면서 감행한 **관념의 모험**은 문명에 활기를 불어넣을 관념들을 모색하기 위해 사변적 사유가 벌이는 추상의 비판·해체·재구성의 과정이었다고 할 수 있다.

2. 수학의 형이상학적 기초: 영원한 객체의 영역

이 글은 화이트헤드의 철학에서 중요한 기능을 담당하고 있는 **영원한 객체**에 관한 강의용 원고를 토대로 작성한 것인데 이 책에 처음 실린다. 필자는 이 원고를 작성하면서 특히 A. P. Lowry의 "Whitehead and the Nature of Mathematical Truth"[*Process Studies* Vol. 1(1971), pp.101-113]; R. M. Palter, J. R.의 "The Place of Mathematicism in Whitehead's Philosophy"(*A. N. Whitehead: Essays on His Philosophy*, ed. G. L. Kline, Englewood Cliffs, N. J: Prentice-Hall, Inc., 1963); 그리고 R. A. Ariel의 "A Mathematical Root of Whitehead's Cosmological Thought"[*Process Studies* Vol. 4(1974), pp. 107-113]을 주로 참고하였다.

흔히 수학명제는 분석명제로 분류된다. 수학명제는 분석명제의 특성인 필연성과 보편성을 가지고 있기 때문이다. 분석명제는 종합명제와 달리 경험적 내용을 가지지 않는 형식적 진술이다. 이런 종류의 진술은 그 진술을 구성하는 기호의 의미에 의해 그 참과 거짓이 결정된다. 그러나 수학명제가 분석명제라면 수학명제와 세계와의 관계는 무엇인가? 수학명제는 세계의 모든 사태에 적용된다. 어떻게 이런 일이 가능한 것인가? 이것은 수학명제가 갖고 있는 필연성과 보편성에 근거하여 이를 분석명제로 간주하는 견해가 답해야 할 물음, 그러나 그 견해를 고수하는 한 답하기 어려운 물음이다.

화이트헤드는 수학적 진리가 현실태를 이루는 과정의 형식으로 자리 잡고 있는 것이라고 주장한다. 이는 그가 수학적 진리를 분석적인 것으로 간주하지 않았다는 사실을 함축한다. 그에 따르면 예컨대 2+4=6에서 2+4와 6은 단순히 동일한 것을 의미하지 않는다. 2+4는 결합의 형식을 가리키며 6은 결과의 형식을 가리킨다. 이런 의미에서 수학명제는 우리가 현실 속에서 발견하는 것이라고 할 수 있다. 그리고 이런 사실은 수학명제의 보편적 적용가능성, 즉 수학명제와 경험 세계와의 관계를 설명해준다.

그런데 과정의 형식 그 자체는 과정과 유리되어 존재할 수 있는 현실태가 아니다. 그것은 글자 그대로 형식적 존재, 즉 가능태이다. 임의의 과정에서 현실화될 수 있는 가능한 형식으로서의 존재라는 말이다. 화이트헤드는 이런 가능태로서의 형식들을 영원한 객체라 부른다. 영원한 객체들은 각기 그 나름의 개별적 본질과, 다른 영원한 객체들과의 관계를 이루는 관계적 본질을 가진다. 수학적 명제의 진위 문제는 이 관계적 본질에 기초한다. 화이트헤드는 영원한 객체가 다른 모든 영원한 객체들과 결정적인 관계 속에 있으며 이 관계가 각각의 영원한 객체를 구성한다고 주장한다. 임의의 영원한 객체는 그것이 다른 모든 영원한 객체들과 가지는 관계에서 구성되는 본성을 지니게 된다는 것이다. 따라서 이들 관계는 그 영원한 객체의 본질에 속한다. 내적인 구조적 관계가 영원한 객체들의 본성에 들어 있는 셈이다. 영원한 객체들의 관계적 본질에 대한 화이트헤드의 논의는 수학적 진리가 어떻게 보편적이고 필연적일 수 있는가라는 물음에 답한다. 수학적 진리는 영원한 객체들 간의 관계의 영원하고 정적인 구조를 기술하기 때문에 보편적이고 필연적이다. 수학적 진리에 의해 기술되는 관계성은 순수한 가능태로서의 영원한 객체들의 본질적 성격에 포함된 보편적이고 필연적인 관계인 것이다.

3. 화이트헤드 철학의 미학적 함축

이 글은 같은 제목으로 시문학지 『신생』 제8호(2000, 가을)에 실린 적이 있으며, D. W. Sherburne의 *A Whiteheadian Aesthetic; Some implications of Whitehead's Metaphysical Speculation*(New Haven: Yale University Press, 1961)을 기본 자료로 활용하여 작성한 것이다. 화이트헤드는 그의 형이상학적 우주론이 인간의 모든 경험에 의미를 부여하는 것으로 기획하였다. 이 글은 그의 이런 기획 의도에 주목하여 화이트헤드의 철학을 배경으로, 예술과 관련된 일련의 물음들에 대한 답변을 찾고 있다. 특히 이 글은 일단 예술이 화이트헤드가 말하는 **명제**를 구현한다고 가정하고, 예술철학에서 문제되는 미적인 대상, 미적인 경험, 예술적인 진리 등의 문제를 분석적으로 검토함으로써 이들 논점이 막연한 의미의 은유를 넘어 직접적이고 기술적인 의미를 가질 수 있다는 것을 보여주려 했다.

우선 예술작품을 실현된, 즉 객체화된 명제로 간주할 경우, 예술작품 가운데 일부, 예컨대 희곡이나 작곡 같은 것은 공연자가 예술작품인 명제를 객체화할 때 이용할 규칙의 체계 또는 지침을 영구적인 형태로 표현한 것이라고 이해할 수 있다. 또 그렇게 볼 경우 우리가 예술작품에서 얻는 미적 경험은 공연(작품)으로 표현된 객체화된 명제를 재창조하는 경험이라고 말할 수 있다. 미적 경험에서 객체화된 명제는 경험 주체의 **주체적 지향**을 유혹하여 자기 창조 과정에서, 그 명제를 재창조하도록 **유혹**한다. 예술작품 이외의 대상을 아름답게 경험하는 것이 미적 경험일 수 없는 것은 그것에는 재창조할 명제가 없기 때문이다. 나아가 예술대상을 명제라 할 때 우리는 예술과 진리의 관계 문제도 설명할 수 있게 한다. 명제로서의 예술작품은 실재의 육중한 배후를 유인해 내는 경우 진리가 된다. 따라서 언어적 진리의 지평에서는 거짓인 것조차도 고도 단계에서는 미적으로 참일 수 있다. 그리고 이와 동일한 논리에서 추한 것도 그것이 실재에 대한 육중한 정서적 패턴을 이끌어내는 한 미적인 것일 수 있다.

4. 화이트헤드의 철학과 종교

이 글은 1999년 "화이트헤드의 종교철학"이라는 주제로 감리교신학대학에서 강연했던 내용을 보완 정리한 것이다. 이 글에서 필자는 화이트헤드에게서 철학과 종교, 특히 기독교가 어떻게 만나고 있는지를 고찰하였다.

우리는 때때로 우리가 종교적인 순간(moment)을 갖는다는 것을 의심하기는 어렵다. 화이트헤드가 종교적 개념이나 이설을 철학적 범주에 끌어들여 해명하는 것은 이런 종교적 순간의 경험을 실마리로 삼아서였다. 그는 자신이 체계적으로 해명하려고 한 우주의 실상의 한 측면인 영속성이 종교적 경험에서 가장 근본적으로 드러나는 것으로 이해한다. 그에 따르면 종교에서 이런 영속성에 대한 관념은 특정한 사회, 특정한 시대에 솟구쳐 나온, 그리고 특정한 선행자들에 의해 제약된 정서나 목적에 뒤덮여 있다. 철학은 이 요소를 합리적 일반성의 차원으로 끌어올려야 한다. 종교는 이렇게 합리화된 일반적 관념들을 특수한 사상, 특수한 정서, 특수한 목적으로 번역하여 구현한다. 그리고 종교는 이런 일반관념에 힘입어 개인적 관심을, 그 자멸적인 특수성 너머에로 신장시킨다는 목적을 향해 나아갈 수 있게 된다. 여기서 종교의 정서적 경험은 철학의 합리적 개념에 의해 정당화되고 철학의 추상적인 일반 개념은 종교의 정서적인 경험에서 예증되는 그런 화해가 성립한다. 요컨대 철학과 종교는 각기 합리적 개념과 특수한 정서를 교환하는 가운데 상대방을 정당화해 준다는 것이다.

화이트헤드의 체계에서 종교와 철학의 화해 현장은 창조성과 신과 영원한 객체라는 기본관념들을 뼈대로 하고 있다. 창조성은 비록 범주적으로 신과 세계의 우연성을 설명하는 궁극자이기는 하나 현실적 존재의 활동성을 통해서만 현실적인 것일 수 있다는 점에서 현실태에 의존하는 가능태이다. 영원한 객체 역시 가능태로서 현실태에 의존한다. 규정의 형식인 순수가능태로서의 영원한 객체들은 현실태인 신에 의해 파악됨으로써 질서를 갖춘 가능태로 전환된다. 그러나 신 또한 영원한 객체에 의존한다. 신은 영원한 객체들을 파악하면서 자신의 원초적 본성(primordial nature)을 얻기 때문이다. 그리고 또한 현실세계(actual world)와 신도 서로를 필요로 한다. 신은 현실 세계에 대한 그의 경험을 통해 결과적 본성(consequential nature)을 구성하고, 현실세계는 자신의 규정자인 영원한 객체들을 신에게서 얻는다. 이런 상호규정성의 바탕은 상호 파악의 일반적 활동성, 즉 창조성이다. 물론 창조성은 이런 바탕이 됨으로써 **현실적** 활동성이 된다. 결국 창조성, 신, 영원한 객체, 세계는 상관적으로 그 의미가 규정된다. 그리고 이것은 화이트헤드가 말하는 근본 관념들간의 정합성, 즉 체계의 합리성이다. 체계 초월적인 요인은 인정되지 않는다. 화이트헤드는 명시적인 전제로부터 연역하는 종래의 합리주의적 전통에서 탈피하여 명시적인 전제와 명시적인 경험의 배후에 있는 묵시적인 전제들을 드러내어 정합적으로 기술하고자 하는 가운데 초월적인 궁극자를 거부함으로써 존재 신학적 전통의 철학과는 전혀 다른 길을 걸었다.

5. 아리스토텔레스의 실체와 화이트헤드의 획기성 이론

이 글은 같은 제목으로 『철학연구』 제38집(1996)에 실렸던 적이 있다. 필자는 이 글에서 화이트헤드가 전통 실체철학의 문제성을 어떻게 인식하고 또 어떻게 극복하려했는지를 고찰하였다.

화이트헤드는 합리적 구도 속에서 **변화**를 다루어온 전통 철학이 근원적으로 갖고 있던 난점을 아리스토텔레스의 실체-속성의 논리에서 파생되는 것으로 보고, 그의 **생성의 획기성 이론**(epochal theory of becoming)을 통해, **변화**를 전혀 다른 논리 위에서 기술하고 있다. 그러나 일부 비판적 논객들은 이 이론이 아리스토텔레스의 실체 철학에 대한 화이트헤드의 오해의 산물이라고 주장한다. 이 글은 이런 비판자들의 견해를 재차 비판한다. 이 글은 화이트헤드가 아리스토텔레스의 실체 규정에서 발견했을 것으로 짐작되는 내재적인 난점이 어떤 것이었겠는지를 간략히 구성적으로 고찰하고, 그가 과정철학에서 **획기성 이론**을 통해 모색하고 있는 실체에 관한 기술이 어떤 의미에서 아리스토텔레스적 전통의 극복일 수 있는 것인지 검토하였다. 그리고 이런 시각의 연장선상에서, 필자는 과정철학이 실체철학의 전통을 그대로 계승하는 가운데, 현대과학의 새로운 개념적 장치와 20세기에 접어들면서 이루어진 과학적 패러다임의 전환에 크게 힘입고 있다는 일부 논객들의 견해도 부분적으로 수정되어야 한다고 보았다. 과정철학은 전통 개념과 그에 수반된 논리를 해체하고 근본적으로 새로운 개념 구성을 시도하고 있기 때문에, 과정철학을 단순히 아리스토텔레스적인 실체철학의 현대적 계승으로 이해하는 것보다 현대적 극복으로 이해하고 평가하는 것이 옳다는 것이다.

6. 화이트헤드의 과정철학에서 인격적 동일성의 문제

이 글은 "화이트헤드의 과정철학에서 인격적 동일성의 문제"라는 제목으로 『철학』 제53집(1997)에 실려 있고, 또 필자의 졸저 『화이트헤드 과정철학의 이해』 제6장 제3절에도 들어있다. 이 글에서 필자는 과정철학에서의 인간의 지위와 관련한 논쟁을 검토하였다.

화이트헤드는 인간과 그 밖의 자연물을 범주적으로 구별하지 않기에, **인격적 사회**(personal society)가 인격으로 정의되는 인간일 수 있음을 단언할 뿐, 세부적인 구성적 논의는 하지 않는다. 이에 대한 보완적인 구성 논의가 오늘날 없는 것은 아니지만 비판적인 논객들은 인격적 동일성에 대한 과정철학의 기술이, 실천적 문제와 연관된 담론의 토대를 근본적으로 무너뜨릴 뿐만 아니라, 인식 자체에 대한 설명마저 위태롭게 한다는 점에서 받아들이기 어려운 것이라고 주장한다. 이 글은 우선 인격을 계기들(occasions)의 사회로 기술할 경우 그로부터, 인간의 행위와 인식에 관련된 불합리한 결론이 도출된다는 점에 주목하여 이런 기술 자체를 비판하는 귀류법적 논의는 다소간 성급한 것일 수 있음을 지적한다. 그리고 나아가 이 글은 이런 비판적 시각들의 배경에 공통으로 놓여 있는 것으로 보이는 하나의 확신, 즉 직접적인 자기 경험에 비추어볼 때 화이트헤드나 그의 연구자들이 제시하는 자아는 구체적 자아가 아니라 오히려 추상물이라는 확신이다. 그러나 이런 확신은 기본적으로 화이트헤드의 우주론의 성격을 이해하지 못한 데서 비롯되고 있는 것이다. 이 글은 화이트헤드가 사용하는 특정의 범주적 개념을 그의 우주론에서의 체계 내적인 지위로부터 분리시키고는, 실증적이고 직관적인 경험 내용에 비추어 그 부적절성을 지적함으로써 과정철학 전체의 시도가 수정되어야 한다고 결론하는 처사는 그 자체가 재차 수정되어야 한다고 주장한다.

7. 창조성과 궁극자의 범주

이 글은 같은 제목으로 『화이트헤드연구』 창간호(1998)에 실렸던 것이다. 이 글에서 필자는 창조성과 관련한 논란, 즉 창조성을 일원론적인 것으로 해석할 것이냐 다원론적인 것으로 해석할 것이냐를 놓고 벌어지는 일련의 논쟁을 고찰하였다.

　화이트헤드 연구자들 가운데는 화이트헤드의 우주론 도식에서 우주의 시간적 진행성과 통일성이 일원론적 창조성에 의해 설명될 수 있다고 주장하는 사람들이 있다. 그들에 따르면 창조성을 포괄적인 실재이자 보편적인 작인으로 이해할 경우 창조성은 이들 문제에 답하는 궁극적인 설명 원리로 간주될 수 있다는 것이다. 하지만 창조성이 현실적 계기나 현실세계로 환원될 수 없는 포괄적인 실재성을 갖는다고 하더라도 그것은 우주의 진행성이나 통일성을 설명할 수 없는 것으로 보인다. 그것은 현실세계의 우연성을 설명한다는 의미에서만 궁극적인 설명원리로 간주될 수 있다.

　화이트헤드의 우주론에서 창조성 그 자체는 순수한 활동성이다. 이는 그것이 어떠한 결정성도 갖고 있지 않다는 것을 의미한다. 따라서 그것은 우주의 진행성이나 통일성을 설명할 수 없다. 왜냐하면 화이트헤드의 문맥에서 우주의 이러한 특성을 현실적 계기들 사이의 외적인 관계에 기초를 둔 것이 아니라 이들 간의 내적인 관계에 기초를 두고 있기 때문이다. 그런데 창조성은 현실적 계기들 간의 외적인 관계, 즉 계기(succession)나 공재(togetherness)를 설명할 수 있을 뿐이다. 그리고 이런 의미에서 순수한 창조성 그 자체는 기껏해야 내적 관계를 토대로 하는 우주의 진행성과 통일성의 필요조건일 뿐, 충분조건일 수 없다. 그것이 충분조건이기 위해서는 어떤 방식으로 결정되어 있어야 한다. 사실상 그것은 **궁극자의 범주**에 내속함으로써 이런 궁극적 결정성을 얻고 있다. 이 범주는 **다에서 일로**라는 원초적 형식에 의해 창조성을 제약함으로써 그것에 역동적 구조를 부여하고 있다. 따라서 우주의 진행성과 통일성을 설명하는 것은 단순한 창조성이 아니라 전체로서의 궁극자의 범주, 또는 적어도 "다를 일로 통일시키는 과정으로서의 창조성"이다.

8. 화이트헤드의 자연철학과 물리과학의 환원주의

이 글은 "자연과학, 자연철학, 화이트헤드"라는 제목으로 『화이트헤드연구』 제2집(1999)에 실렸던 것을 상당 부분 수정·보완한 것이다. 원래 초고는 <명지대, 서강대, 연세대 철학연구소 공동주최 '98 학술대회>에서 발표한 적이 있다.

화이트헤드의 자연철학에서 인식작용에 대한 탐구는 자연존재에 대한 탐구와 동류에 속한다. 감각경험은 단순히 실재에 대한 인식의 통로가 아니라 그 자체가 하나의 실재이다. 실재의 궁극적 특성은 감각경험이 전달해주는 것에 앞서 감각경험 그 자체에 내재되어 있다. 그래서 그의 체계에서는 과거의 지적인 활동에 수반되어온 모든 인식론적 범주들이 존재론적 범주로 탈바꿈된다. 따라서 화이트헤드는 인식론 철학이 몰두했던 많은 문제들을 직접적으로 언급하지 않는다. 화이트헤드를 따라갈 때 우리는 낡은 문제들에 대한 새로운 답변을 별로 듣지 못한다. 그는 이 문제들의 전제를 해체, 재구성함으로써 인류의 지적인 에네르기를 전혀 다른 방향으로 이끌어가려 한다.

그러나 화이트헤드의 과격한 반전통적 반시대적 성향은 그를 철학적 이방인으로 만들었다. 그의 자연철학의 근본적인 제안들은 우리의 과학적 이성을 둘러싸고 있는 사유 습관과 개념, 방법적 절차 등과의 화해가능성, 요컨대 환원적 분석과 설명의 가능성을 근본적으로 배제하고 있다는 것이 주된 이유였다. 그리고 이런 평가는 화이트헤드가 자신의 철학을 **유기체철학**이라 특징짓고 있다는 점에서 이론의 여지가 없는 것으로 간주된다. 왜냐하면 일반적으로 유기체론자들에게 있어 유기체는 그 환경과의 내적인 상호관련에 의해 그 자신을 특화시키고 있는 존재로 간주되는 까닭에, 외적인 관계를 전제로 하는 기계적인 환원을 근본적으로 거부한다고 볼 수 있기 때문이다. 하지만 이런 방식으로 화이트헤드의 자연철학과 현대의 과학을 대비시키는 것은 그의 철학에 대한 단순한 명목론적 해석의 결과이다. 화이트헤드의 자연철학에서 환원적 분석과 설명의 가능성을 문제삼으려면 존재 기술에 들어 있는 두 가지 기본적인 구별에 먼저 주목해야 한다. 하나는 미시적 지평과 거시적 지평을 구별하는 일이고 다른 하나는 거시적 지평 내에서 사회(society)와 비사회적 결합체(nexus)를 구별하는 일이다.

미시적 지평에서 고찰되는 현실적 계기 하나하나는 특수한 것으로, 반복되지도 존속하지도 않는다. 말하자면 이들은 이 들이 구현하는 시공간 영역(region)과 생사를 같이 한다. 또 이들 하나하나는 그에 선행하는 과거의 계기들을 기반으로 하는 다른 모든 계기들과의 관계에 힘입어 **지금의 그것**(what it is)이 되고 있다. 뿐만 아니라 이들은 이런 다른 모든 계기들과의 관계에 의해 완전히 결정되지도 않는다. 그들의 특성은 타자에 절대적으로 의존하지 않는다는 것이다. 비록 과거의 제약으로부터 완전히 벗어날 수는 없지만 내적인 창조적 결단(decision)을 본질로 한다는 점에서 그들은 언제나 과거로부터의 부분적인 일탈을 구현한다. 따라서 현실적 계기들의 미시세계에는 유사성이 부분적으로 계승되고 있을 뿐이라는 점에서 이질적인 생성들(becomings)의 연속이 있을 뿐, 지속적인 동일성을 갖는 것이 존재하지 않는다. 이런 지평에만 주목한다면 환원적 분석은 명백히 그 힘을 잃는다. 그러나 현실적 계기들의 미시세계에서 드러나는 이러한 비동일성으로의 해체는 자연과학에서 문제되는 환원과 직접적인 관련이 없다. 자연과학에서 문제되는, 부분들을 통한 전체 이해라는 것은 어디까지나 화이트헤드에게 있어 상대적 안정성과 독립성을 확보할 수 있는 것으로 간주되는 거시적 지평의 존재들인 **사회들** 간의 문제, 일상 용어로 하자면 추상적 존재들 간의 문제이기 때문이다. 화이트헤드는 흔히 물리과학에서 문제되는 무기물의 거시사회를 모두 **존속하는 객체, 입자적 사회, 구조를 갖는 사회** 등에 의해 분석될 수 있는 것으로 기술하고 있다. 이들은 상대적 동일성과 안정성을 갖는 존재들이다. 따라서 무기물의 세계는 이들에 의해, 일정한 한계 내에서, 환원적 분석이 가능하다.

결국 화이트헤드의 자연철학은 거시적 지평의 기술을 통해, 동일성과 추상성을 근간으로 하는 과학적 경험을 해명하고 미시적 지평의 기술을 통해, 이질성과 구체성을 축으로 하는 내적, 외적인 직접경험, 즉 아직 개념화되거나 이론의 의해 제약되지 않은 경험들을 모두 끌어안고 있다. 이런 의미에서 그의 자연철학, 곧 우주론은 사변적 지평에서, 그러나 물리주의의 환원적 프로그램이 없는 **통일된 과학**(unified science)이라는 이상에 부응한다고 할 수 있다. 따라서 그의 자연철학에서 현대 과학과의 전면적인 충돌은 존재하지 않는다.

9. 예측명제의 합리성: 흄과 화이트헤드의 경우

이 글은 같은 제목으로 『화이트헤드연구』 제3집(2000)에 실렸던 것으로, 초고는 「한국화이트헤드학회」 정기발표회(2000, 12)에서 발표했던 적이 있다.

홈은 귀납이 자연의 제일성을 바탕으로 하지만 제일성 그 자체는 합리적으로 정당화될 수 없기 때문에 미래의 자연 사건에 대한 예측은 합리화될 수 없다고 주장한다. 화이트헤드는 상상적 일반화를 통해 우주론을 구축하고 자연의 제일성을 우리의 우주시대에 내재하는 것으로 간주하였다. 그래서 그의 우주론을 전제로 한다면 사건들이 우리의 우주시대에 발생하는 것인 한, 우리는 이들에 관한 귀납추리를 합리적으로 정당화할 수 있으며, 따라서 예측 또한 합리적으로 정당화할 수 있다. 화이트헤드의 우주론은 그 논리적 일관성과 정합성 및 적용가능성과 충분성에 의해 정당화된다. 이런 사실은 그의 우주론을 받아들이는 데 있어 단순한 심리적 근거 이상의 것이 있으며, 이에 의해 귀납과 예측의 합리성이 확보된다는 것을 함의한다. 흄이 주장하듯이 귀납과 예측이 단순히 우리의 믿음에 전적으로 달려 있는 것은 아니라는 것이다. 이런 의미에서 화이트헤드는 우주론을 구상함으로써 귀납과 예측에 관한 흄의 회의적 결론을 극복하고 있다고 할 수 있다. 그러나 다른 한편 화이트헤드는 우리의 우주시대 그 자체는 영원하고 필연적인 것이 아니라 역사적이고 우연적인 것이라고 주장한다. 따라서 화이트헤드의 체계는 우리의 우주시대 밖에 놓인 사건들에 관한 예측은 합리될 수 없다. 그리고 이런 측면에서는 화이트헤드가 흄의 주장을 받아들였던 셈이다. 결국 화이트헤드는 우주론적 지평에서는 흄의 견해를 거부하는 한편 형이상학적 지평에서는 그것을 받아들였다고 할 수 있다.

10. 화이트헤드와 포스트모더니즘

이 글은 같은 제목으로『화이트헤드연구』제4집(2001)에 실려있다. 그리고 이 글은 필자의 선행연구「화이트헤드의 합리주의와 비합리주의」에 부분적으로 토대를 두고 있다. 이 후자의 글은「한국화이트헤드학회』제5차 정기학술대회(2001, 2)에서 발표했던 것으로,『철학』제69집(2001)에 실려있다.

화이트헤드는 전통철학의 근본 전제들을 비판하면서 출발하고 있다는 점에서 일견 포스트모더니즘 계열의 철학자들과 한편에 있다. 그는 근대의 독단적 이성에 대한 신뢰를 철저히 비판한다. 그러나 포스트모더니즘의 근대 비판이 모든 구성에 대한 전면적 해체로 이해되는 한, 화이트헤드의 철학은 외견상 명백히 포스트모더니즘과 일정한 거리가 있다. 이 거리는 양자가 **독단**이라는 개념을 달리 이해하여 극복하고자 하는 데서 비롯된다. 일부 논자들은 이 거리에 주목하여 화이트헤드의 철학을 **구성적** 포스트모더니즘으로 특징짓는다. 이들의 논의는 부분적으로 정당성을 갖는다.

하지만 화이트헤드의 철학에서 이 측면에만 시선을 고정시킬 경우 그의 체계는 곧바로 반구성주의 철학과 정반대의 길을 가는 것으로 나타날 수 있다. 이 때 화이트헤드의 철학은 근대의 극복이라기보다 근대 이념을 계승한 수정적 재구성에 불과한 것으로 이해될 것이며, 그래서 마땅히 해체의 대상 가운데 하나로 간주될 것이다. 그러나 화이트헤드의 구성은 결코 근대 이념을 계승하고 있지 않으며 그런 점에서라면 해체의 대상일 수 없다. 보다 정확히 말하자면 화이트헤드는 이미 자신의 체계 속에 해체의 기제를 작동시키고 있어서 외부의 해체를 필요로 하지 않는다고 할 수 있다. 그리고 이 점에서 오히려 화이트헤드는 20세기 후반의 시대 정신을 상당 부분 예견하고 있었다고 할 수 있다. 이 글에서 필자는 해체적 포스트모더니즘, 특히 데리다와의 비교를 통해 이 점을 보여주고자 했다. 물론 화이트헤드와 포스트모더니즘이 근대를 바라보는 시각이 다르다. 또한 그래서 양자는 상이한 개념적 도구를 통해 근대를 비판·해체한다. 더욱이 화이트헤드는 구성을 시도한다. 그러나 양자가 궁극적으로 도달하고 있는 최종 국면은 상당부분 접근하고 있다.

화이트헤드는 현실적 존재의 자기 원인성, 즉 창조적 결단에 따르는 존재의 우연성을 적극적으로 수용한다. 이것은 화이트헤드의 형이상학적 체계를 철두철미 존재론적 측면에서 실험적이고 개방적인 것으로 이끌었다. 다른 한편 그의 주장의 또 다른 측면, 즉 현실적 존재들 간의 상호 연관성은, 해체적 포스트모더니즘이 주목하는 언어적 지평에서 화이트헤드적 해체를 결과한다. 화이트헤드는 데리다와 마찬가지로 언어가 철학에 부과하는 본질적인 한계를 직시하였다. 그가 이런 언어의 한계를 확인 한 것은 존재의 상호 연관적 성격과 관련해서였다. 생성하는 존재는 타자 전체와의 관계 속에서 지금의 그것으로 생성하고 있다. 이것은 존재의 상호 연관성이다. 이런 상호 연관성 때문에 그 어떤 현실적 사태도 고도의 추상형식인 언어에 의해 온전히 표현될 수 없다. 화이트헤드가 객관적인 언어적 주장에서의 의미의 단순정위를 비판하고 나서는 것은 이런 맥락에서이다. 그리고 존재들의 상호 연관성에 대한 화이트헤드의 이런 확신은 언어의 지평에서 데리다의 인식론적·문맥주의적 해체와 유사한 귀결을 동반하고 나타난다.

존재의 상호 연관적 본성은 언어로 하여금 결코 존재 전체를 포착할 수 없게 할 뿐만 아니라 모든 종류의 언어 표현으로 하여금 그 의미의 총체적인 가능성을 예측할 수 없게 하기 때문이다

결국 화이트헤드와 데리다는 언어 그 자체의 상호 연관적 본성을 인정하고 고정된 객관적 의미를 거부한다는 데서 일치한다. 그래서 그들은 절대적인 보편적 진리로 자처하는 추상, 자신의 특수한 전망과 입각점의 한계를 깨닫지 못하는 철학의 오만을 같은 목소리로 비판한다. 그러나 데리다의 경우 이런 비판의 핵심에는 주로 언어의 상호 연관적이고 유동적인 본성이 있었던 반면 화이트헤드에게서는 존재의 상호 연관적 본성과 우연성이 있었다. 따라서 화이트헤드와 데리다가 공유한 포스트모던적 관심은 또한 그들의 철학적 전개를 유사한 것으로 만들고 있지만 데리다가 인식론적·언어적 시각에서 이를 정초하고 있다면 화이트헤드는 존재론적 시각에서 이를 정초하고 있다는 데서 다르다. 그러나 이런 차이에도 불구하고 화이트헤드는 존재에 대해 초연한 사심 없는 철학적 기술의 가능성을 부정하는 가운데 모더니즘의 핵심에서 이탈하여 데리다 작업의 특징을 이루는 해체로의 길을 열고 있다. 말하자면 그의 구성은 완결된 단 하나의 보편적인 형이상학적 문맥을 전제로 하지 않는다는 점에서 분명히 해체적 **포스트모더니즘**의 경향을 함축하고 있었다고 할 수 있는 것이다.

"관념의 모험"으로서의 사변철학

....

1. "관념의 모험"으로서의 사변철학

I

현대 문명의 저변에 깔린 근본 관념들을 추적하여 비판하는 가운
데 현대 문명에 역동성을 가져다 줄 새로운 관념을 모색하는 것, 이
것은 화이트헤드가 말하는 사변철학의 과제, 곧 **관념의 모험**이다.[1]
또한 이것은 일찍이 화이트헤드가 철학은 **추상관념의 비판자**(SMW
126/138-39)[2]라고 선언하면서 염두에 두고 있던 문제 의식이기도하다.
화이트헤드의 표현을 빌자면 이 모험은 "원숭이의 것과 같은 희미한

---

1) 『관념의 모험』 머리말에서 화이트헤드는 이 **모험**의 두 가지 의미를 말하고 있다.
"그 하나는 인류로 하여금 문명을 향해 서서히 나아가도록 하는 어떤 관념의 영
향이다. 이것은 인류 역사에서의 관념의 모험이다. 또 하나는 역사의 모험을 설
명해줄 관념의 사변적 구도를 구축하려는 필자의 모험이다"(AI vii). 우리가 이
글에서 주목하려는 것은 이 후자의 모험이다. 그러나 이 모험은 궁극적으로 전
자 즉 **역사의 모험**으로 환원된다고 할 수 있다. 왜냐하면 화이트헤드는 그의 사
변적 체계를 통해, 역사가 진지하게 고려해야 할 하나의 **관념**을 제시하고 있다
고 할 수 있기 때문이다.
2) "/" 앞의 숫자는 원문의 쪽수이고 "/" 다음의 숫자는 우리말 번역서의 쪽수이다.

의식의 변경에서 그리고 사전적인 언어권 밖에서, 모든 추론에 함축되어 있는 전제들을 추적"(AI 380)하는 일이다. 그리고『과정과 실재』에 구축된 형이상학적 우주론은 이 모험의 장대한 결실이다. 따라서 그의 우주론은 단순한 사변적 유희의 산물이 아니다. 그것은 창조적 사유가 실재와 씨름하면서 성취한 것이다. 말하자면 그것은 화이트헤드가 생각하고 있는 문명의 선도라는 철학적 과제의 성과로 나타난 것이다.

이 글에서 필자는 화이트헤드가『과정과 실재』에서 감행하고 있는 **관념의 모험**을 그 방법적 측면에서 추적해 볼 것이다. 이것은 화이트헤드가 **관념 비판자로서의 철학**을 실천하기 위해 구사하고 있는 전략, 즉 **일반화**(generalization)와 **합리화**(rationalization)를 해명하는 일이다. 여기서 우리는 이들 전략이 이성과 경험이라는 전통철학의 방법적 기제를 철저화한 것이라는 점, 그리고 또한 그렇기에 전통적·일상적 사유 도식의 굴레로부터 문명을 해방시키려는 화이트헤드의 모험이라는 것도 기본적으로 이성과 경험을 두 축으로 하는 것이었다는 점을 확인하게 될 것이다.

II

우리는 언제나 추상관념들을 매개로 하여 사고한다. "우리는 추상관념 없이는 사고할 수 없다"(SMW 85/96). 화이트헤드가 시사하고 있듯이 이 양자 사이의 의존관계는 그 양자의 존립에 본질적이다. 화이트헤드에 의하면 추상한다는 것, 즉 세부적인 것들을 사상(捨象)하고 단순화시킨다는 것은 정신성(mentality)의 기본 특성이다. 화이트헤드를 따라 극단적으로 말하자면 정신성은 소극적 긍정이 아니라 적극적 부정(negation)의 능력이다(PR 5/52, 254/455). 하지만 서구의 전통 철학이 이 점을 깨달은 것은 비교적 최근의 일이다. 대체로 전통 철학은 인간에게서 정신적 기능의 역할이 경험에 개념적 세련미를 가하는 데 있는 것이라고 믿어왔다. 하지만 화이트헤드는 정확히 그 반대가 사실이라고 주장한다. 정신은 단순화의 작인(agent)이다(AI 273). 그래서 인간의 정신성과 추상은 서로에 의존하면서 서로를 강화한다. 더구나 전통 철학이 금과옥조로 여겨온 의식은 부정적 단순화, 곧 추상을 위한 최고의 기제이다. "의식의 성장은 추상의 발흥"(MT 123/144)이다. 따라서 이러한 정신성의 정점을 이루고 있는 것으로 간주되는 의식적인 지성의 활동은 추상과 전적으로 운명을 함께 한다.

그렇기에 지성적 의식이 인간의 본질적 요인이라는 통속적인 시각이 옳다면 인간은 그의 정신성이 뒷받침하는 이런 추상능력에 힘입어 인간이 되고 있는 셈임에 분명하다. 인간이 인간인 까닭은 추상관념을 조작할 줄 안다는 데 있다는 것이다. "동물들은 구조(structure)를 향유한다." 하지만 "인간은 구조를 이해한다"(MT 76/95). 그는 사태의 소용돌이로부터 그것을 지배하고 있는 원리를 추상해내고, 이런 원리의 다른 예증 사례들을 상상할 수 있다. 여기서 그는 소원한 목표물들을 상정하고, 그에 따르는 다양한 결과들을 비교하는 가운데 최상의 것을 지향할 수 있다.

그러나 인간 지성이 행하는 추상은 온전한 실재에 대한 부정을 동반하기에 그만큼 실재의 실상을 왜곡할 수밖에 없다. 어떤 의미에서 우리가 추상을 통해 만나는 실재는 해부된 실재, 호흡을 멈추고 박제가 된 실재이다. 지성이 이런 전리품에 만족할 때, 그것은 동물적 본능의 지평으로 가라앉는다. 그때 인간은 본능에 갇힌 동물처럼 추상적인 도식에 갇혀 **동일 반복**의 논리에 빠져들게 될 것이기 때문이다. 여기에 진정한 의미의 문명을 위한 자리는 없다. 화이트헤드가 특정한 추상도식과 지성과의 밀착은 문명에 치명적이라고 말하는 이유는 바로 여기에 있다.

추상의 억압은 단순히 "구체적인 경험에 재차 주목하는 것만으로 완전히 해소될 수 있는 성질의 것이 아니다. 왜냐하면 그 때에도 사람들은 구체적인 경험 가운데 어떤 한정된 도식(scheme)에 들어맞는 측면만을 주목할 수 있기 때문이다"(SMW 26-27/38). "사유가 관찰에 선행한다. 그것은 세부사항까지 결정하지 않을지 모르지만 유형을 시사한다"(FR 72). "추상적 이론의 전개가 사실에 선행한다"(FR 75)는 것이다. 따라서 **오관을 통한 냉정한 관찰**에 의존한다 하더라도 관찰한다는 것은 이미 사실의 어떤 측면을 선택한다는 것을 의미하기 때문에 "아주 넓은 범위에서 성과를 거두고 있는 추상관념들의 도식을 초월한다는 것은 어려운 일"이다.

우리는 우회로를 택해 그것을 넘어서야 한다. 그것은 우선 "여러 유형의 경험에 확고하게 기초를 두고 있는 다양한 추상화의 도식을 서로 비교해 보는 것"(SMW 27/38), 그리고 이를 통해 우리는 추상관념들에다 추상관념으로서의 적절한 상대적 지위를 부여함으로써 그것들을 조화시키는 것, 나아가 "그것들을 우주에 대한 보다 구체적인 직관과 직접 비교함으로써 그것들을 완전하게 하고, 그렇게 함으로써 사유의 보다 완전한 도식을 형성하는 것"(SMW 126/138-39)이다. 이것은 기존의 추상관념들을 취하여 이들의 탄생 시에 개입했던 경계를 타파함으로써 그 적용가능영역을 확대하거나, 이들 관념을 한 단계 더 일반화함으로써 보다 일반적인 추상관념들, 즉 **사유의 보다 완전한 도식**을 마련하는 일이다. 이것이 화이트헤드가 말하는 추상비판으로서의 **관념의 모험**이다.

전통의 추상관념들은 대다수가 인간이 그의 실천적 편의에 따라 자의적으로 추출해낸 것들이다. 이와 같은 실천적 관심을 동반한 추상관념들에 의해 재단되었던 사태들을 그 뿌리에서 그리고 하나의 전망 하에서 포착하는 보다 일반적인 도식을 창출하려면 다양한 추상 영역에서의 보다 철저한 일반화가 필요하다. 그래서 화이트헤드가 벌이는 관념의 모험은 **관찰**보다도 **일반화**에서 그 여정을 시작한다.

화이트헤드는 고대의 무사안일로부터 문명을 추동시켰던 원동력이 사실상 일반화를 통해 추상적 원리를 구하려는 열망이었다고 말한다. 우리는 과학일반에서 가장 생생한 역사적 사례들을 발견한다. 과학일반은 "판에 박힌 모든 일상의 과정이, 그 특정한 예증사례들을 떠나서 추상적으로 진술될 수 있는 원리를 예증한다고 하는 사실"(AI 180-81)을 파악하게 되면서 그 첫발을 내디뎠다. 이때 이런 원리들은 일반적인 것으로 이해되고, 우리가 경험하는 개별적인 사실들은 이들 원리의 구현, 곧 예증사례로 이해된다. 따라서 추상적 일반원리를 구하려는 열망은 결국 다양성 속에서 유사성을, 우연적 사례 속에서 필연적인 원리를 구하려는 열망, 요컨대 합리성을 향한 열망이었다(MT 98/118-19). 그리고 이것은 우리가 역사에서 목격할 수 있는 **관념의 모험**의 첫걸음이었다.

화이트헤드의 철학은 이 모험의 무한 개방, 즉 합리성의 극대화를 지향한다. 과학은 유(genus)와 종(species)을 근간으로 하는 분류(classification)를 전제로 하고 일반화한다. 과학에서 이런 분류는 모험의 무한 개방을 가로막는다. "예리한 과학적 분류는 과학적 방법에 본질적인 것이다. 그러나 그것은 철학에는 대단히 위험스런 것이다. 그러한 분류는 자연적 존재의 상이한 양태들이 서로 뒤섞여 들어가고 있다는 사실을 보지 못하게 한다"(MT 157/181). 따라서 철학은 분류에 수반되는 추상, 제한된 일반성을 넘어서야 한다. 철학은 "그 보편적 적용가능성(universal applicability) 때문에 거의 분류할 수 없는 그런 일반관념들"(AI 183)을 찾아 나서지 않으면 안된다. 차이의 방법에 의존하는 관찰로는 이들을 포착할 수 없다. 물론 "우리는 습관적으로 차이의 방법(method of difference)에 의해서 관찰한다. 우리는 코끼리를 보고 있을 때도 있고 또 보고 있지 않을 때도 있다. 그 결과 코끼리가 눈앞에 있을 때 우리는 코끼리에 주목하게 된다. 관찰의 용이성은 관찰되는 대상이 현존하고 있을 때 그 대상이 중요하다는 사실, 그리고 때로는 그것이 현존하지 않는다는 사실에 달려 있다"(PR 4/52). 따라서 관찰의 불가결한 조건 가운데 하나는 관찰의 대상이 언제나 경험 속에 현재하는 것이어서는 안된다는 것이다. 그것은 어떤 때는 현재하고 어떤 때는 현재하지 않는 것이어야 한다. 요컨대 관찰은 가변성을 전제로 한다. "우리의 경험 내의 요소들은, 그들의 가변성에 비례하는 **명석 판명성**을 띠고 나타난다"(MT vii/7). 그래서 예컨대 **실체**라는 개념이 사변적인 도식 속에 들어있다면, 경험 속의 모든 대상은 실체가 될 것이고, 그럴 경우 차이성에 의존하는 관찰은 이런 **실체**를 포착할 수 없게 될 것이다.

그러나 언제나 경험 속에 현재하는 것들, 그리고 이런 의미에서 "필연적인 것들은 변하지 않으며, 그 때문에 사유의 희미한 배경 속에 희미하고 모호한 것으로 남아있게 된다"(PR 4/50, MT vii/7). 이들은 항상 명석 판명한 관찰을 따라 다니는 언어적 진술 배후에 머문다. 따라서

"철학적 진리는 언어에 의한 명백한 진술 속에서보다는 언어의 전제 속에서 찾아져야 한다"(MT vii/7). 화이트헤드가 **관념의 모험**을 통해 포착하고자 하는 것은 이 **필연적인 것들** 즉 **언어의 전제들**이다. 화이트헤드는 이 일련의 논점을 다음과 같이 정리한다. "형이상학의 제1원리들은 예증되지 않는 법이 없다. 우리는 현실세계가 그러한 원리의 지배로부터 벗어나 있는 것을 포착하지 못한다. 따라서 형이상학적인 발견을 하고자 할 경우, 이미 앞서의 관찰에 의해 만들어진 세밀한 식별을 엄밀히 체계화하는 데에 사고를 못박는 식의 방법으로는 실패하고 만다"(PR 4/51).

화이트헤드가 말하는 일반화는 이런 원리들을 확보하기 위한 절차이다. 그것은 자유로운 상상으로의 비약으로 구현된다. 상상에 의한 일반화 즉 **상상적 일반화**(imaginative generalization)(PR 5/51)가 그것이다. 이 자유로운 상상의 비약을 위한 토대는 문명에서 작동하고 있는 기존의 추상관념들이다. 화이트헤드에 따르면, 예술, 과학, 종교 등과 같은 인간의 다양한 문화는 추상관념들의 보고(寶庫)이다. 화이트헤드가 플라톤 철학에 **일반관념들**(general ideas)이 풍부하게 들어 있다 하여 그의 철학을 높이 평가하는 것(PR 39/110)도 자신의 이와 같은 과제 인식과 맥을 같이 하고 있다. 철학은 이러한 일반관념들을 종(species)으로 삼아 유(genus)를 산출해야 한다. 즉 "모든 사실에 적용되는 유적인 개념을 점치기 위하여, 한정된 사실들의 무리에 적용되는 종적인 개념을 이용"(PR 5/53)해야 한다는 것이다.

하지만 이러한 절차가 정당성을 확보할 수 있으려면, 다양한 문화적 국면에서 이루어지는 경험 양태들 사이에 어떤 유사성이 있다고 가정하지 않으면 안된다. 일반관념들의 원천으로 선정된 분야가 어떤 것이 되건 간에 그것은 그밖의 분야들과 어떤 특성을 공유하고 있다는 전제가 필요하다. 화이트헤드는 이를 하나의 근본적인 믿음으로 간직하고 있었다. 홀(D. L. Hall)이 잘 지적하고 있듯이,3) 그것은 실재의 모든 기본 요소들 사이에 유비적 관계가 존재한다는 합리주의적 믿음이다. 이런 믿음은 화이트헤드가 커납적 일반화에 수반되는 **분류**는 우주를 구성하고 있는 존재들의 실상을 왜곡시킨다고 주장할 때 이미 시사되고 있었다. 분류는 존재들 간의 유사성과 통일성을 보지 못하게 하기 때문이다.

화이트헤드는 이런 유비적 관계를, 상상적 일반화의 또 다른 토대가 되고 있는 사적인 심리적 영역과 물리학의 영역 사이에도 그대로 적용한다. 직접적으로 파악되는 사적인 심리적 실재와 특수 과학의 영역들에서 재현된 추상적 실재 사이에도 유사성과 통일성이 있다는 것이다. 그래서 화이트헤드는 이들 두 영역의 실재들로부터 유사성과 통일성을 끌어내어 조정하고 일반화함으로써 그의 형이상학적 범주들을 추출한다. 그리고 그는 이 절차를 다음과 같이 간접적으로 정당화한다. "살아있는 신체가 물리적 우주의 다른 여러 부분들에 관하여 알려진 것에 따라 해석되어야 한다는 것은 물리학에서 승인되고 있는 학설이다. 이는 건전한 공리이다. 그러나 그것은 양날의 칼이다. 왜냐하면 그것은 우주의 다른 여러 부문이 인간 신체에 대해 우리가 알고 있는 것에 따라 해석되어야 한다는 역추론을 수반하기 때문이다"(PR 119/239-40).4)

---

3) David. L. Hall, *The Civilization of Experience: A Whiteheadian Theory of Culture* (New York: Fordham University Press, 1973), pp.10-12.
4) 화이트헤드는 인과성을 문제 삼을 때도 이 논리를 이용한다. 그는 다음과 같이 말하고 있다. "우리의 직접적인 현재의 경험의 계기(occasion)와 우리의 직전의 과거의 계기와의 결합에 관한 직접적인 증거는 자연 속의 모든 계기들의 결합성

화이트헤드가 일반화의 무한 개방을 추구하는 것은 이런 전략상의 합리주의적인 묵시적 전제 위에서이다. 그는 일반화를 추구하는 "사변에 한계를 설정하는 것은 미래에 대한 반역"(FR 76)이라고 선언한다. 이 선언을 앞세워 일반화를 극대화하는 것, 그것은 단순화이자 추상화를 극대화하는 것이다. 실재 세계는 그 다양한 층위에서 어떤 일반성을 통해 단순화될 수 있다. 따라서 추상의 극대화를 모색하는 철학적 일반화는 결국 실재 전체의 뿌리에 놓인 단순성을 구하고(PR 16-17/70-71), 이 단순성에서 실재 전체의 합리적 기술 가능성을 열어놓는다.

화이트헤드가 자연과학이 비합리주의적 태도를 견지한다고 말하는 것은 이런 맥락에서이다. 그에 따르면 자연과학은 분류에 사로잡힌 나머지 일반화를 특정 층위에 묶어두려 한다. 이것은 명백히 비합리적 태도이다. 그는 다음과 같이 말한다. "자연과학은 이 방법(일반화)을 이용함에 있어 합리주의와 비합리주의의 묘한 혼합을 보여주었다. 자연과학의 지배적인 사고의 풍조는 그 자신의 경계 안에서는 열렬히 합리주의적인 데 반하여, 그 경계를 벗어나면 독단적으로 비합리주의적이었다. 실제로 이러한 태도는 더 이상 일반화되지 않는 그 자신의 본래적인 관념으로도 완전하게 표현될 수 없는 요인들이 이 세계에 있다는 것을 독단적으로 부정하기 쉽다. 이러한 부정은 사고의 자기 부정이다."(PR 5-6/53) 결국 이렇게 보자면 화이트헤드가 『과정과 실재』에서 추상의 극단을 모색하면서 감행하고 있는 관념의 모험은 사변이성에 대한 긍정, 즉 **합리적 사고의 철저한 자기 긍정**의 실천 이상도 이하도 아니다. 여기에 그의 철학이 구현하고 있는 합리주의가 있다.

그러나 현실적으로 볼 때, 일반화가 가져다주는 것은 다수의 추상관

에 적용 가능한 범주들을 시사하는 데 타당하게 이용될 수 있다"(AI 284).

념들뿐이다. 이제 구체적인 실재에 다가서기 위해서는 다양한 층위의 직접 경험과에 비추어 추상적인 일반관념들을 엮어나가야 한다. 이것이 화이트헤드가『과정과 실재』에서 감행하고 있는 둘째 모험, 즉 **합리화**이다. 화이트헤드는 이와 관련하여 다음과 같이 말하고 있다. "추상은 우리를 오도함으로써 우리로 하여금 그 추상을 낳은 복잡한 실재에 이르지 못하게 할 수도 있는 것이다. …의식의 그 다음 과제는 그 의식적인 영역 내의 본질적인 관계들을 찾아내는 일이다. 이것은 합리화의 과정이다. 이 과정에서의 의식은 명백히 고립되어 있는 추상적인 세부 사실들 가운데 들어 있는 본질적인 관계를 인지하게 된다. 그러므로 합리화는 추상화가 의식의 영역 내에서 역전될 수 있는 한에 있어서의 추상화의 역전이다"(MT 124/145-46). 합리화의 모험은 "우리의 경험의 모든 요소를 해석해 낼 수 있는 일반적 관념들의 정합적이고 논리적이며 필연적인 체계"(PR 3/39)를 축조하는 과정으로 정의된다. 이 모험은 이제 화이트헤드의 시선을 구체적인 직접경험으로 이끌어 간다. 그리고 여기서 그의 독특한 경험주의가 작동한다.

Ⅲ

철학적 일반화가 추상관념들의 외연을 확대하려는 모험이었다면 합리화는 이렇게 확대된 관념들을 정합적으로 상호 연관시키는 가운데 이들의 외연을 축소해 가는 모험이다. 이 모험의 최종 결과가 우주론의 도식이다.5) 이 도식이 성공적일 경우 전통의 추상적 사유가 간과해

---

5) 여기서 우리는 화이트헤드가 형이상학과 우주론을 구별하는 논점에 이르게 된다. 화이트헤드가 생각하고 있는 바에 따르면 "형이상학은 발생하는 모든 것의

온 구체적인 것을 건져 올리고, 이에 비추어 기존의 추상관념들의 한계와 지위를 드러내 보여줄 수 있게 될 것이다. 이것은 추상관념에다 상대적 지위를 부여하고 구체적 실재의 실상에 비추어 그 한계를 밝히는 것이다. 이것은 화이트헤드가 역설하는 관념의 비판이자 설명이다. 화이트헤드에 의하면 철학적 설명이란 언제나 이런 작업을 일컫는 것으로 이해되어야 한다. 철학이 구체적인 것을 설명하려 해서는 안된다는 것이다. 그는 다음과 같이 말하고 있다. "그것(철학)이 하는 일은 보다 구체적인 것으로부터 보다 추상적인 것의 출현을 설명하는 일이다. 구체적이며 특수한 사실이 어떻게 보편적인 것들로부터 구성될 수 있는 것인가라고 묻는 것은 전적으로 잘못이다. 그 답은 결코 그럴 수 없다는 것이다, 진정한 철학적 물음은 '구체적인 사실이 그 자신으로부

분석에 불가피하게 관련되어 있는 일반관념들을 찾아내려는 학(science)" [*Religion in the Making*(Cambridge: Cambridge University Press, 1927), p.72 각주]이다. 이에 반해 그는 우주론을 "현 단계의 우주의 일반적인 특성에 관한 도식을 구축하기 위한 노력"(FR 74)이라고 정의한다. 그래서 화이트헤드에게 있어 우주론은 도식(scheme), 즉 체계이지만 형이상학은 체계가 아니라 일반관념을 추구하는 사변의 활동이다. 게다가 우주론은 그것이 현 단계의 우주, 즉 특정한 우주시대(cosmic epoch)의 일반적인 특성을 추구한다는 사실에 의해 다시 특징지어진다. 그것의 범위는 그 우주시대에 있어서의 지배적인 질서의 유형에 제한된다. 그러므로 우주론은 문제의 시대의 쇠퇴와 함께 그 운명을 다하게 되는 것이다. 예를 들어 자연의 법칙들은 우주의 궁극적인 형이상학적 특성을 반영하는 것으로 간주되지 않는다. 그것들은 특정의 질서와 특정의 사실에 의해 지배되는 특정의 우주시대 내에서만 적용될 수 있는 것이다. 그러나 형이상학은 형이상학자가 우주 전체에 스며들어 있는 일반적인 특성들을 추구한다는 의미에서 우주론보다 더 근본적인 것이다(L. B. McHenry, 앞의 책, p.8). 노보(J. L. Nobo)의 표현을 빌자면, "형이상학은 임의의 우주시대뿐만 아니라 모든 우주의 특성들에 관심을 둔다. 이에 반해 과학과 철학적 우주론은 우리의 우주시대에 편재하는 우연적인 특성들에도 관심을 두어야 한다"[그의 책, *Whitehead' Metaphysics of Extension and Solidarity*(New York: State University of New York Press, 1986), pp.243-44]. 요컨대 우주론은 형이상학과 달리 이 우주시대의 특수성을 구현하고 있어야 하는 것이다.

터 추상되는, 그러면서도 그 자신의 본성상 관여하고 있는 그런 존재들을 어떻게 나타내 보일 수 있는 것인가'라는 것이다. 달리 말하면 철학은 추상에 대하여 설명하는 것이지 구체에 대하여 설명하는 것이 아니다"(PR 20/76, SMW 52/63, AI.301-302). 철학은 전통의 추상관념들을 설명하는 가운데 이들의 뿌리를 비판적으로 해체·극복함으로써 실재의 실상과 지성이 화해할 터전을 마련해야 한다. 이 터전이 열릴 때 문명의 창조적 전진은 힘을 얻을 것이다.

실재와의 화해는 실재에 대한 체계적 기술(description)에서 구현된다. 이것은 일반화의 산물인 추상관념들을 가지고 직접 경험에 포착되는 생생한 실재를 구제하는 일이다. 따라서 둘째의 모험에서는 실재에 대한 직접 경험이 관심의 중심에 놓인다. 그런데 우리의 일차적인 직접 경험에서 가장 눈에 띄는 특징은 존재들간의 상호연관성이다. 따라서 이런 구체적인 존재의 온전한 모습을 드러내기 위해서는 추상적 일반 관념들 또한 상호 연관되어야 한다. 이것은 화이트헤드가 "실재 세계의 구체적인 사실들 속에 예증되어 있는 것으로 간주되는 관념들의 조화를 모색"(AI 187)해야 한다고 말할 때의 의미이다. 이 조화의 모색이 바로 합리화이다.

앞서 말했듯이 합리화란 직접 경험과 관련하여 추상관념들의 구체적인 적용가능성(applicability)과 남김 없는 설명력 즉 충분성(adequacy)을 확보하기 위해 이들 관념 사이의 본질적인 상호관련성에 비추어 이들을 결합시키는 과정이다. 사변철학은 이 합리화 작업을 통해, "자연의 모태 속에 실현되어 있지 않은 채로 있는," 따라서 **차이의 방법**으로는 파악할 수 없었던 "무한히 다양한 사례들을 보다 손쉽게 파악할 수 있게"(PR 17/71)해야 한다. 화이트헤드의 우주론은 이를 위한 모험의 산물이다. 그래서 그것은 철학적 일반화를 통해 태어난 추상관념들의 합리적 체계, 곧 고도의 추상관념들의 정합적인 조합으로 나타나 있다. 여기서의 추상관념들은 상호 전제되며, 이런 상호 연관을 떠날 때 그 의미를 상실하게 된다(PR 3/49-50). 그리고 또한 이 상호 연관 속에서 그 것들은 그 본래적인 형이상학적 일반성을 상실하여 구체적인 실재를 향해 하강한다.

화이트헤드는 이 합리화의 과정을, 일반화를 가리키는 **현실태로부터의 추상**(abstraction from actuality)과 구별하여 **가능태로부터의 추상** (abstraction from possibility)이라 부른다. 이것은 앞서 말한 **추상화의 역전**이다. 이와 관련하여 화이트헤드는 다음과 같이 말하고 있다. "추상의 정도에 관한 한, 가능태로부터의 추상은 현실태로부터의 추상과 정반대의 방향으로 진행된다는 사실 때문에 사고에 있어 다소간의 혼란이 빚어져 왔다. 왜냐하면 분명히 현실적 계기(actual occasion) A를 기술함에 있어 A에 결합된 위계조직에 들어있는 보다 높은 등급의 복합성을 지닌 구성원을 A의 술어로 사용할 때, 우리는 그 구체적인 사실 전체에 한층 더 가까이 접근하게 되기 때문이다. 그리고 이때 우리는 A에 관해서 보다 많은 것을 말한 것이 된다. 그래서 보다 높은 등급의 복합성에 힘입어 우리는 A의 완전한 구체성이 접근하게 되며, 보다 낮은 복합성에서는 그러한 구체성으로부터 멀어지게 된다"(SMW 245-46/249).

여기서 화이트헤드가 **현실태로부터의 추상**이라고 부르고 있는 것은 화이트헤드가 역설하는 일반화와 같은 방향으로 진행되는 것으로 이해되는 추상이다. 그것은 그런 일반화와 동행하는 것으로서의 추상이다. 그것은 외연에 있어서의 일반화이자 내포에 있어서의 단순화를 의미한다. 그래서 예컨대 단순한 감각여건인 "영원한 객체들(eternal objects)은 현실적 계기로부터의 최대의 추상을 표현하는 반면 가능태로부터의 최소의 추상을 표현하게 된다"(SMW 246/249). 이런 절차적 의미는 물론 개념논리에 정형화되어 있다. **홍길동, 한국인, 동양인, 인간, 동물, 생물, 존재자.** 이 목록에서 후반부로 갈수록 일반성과 추상성이 커지고 있다. 여기서의 요점은 추상이란 것이, 화이트헤드가 말하는 **현실태로부터의 추상**인 한에 있어, 일반화와 병행하는 개념이라는 사실이다.

화이트헤드가 지적하고 있는 개념적인 혼란의 원천은 **가능태로부터의 추상**이라는 그의 독특한 개념이다. **가능태로부터의 추상**이란 추상 관념들을 결합함으로써 그 일반성을 사상하는 과정이다. 그래서 여기서의 추상의 정도는 이 결합의 복합성의 정도에 상응하게 되며,6) 이 추상의 정도가 높아지는 만큼 우리는 구체적인 것에 더 접근하게 된다. 화이트헤드는 이를 다음과 같이 예시하고 있다. "예를 들어, a와 R(a, b, c)는 모두 가능태의 영역으로부터의 추상이다. 여기서 a는 그것이 갖는 모든 가능적 관계들 — R(a, b, c)도 그들 가운데 하나인데 — 에 있어서의 a를 의미하지 않으면 안된다. 또한 R(a, b, c)도 그것이 갖는 모든 가능한 관계에 있어서의 R(a, b, c)를 의미한다. 그러나 이런 의

---

6) 크라우스(E. M. Kraus)는 이 점을 분명하게 지적한 적이 있다. 그는 다음과 같이 말한다. "혼동을 피하기 위해 가능태로부터의 추상이 현실태로부터의 추상과 정반대의 방향을 취한다는 점에 유의해야 한다. 후자의 경우 단순한 것은 복합적인 것보다 더 추상적이다. 가능태의 경우 복합적인 것이 단순한 것보다 더 추상적이다. 예를 들어 "어떤 사물이 파랗다"고 말하는 것은 "그것이 나무다"라고 말하는 것보다 그 구체적 실상에 관해 말하는 바가 적다. 반면 "색이 파랗다"고 말하는 것은 "그것이 감각자료다"라고 말하는 것보다 그것에 관해 더 많은 것은 말하는 것이다"[그의 책, *The Metaphysics of Experience: A Companion to Whitehead's Process and Reality* (New York: Fordham University Press, 1979), p.35 각주 34].

미의 R(a, b, c)는 a가 들어갈 수 있는 다른 관계들을 배제한다. 그러므로 R(a, b, c)에서의 a는 단순한 A보다 더 추상적이다. 따라서 단순한 영원한 객체의 등급에서 보다 높은 복합적 객체의 등급으로 나아감에 따라, 우리는 점차 가능태의 영역으로부터 보다 높은 등급의 추상에 이르게 된다"(SMW 241/245). 결국 화이트헤드가 말하는 **가능태로부터의 추상**은 **현실태로부터의 추상** 즉 일반화의 역이다. 단순한 임의의 추상관념인 영원한 객체 a는 다른 영원한 객체들과 결합할 수 있는 무수한 방식을 그 관계적 본질(relational essence)로 갖고 있다. 그러나 그것이 특정의 영원한 객체들 b, c와 특정의 관계 R 속에 들어가게 될 때 그것이 본래적으로 갖고 있던 무수한 관계항들과의 무수한 관계의 가능성이 일단 사상된다. 그것이 여전히 임의의 a이긴 하지만 R(a, b, c) 속에서의 a인 것이다. 그러므로 **현실태로부터의 추상**이 특수한 현실성의 사상(捨象)을 의미하는 것이라면 **가능태로부터의 추상**이란 일반적 가능성의 사상을 의미하는 것이라 할 수 있다.

　따라서 **추상**이라는 말을 **가능태로부터의 추상**이라는 의미로 한정할 경우, 예컨대 변수 x는 특정의 대수형식(즉 관계) 속에서 다른 변수와 결합할 때, 보다 추상적인 관념을 낳게 되는 것이라고 말할 수 있게 된다. 그러나 이 때의 추상관념은 일반화와 반대로 구체적 실재를 향해 하강한다. 다음의 예를 살펴보자 $x+y-1=0$은 변수 x와 y 사이의 특정한 상관관계를 나타내고, $3x-2y-5=0$은 또 다른 일정한 상관관계를 나타낸다. 그리고 이런 상관관계들은 $ax+by+c=0$이라는 형식으로 일반화될 수 있다(IM 47). 이 사례를 놓고, 화이트헤드가 말하는 **가능태로부터의 추상**이라는 측면에서 접근하자면 $ax+by+c=0$는 단순한 x보다 더 복합적인 것이기에 더 추상적인 것이다. 그러나 현실태에서 볼 때 그것은 x보다 덜 일반적이다. 왜냐하면 x는 임의의 관계항으로서 그 동일성만 유지된다면 어떤 관계항을 상징하건 상관없다는 의미에서 최대한의 일반성을 갖고 있다고 할 수 있기 때문이다. 그것은 ax+by+c=0에서의 x일 수도 있고 ax2+by2+c=0에서의 x일 수도 있으며, ax2+by+c=0에서의 x일 수도 있는 것이다. 그러나 ax+by+c=0는 언제나 **직선**을 상징하고 있다.[7) 그것은 원이나 포물선을 상징하지 못한다. 그것은 임의의 직선이지 임의의 궤적이 아니다. 그러므로 가능태에서 볼 때 단순한 x보다 더 추상적인 ax+by+c=0가 현실태에서는 **직선**이라는 구체적인 규정성을 지닐 수 있게 되는 것이다.

우리는 결국 이런 일련의 논의에서 가능태로부터의 고도의 추상일수록 현실태와의 일반적인 관련성은 줄어들고 제한적인 관련성은 커지는 것이라는 점을 확인할 수 있다. 그리고 이것이 바로 **합리화**와 관련한 화이트헤드의 기본적인 주장, 즉 고도의 추상일수록 구체적인 현실에 가까이 있다는 그의 주장의 본래적인 의미이다. 따라서 또한 우주론에서 **추상화의 역전**이 요구된다는 것도 구체화에 접근하는 **가능태로부터의 추상**이 필요하다는 것을 의미한다. 이런 논점은 해석기하학과 관련한 화이트헤드의 언급에 잘 나타나 있다. "**벡터**(vector), 즉 방향량이라는 관념은 물리학의 뿌리를 이루는 관념이다. 운동하는 임의의 물체는 어떤 방향, 어떤 크기의 속도을 갖는다. 즉 그것의 속도는 방향량, 곧 벡터이다. 또 힘은 어떤 크기와 어떤 방향을 갖는다. 따라서 해석기하학에서 **원점, 좌표, 방향량**이라는 관념들이 도입될 때, 우리는 물리적 세계의 근본적인 사실들에 상응하는 추상적인 개념들을

---

7) 화이트헤드는 "기하학과 대수 사이의 상호 연관이 우연적이고 인위적인 것이 아니라 근원적이고 본질적인 것"(IM 89)이라고 말한다.

연구하고 있는 것이다"(IM 92). 여기서 원점, 좌표, 힘, 방향 등은 우리의 현실세계를 놓고 볼 때, 하나같이 지극히 일반적인 추상관념들이라 할 수 있다. 그런데 이들의 결합, 즉 힘, 속도, 방향이라는 단순한 추상관념들의 결합은 벡터라는 보다 복합적인, 따라서 보다 추상적인 관념을 낳고 이것과 다시 원점, 좌표라는 추상관념과의 결합은 보다 높은 추상적인 관념을 낳게 되는데, 우리는 바로 이 마지막 보다 높은 단계의 추상관념을 통해 물체의 운동이라는 구체적인 사태에 접근하게 되는 것이다. 그러므로 화이트헤드의 다음과 같은 주장은 바로 이런 맥락에서 액면 그대로 받아들여질 수 있는 것이다. "우리가 가장 이론적인 분위기 속에 있을 때, 우리는 실천적인 적용에 가장 가까이 있게 되는 것이라고 말하는 것은 결코 역리가 아니다"(IM 71). "최대한의 추상이야말로 우리가 구체적인 사실에 관해 사고할 때 사용해야 할 진정한 무기라고 하는 역설이 이제 분명해졌다"(SMW 48/59).

화이트헤드에게 있어 우주론 체계는 고도의 형이상학적인 추상관념들을 동원하여 구체적인 것을 기술하고 있는 공간이다(MT 48-49/64). 그런데 우리가 이 체계 구축의 방법 즉 추상의 두 절차를 명확히 구별하지 않고서 그의 우주론에 접근하게 될 때, 그의 우주론 자체의 성격은 모호하게 모호해지기 쉽다. 필자가 보기에 바로 그런 이유로 말미암아 화이트헤드의 철학과 우주론을 모호하게 하고 있는 대표적인 사례는 프랭클린(S. T. Franklin)의 저술8) 속에서 찾아볼 수 있다. 프랭클린은 우리가 살펴본 추상의 두 가지 의미 구별에 주의하지 않고 있다. 적어도 그는 화이트헤드가 말하는 **가능태로부터의 추상**을 완전히 간과하고 있다. 프랭클린은 화이트헤드가 말하는 추상의 의미에 대한 검

---

8) Stephen T. Franklin, *Speaking From the Depths* (Grand Rapids, Michigan: William B. Eerdmans Publishing Company, 1990), Part III, sec.14, 16.

토를 소홀히 한 나머지 추상이라는 말을 단순히 **현실태로부터의 추상**이라는 의미로만 이해한다. 그는 화이트헤드가 모험에서 얻은 성과 전체를 모호한 것으로 몰고 가고 있다. 그는 다음과 같이 말하고 있다. "추상의 셋째 유형9)은 다음과 같은 항목들의 목록으로 예시될 수 있다. 토르라 불리는 특정한 개, 독일 산 세퍼드, 개, 포유동물, 살아있는 물체, 시공간에 연장되어 있는 물체, 피조물. 이 목록은 최소한의 추상으로부터 최대한의 추상으로 진행하고 있다. 우리의 문제는 이렇다. 철학 그 자체는 이런 의미에서 추상인가? 아니면 철학은 추상에 대한 비판이라고 할 수 있는 어떤 측면이 있는가? 이 문제는 다음과 같이 답변될 수 있겠다. 분명히 철학은 그것의 명제의 술어들이 추상적이라는 의미에서 최소한 어느 정도 추상이다. 예를 들어 우리가 현실적 존재는 다른 존재들을 파악한다고 주장할 경우, 이 명제는 다수의 종적인 유형의 파악들이 있으며 같은 유형에서조차도 각각의 파악들은 다른 파악과 구별되는 어떤 특징을 갖기 때문에 추상적인 것이라고 말할 수 있겠다. 그러나 철학의 목표는 단순히 추상을 만들어내는 데 있는 것이 아니며, 철학의 목표가 가능한 한 최대의 추상적인 특성들을 발견하는 데 있지 않다는 것도 아주 분명하다."10) 이 진술에서 프랭클린이 던지고 있는 물음, 즉 "철학 그 자체는 이런 의미에서 추상적인가? 아니면 철학은 추상에 대한 비판이라고 할 수 있는 어떤 측면이 있는가?"라는 물음은 그의 오해를 극명하게 보여준다. 이것은 초점이 없는 물음이다. 화이트헤드에게서 단순히 철학이 추상이다 아니다 하는 말은 무의미하다. 그의 철학에서 일반화의 모험은 프랭클린이 말하는 셋째 유형의 추상관념을 모색하지만 합리화의 모험은 그 역을 추구하기

---

9) 즉 현실태로부터의 추상에서 확보되는 일반관념의 유형
10) 앞의 책, pp.288-89.

때문이다.

그리고 프랭클린의 이런 오해에서 비롯된 잘못된 물음은 아무런 분석성이 없는 그의 답변으로 이어지고 있다. "철학은 최소한 어느 정도의 추상이다," "철학의 목표는 단순한 추상을 만들어내는 데 있는 것이 아니다" 등등의 구절은 철학이 궁극적으로 추상과 관련하여 어떠하다는 것인지를 말해주고 있지 못하다. 그의 논의를 따라, 철학이 어느 정도 추상이라고 한다면 철학이 행하는 추상 비판이라는 절차는 또 무엇인지, 그리고 철학이 가능한 한 최대의 추상을 얻으려고 하는 데 있는 것이 아니라고 한다면, 철학은 어떤 정도의 추상을 얻고자 해야 하는 것인지 하는 등등의 물음은 결코 명확히 답변될 수 없을 것이다. 이 모든 문제의 원천은 프랭클린이 추상이라는 개념을 단순히 **현실태로부터의 추상**이라는 의미로 한정하여 이해하면서 사용하고 있는 데 전적으로 기인하고 있다.

IV

화이트헤드의 우주론은 일반화와 합리화라는 **관념의 모험**의 산물이다. 그것은 일반화의 결실인 추상관념들을, 구체적인 경험에서 예증되는 그들의 본질적인 관련성에 근거하여 합리화한 것이다. 그리고 이 합리화의 종점에서 우리는 구체적인 것의 뿌리에 닿게 된다. 이제 우리는 추상관념에 의한 추상관념의 비판과 설명이라는 화이트헤드 사변철학의 순환적 과제가 어떤 성격의 것인지를 분명히 할 수 있게 되었다. 그것은 구체적인 것에 의거한, 보다 정확히 말해서 구체적인 것에 대한 기술에 의거한 추상관념의 비판과 설명이라는 화이트헤드의 철학의 기본 과제를 달리 진술한 것에 지나지 않는다. 왜냐하면 화이트헤드의 논리를 따를 때, 비판과 설명의 준거가 되는 추상관념은 **가능태로부터의 추상**, 즉 구체적인 것에 접근한 추상이기 때문이다. 화이트헤드의 철학에서 비판과 설명의 도구가 되는 추상관념은 **가능태로부터의 추상**, 즉 고도의 추상적인 이론체계를 의미하며, 비판되고 설명되는 추상관념은 **현실태로부터의 불완전한 추상**을 의미하는 것이라 할 수 있다. 그리고 화이트헤드의 추상비판은 이런 불완전성을 겨냥하고 있다.

일반화의 모험은 현실태로부터 완전한 추상을 얻기 위한 것이었다. 여기서 화이트헤드는 **창조성, 연장적 연속체**와 같은 관념을 얻는다. 합리화의 모험에서는 가능태로부터의 최대 추상이 모색된다. 그리고 이 모험의 극단에서 구현되고 있는 것은 **현실적 존재**(actual entity)이다. 그것은 우주론 체계에서 가장 추상적인 관념이다. 어떤 의미에서 그의 나머지 범주들은 모두 분석적으로 해명하기 위한 도구의 역할을 하고 있을 뿐이다. 최대의 일반성과 추상성을 지니고 있는 모든 범주들이 현실적 존재의 해명이라는 과제를 놓고 합종연횡하고 있는 것이다. 현실적 존재라는 관념은 이처럼 다수의 범주들로 조명되어 규정되고 있다는 점에서, 체계 내적으로 볼 때 가장 추상적인 관념에 속한다. 그래서 또한 화이트헤드는 **현실적 존재**(actual entity)를 가장 구체적인 존재, 즉 **진정한 의미의 존재**(res vera)를 대변한다고 말한다. 그것은 가장 현실에 접근하고 있는 관념이라는 말이다.[11]

---

11) 이 논점과 관련하여 쯔비 바론(A. Zvie Bar-on)의 다음과 같은 지적은 돋보인다 하겠다. "범주적 제약(categoreal obligation)과 이들을 근거지우고 있는 느낌(feeling)에 관한 이론은, 비록 화이트헤드가 현실태를 가장 구체적인 토대 위에

화이트헤드는 이 현실적 존재의 자기 구성 과정을 기술적으로 해명하는 가운데 인류가 추상적 구체적 지평에서 가질 수 있는 온갖 경험들을 설명한다. 그리고 이 기술은 놀랍게도 인류가 겪어온 역사에서의 모험과 화이트헤드 자신의 모험까지 설명하고 있다. 현실적 존재의 생성, 그것은 그 자신의 이상(ideal)인 **주체적 지향**(subjective aim)을 구현하기 위한 모험의 과정으로 기술되고 있기 때문이다. 화이트헤드가 보기에 **관념의 모험**은 문명의 담지자로서의 인간을 넘어 존재 일반의 과제로 주어진 것이었다.

올려놓고서 느낌만을 이용하여 형이상학적 상황을 기술하고 있다고 주장하고 있기는 하지만, 화이트헤드의 학설 가운데 가장 추상적인 부분이다. …가장 구체적인 요소들은 우리에게 가장 극단적인 추상으로 나타난다. …그러므로 실재의 진정한 구체적 요소들에 대한 반성으로의 회귀라는 것이 상당한 지적인 노력을 필요로 한다는 것은 놀라운 일이 아니다"[A. Zvie Bar-On, *The Categories and the Principles of Coherence: Whitehead's Theory of Categories in Historical Perspective*(Dordrecht: Martinus Nijhoff Publishers, 1987), p.216]. 물론 쯔비 바론도 이런 진술에서 앞서 **추상**이라는 말의 의미를 명확히 하고 있지는 않다. 그래서 그가 어떤 의미로 이 개념을 사용하고 있는지는 알 수 없으나, 적어도 이 부분의 진술만을 놓고 볼 때 그는 화이트헤드의 우주론의 특성을 아주 잘 지적하고 있는 것으로 보인다. 물론 우리의 논지에 따를 때 여기서 그가 사용하고 있는 **추상**이라는 말은 **가능태로부터의 추상**을 의미하고 있어야 할 것이다.

수학의 형이상학적 기초: 영원한 객체의 영역

2. 수학의 형이상학적 기초: 영원한 객체의 영역

I

화이트헤드는 수학자로서 학문의 여정을 시작했다. 그의 중기와 후기의 철학적 저술 여러 곳에 수학에 대한 그의 애정이 명시적 또는 묵시적으로 표현되어 있는 것은 아마도 이 때문일 것이다. 이런 그의 애정은 후기 저작인 『과정과 실재』에서 수학에 그 형이상학적 토대를 제공하는 작업으로 이어지고 있다. 이것은 그가 수학 특히 수학적 진리와 관련하여 당시 유행하던 견해들과는 다른 견해를 갖고 있었다는 것을 짐작케 한다. 왜냐하면 진리의 문제와 관련한 당시의 분위기는 이미 반형이상학적 분위기가 팽배해 있었기 때문이다. 화이트헤드는 반형이상학적 분위기 속에서 유행하던 견해들이 수학적 진리의 근본 특성들을 충분히 해명하지 못하고 있다고 판단하고 있었다. 우리는 이 글에서 수학적 진리에 대한 화이트헤드의 견해가 무엇이었고, 또 그 형이상학적 근거를 어떻게 구축하고 있는지를 추적해볼 것이다. 이 작업에서 우리는 그의 견해가 수학적 진리의 근본 특성, 즉 한편으로는 보편성과 필연성을, 그리고 다른 한편으로는 세계에 대한 적용가능성을 보다 적절하게 설명하고 있다는 사실을 발견하게 될 것이다.

II

화이트헤드는 당시의 수학에 대한 견해들이 어떤 이유에서 불충분하다고 보았는지를 고찰하면서 시작하기로 하자. 그때나 지금이나 가장 기본적인 견해는 수학적 진리가 분석적이라는 것이다.

수학적 진리가 분석적이라는 주장이 널리 받아들여지는 가장 중요한 이유는 그밖의 다른 견해들이 수학적 진리가 갖고 있는 특성들을 충분히 설명하지 못한다는 점에 있다. 이런 견해들 가운데 하나는 수학적 진리가 아주 일반적인 경험적 진리라는 것이다. 이 견해가 갖는 난점들 가운데 일부는 일찍이 칸트가 지적한 적이 있다. 칸트는 경험적 검증에 의존하는 진리는 그 어떤 것도 필연적이거나 보편적인 수 없음을 논증하였다. 그러한 진리가 필연적일 수 없는 까닭은 경험에서 확인할 수 있는 것이란 어떤 사태가 이러이러하다는 사실 이외에 아무 것도 없기 때문이다. 또 그런 진리가 보편적일 수 없는 까닭은 경험이 말해주는 것이란 아직까지 어떤 예외사례도 발견되지 않았다는 사실에 그치며 결코 예외가 있을 수 없다는 사실은 말해주지 않기 때문이다1). 논리실증주의자들도 그런 견해가 갖는 난점들을 제기하였다.2)

---

1) I. Kant, *Critique of Pure Reason*, B 3-4.
2) A. J. Ayer, *Language, Truth, and Logic*(New York: Dover Publications, Inc., 1946.) 참조.

그들은 수학적 진리가 경험에 의한 진리와 다르다는 점을 논증하였다. 수학적 진리와 경험적 진리는 그 검증 방법에서 중요한 차이가 있다는 것이다. 어떤 수학적 명제의 보편성과 필연성을 확인하려 할 때 우리는 한 번의 경험으로 족하다. 그러나 경험적 진리는 그럴 수 없다. 나아가 경험에 의해 알게 되는 진리는 경험에 의해 반증될 수 있어야 한다. 그러나 수학적 진리는 이런 식으로 반증될 수 없다. 사실상 어떤 종류의 증거가 수학적 진리를 반증할 수 있는 것인지를 규정하는 것조차 가능하지 않다고 하는 것이 일반적인 생각이다.

수학적 진리가 분석적이라는 주장에 반대하는 또 하나의 중요한 견해는 그것이 선천적 종합진술이라는 것이다. 이런 견해가 갖는 일반적인 난점들은 발견되지 않았다. 물론 여기서 종합명제는 경험에 의해서 그 진리치가 결정되는 명제라고 정의함으로써 선천적 종합명제의 가능성 자체를 논외로 하는 사람들은 예외이다. 그러나 선천적 종합명제의 특성과 관련한 특수한 견해, 특히 칸트의 견해가 갖는 난점들이 거론되어왔다. 칸트의 견해가 갖는 난점은 널리 알려져 있기 때문에 여기서 다시 거론할 필요가 없겠다. 그렇기는 하지만 칸트의 견해를 거부하는 것이 곧 수학적 진리를 선천적 종합 명제로 기술할 가능성을 거부하는 것일 수는 없다. 사람들이 흔히 그렇게 생각하는 까닭은 수학적 진리가 선천적 종합 명제라고 주장하는 탁월한 사상가들, 예컨대 뿌엥까레(Poincaré) 같은 사람들이 본질적으로 칸트의 견해, 즉 수학적 명제의 선천적 종합성은 인간 정신의 구성적 본성에 뿌리박고 있다는 견해를 채택해 왔다는 데 있다. 하지만 이런 생각은 잘못이다. 칸트의 견해는 수학적 진리의 선천적 종합성에 대한 가능한 하나의 해석일 뿐이다. 따라서 칸트의 견해에서 난점이 발견된다는 것이 곧바로 수학적 진리의 선천적 종합성을 거부할 이유가 될 수는 없는 것이다. 그러나 어찌되었든 그의 견해에서 발견되는 난점들은 사람들로 하여금 수학적 진리의 분석성을 받아들이게 하는 데 상당 부분 기여했다. 이제 그렇다면 수학적 진리가 분석적이라는 논제의 의미를 검토하고 그런 견해가 갖는 문제성을 검토해보자.

수학적 진리가 분석적이라고 주장하는 사람들 가운데 일부는 수학이 논리학에서 파생된다는 생각을 바탕으로 그렇게 주장한다.3) 이들의 주장에 따르면 수학은 공리와 논리적 추론의 규칙 및 가정으로부터 도출될 수 있다고 한다. 이들에 따르자면 수학적 진리의 분석적 특성은, 수학이론의 모든 개념이 논리적 개념에 의해 정의될 수 있고 수학적 이론의 모든 명제들이 논리적 추론의 규칙과 몇 가지 필요한 가정만을 이용함으로써 공리들로부터 연역될 수 있다는 논제에 기초를 두고 있다. 그래서 수학적 명제들은 그 속에 들어있는 술어들의 의미에 의해 참이 된다. 수학적 명제는 논리적 술어들에 의해 정의된 수학적 개념들의 의미를 명료하게 드러내어 보여주고 있을 뿐이라는 것이다.

또 수학적 진리가 분석적이라고 주장하는 사람들 중에는 수학적 진리를 언어의 규약으로 간주하는 사람들이 있다.4) 이렇게 이해될 경우 수학적 진리의 분석성은 본질적으로 그것들이 논리에서 도출된다는 사실에 달려 있는 것이 아니다. 오히려 수학적 명제들은 거기에 들어 있는 용어들의 의미에 의해서 그 진리치가 결정되기 때문에 직접적으로

---

3) 예를 들어, 헴펠(Carl Hempel)이 그 중 한 사람이다. 그의 논문, "On the Nature of Mathematical Truth"(*American Mathematical Monthly*, 52, 1945, pp.543-56) 참조.

4) 예를 들어, 에이어(A. J. Ayer)의 앞의 책 제4장과 네이글(E. Nagel) 논문, "Logic Without Onlogy"(*Naturalism and the Human Spirit*. Edited by Y. H. Krikorian, New York: Columbia University Press, 1944, pp.210-41)을 참조.

분석적인 것이 된다. 2 더하기 4가 6이라는 명제는 우리가 그 개념들은 그렇게 사용하기로 결정했기 때문에 참이다. 우리는 2 더하기 4는 6과 동일한 의미를 갖는다고 보기로 했다는 것이다. 이러한 진리들은 필연적이다. 왜냐하면 우리가 이들 기호를 특정한 방식으로 사용할 것을 결정했을 때 우리는 이와 동시에 묵시적으로 어떠한 사태도 그것을 반증하지 못하도록 결정한 것이다. 따라서 이들 기호를 특정한 방식으로 사용하려는 우리의 결정에 반대 사례를 상정하는 것은 자기 모순을 범하는 것이 된다. 우리는 언어에 규정해 놓은 이런 필연적인 진리들로부터 논리 규칙에 따라 다른 필연적 진리들을 이끌어낼 수 있다.

수학적 진리가 분석적이라고(수학적 진술에 포함된 술어의 의미에 의해 참이 된다고) 주장하는 모든 형태의 견해에서 수학적 진리의 필연성과 보편성은 쉽게 설명된다. 그러나 이 견해에서는 수학과 세계와 관계성이 명료하게 설명되지 않는다. 왜냐하면 이들 진리의 분석적 특성은 그것들을 현실적 세계로부터 완전히 분리시키기 때문이다. 그것들은 정의상 사실 내용을 지니지 않는다. 세계에 관해 새로운 어떤 것도 말하지 않는다. 그렇다면 수학적 명제와 세계와의 관계는 어떻게 이해되어야 하는가?

화이트헤드는 수학적 명제의 분석성에 관한 이론을 플라톤의 견해와 비교한다. 이들 양자는 그가 "동어반복"이라 부르는 것을 받아들였다. 화이트헤드가 동어반복에서 발견한 난점은 수학과 세계의 관계가 궁극적으로 설명되지 않는다는 점이다. 분석성의 문제성과 관련한 화이트헤드의 불만은 플라톤의 견해를 검토해 볼 때 분명해 질 수 있다.

III

플라톤은 생성 가운데 있는 사물들을 설명하기 위해 형상이론을 제시했다. 그는 『파이돈』(*Phaedo*)에서 형상과 변화하는 사물들, 아름다움과 아름다운 사물들, 같음과 같은 사물들 등을 존재론적으로 구별한다. 이 구별에서 플라톤은 불변하는 형상을 참된 존재로 보고 변화하는 사물들을 단순한 현상으로 처리한다. 그리고 플라톤은 두 종류의 존재들 간에 의존관계가 있다고 주장한다. 변화하는 사물들은 그 형상에 의존함으로써 지금의 그것으로 존재한다. 그것들은 형상에 참여함으로써 존재성과 특성을 얻는다는 것이다. 이와 마찬가지로 아름다운 사물들은 아름다움의 형상에 참여함으로써 아름다운 것이 되며 동등한 사물들은 동등성의 형상에 참여함으로써 동등한 것이 된다.

플라톤은 초기 형상이론에서 분명히 수와 기하학적 도형이라는 수학의 주제가 형상에 속하는 것이라는 견해를 갖고 있었다. 예를 들어 『파이돈』에서 2, 3, 8, 10이라는 수가 형상으로 언급되고 있다(101C, 104D, 101B). 정사각형과 대각선의 형상은 『국가』(*Republic*, 510D)에서, 그리고 원의 형상은 『제 7 서한』(*Seventh Letter*, 342A 이하)에서 각각 거론된다. 이처럼 수와 기하학적 도형을 형상과 동일한 존재론적 지위에 있는 것으로 간주했던 까닭은 그것들이 불변성이라는 동일한 특성을 지니고 있을 뿐 아니라 그것들에 관한 진리가 필연성과 보편성을 갖는다는 사실에 있었다고 볼 수 있다.[5] 그런데 수학적 진리가 보

---

5) Gottfried Martin, *General Metaphysics: Its Problems and Method.* Translated by D. O'Conner (New York: Humanities Press), 1968, sec 37, 38.

편적이고 필연적이라면 그것은 끊임없이 변하는 감각적 사물들과 관련된 것일 수 없다. 그래서 수학적 진리는 변하지 않는 형상과 관계가 있어야 한다. 수학적 진리는 형상의 영역에 관한 것이다. 2 더하기 4 는 6이라거나 두 점 사이의 최단 거리는 직선이라는 것은 가설로부터의 연역에 의해 발견된다.6)

문제는 플라톤의 견해에서 정태적인 형상에 관한 진리가 변화하는 세계에 적용된다는 것이 어떻게 설명될 수 있는가 하는 것이다. 플라톤의 답변은 우리가 수학적 진리를 변화하는 사물에 적용할 수 있는 것은 변화하는 사물들이 형상들에 참여하기 때문이라는 것처럼 보인다. 두 개의 사물은 그것들이 둘이라는 형상에 참여함으로써 둘이라고 말할 수 있고, 원형의 사물은 그것이 원의 형상에 참여하기 때문에 원형의 사물이라고 말할 수 있다는 것이다. 그래서 두 개의 알사탕과 네 개의 알사탕을 합하면 여섯 개의 알사탕이 된다는 것과 같은 진술이 형상의 영역에 관한 진리의 사례가 되는 까닭은 사물들의 수적 특성과 그 수가 같다는 성질이 둘, 넷, 여섯, 같음이라는 형상들에 참여하고 있다는 데 있다.

따라서 플라톤에 따를 때 수학적 진리가 세계에 적용될 수 있는 것은 그의 참여(participation)이론에 의해 설명된다. 참여는 변화하는 사물들의 형상에의 의존 관계이다. 『파이돈』에서 이 관계에 대한 물음이 제기되고 있지만 플라톤은 이에 대한 분명한 답변을 뒤로 미룬다 (100C-D). 『파르메니데스』(Parmenides)에서 이에 대한 답변을 시도하고 있는데 여기서도 참여의 관계를 이해하는 여러 가지 방식들이 체계적으로 제시하고는 이어서 이들을 거부하고 있다. 우리는 이 관계를

---

6) Platon, *Republic*, 510B4-6.

분유(변화하는 사물들이 형상을 분유한다는 것)의 여러 방식들 가운데 어느 하나로 이해할 수도 없고 그렇다고 유사성의 관계(변화하는 사물들은 형상과 유사하다는 것, 즉 원형과 복사물의 관계라는 것)로 이해할 수도 없다. 그러나 그렇다면 형상과 변하는 사물들의 관계는 어떻게 이해되어야 하는가? 이 논의의 결론은 결국 그 관계를 명료하게 정의할 수 없다는 것이다. 사실상 플라톤의 중기 대화편들, 예컨대『파르메니데스』나『테아이테토스』(*Theatetus*)을 보면 형상들과 변화하는 사물 사이의 관계가 명료하게 드러나고 있지 않다.

플라톤이 참여의 관계를 명료하게 설명하지 못했다는 것은 결국 우리의 논의에서 문제되는, 세계에 대한 수학적 진리의 적용가능성을 설명하지 못했다는 것이다. 수학적 진리는 형상의 정태적인 영역에 관련된 것이지만 이 형상의 영역과 변화하는 세계의 관계가 설명되고 있지 못한 것이다. 수학적 진리가 형상의 영역에 관한 것이라는 사실에 의해 그 필연성과 보편성을 설명하려는 플라톤의 시도는 수학적 진리의 중요한 또 하나의 특성을 설명하고 있지 못하다는 점에서 불충분한 것이다.[7]

수학적 진리가 분석적이라는 오늘날의 견해에 포함된 난점도 바로 이것이다. 이 견해는 수학과 세계와의 관계를 설명할 가능성 자체를 닫아 놓고 있다. 수학적 진리가 세계와 완전히 구별되는 지위에 있는 것이라면 수학과 세계의 관계를 설명할 가능성은 사라진다. 수학적 진리가 세계와 관계를 갖기 위해서는 그것이 세계로부터 추상된 것이어

---

7) 화이트헤드는 참된 존재에 관한 플라톤의 견해가 모호한 것은 아니라고 말한다.
『소피스트』(*Sophists*) 248 E 이하에서 플라톤은 생명이 근본적으로 존재에 속하며, 따라서 진정한 존재는 생명과 운동을 포함하고 있어야 한다는 점을 분명히 논증하고 있다. 화이트헤드는 존재에 대한 자신의 생각이나 그것이 수학적 진리에 대해 갖는 함축에 대한 생각이 플라톤의 생명과 운동 개념을 받아들이는 데서 출발한 것임을 시사하고 있다(MT 132-33).

야 한다고 주장한 사람들은 어떤 의미에서 옳다.

수학적 진리가 분석적이라고 주장하는 사람들이 흔히 수학과 세계와의 관계와 관련하여 주장하는 것은 수학이 단순히 사실적 전제 속에 함축되어 있는 것을 말해줄 수 있을 뿐이라는 것이다. 수학은 전제들을 받아들이면서 암암리에 함께 받아들였던 귀결들을 우리에게 알려줄 뿐이다. 하지만 이런 주장은 현실세계와 수학의 관계 물음에 대한 불충분한 답변이다. 수학이 그런 기능을 한다는 것은 분명하다. 그러나 이런 답변은 사실적 전제들을 해명하기 위해 수학적 진리를 사용할 가능성을 적절히 설명하지 못한다. 문제가 되는 사실은 수학적 진리들이 세계에 적용된다는 것이다. 그래서 우리가 답해야 할 것은 그러한 적용에 대한 설명, 즉 어째서 수학적 이론들이 물리적 세계에 적용될 수 있는 것인가에 대한 설명이다. 무엇이 기하학적 이론의 공리들이 물리적으로 해석된다는 사실과, 수와 해석의 법칙이 세계에 적용된다는 사실을 설명해주는가? 그것을 구성하고 있는 개념들의 의미에 의해서 참이 되며, 따라서 경험적 내용을 전혀 갖고 있지 않은 그런 명제들이 어떻게 경험적으로 참인 해석을 동반하고 나타날 수 있는가? 수학적 진리가 단순히 의미의 문제라는 해석에 따를 경우 우리는 수학이 세계에 적용될 수 있는 어떤 이유도 찾아낼 수 없다. 이런 견해에 따를 때 수학이 세계에 적용되는 까닭이라고 할 수 있는 유일한 이유는 "단순한 우연적 일치"라는 것이다. 그러나 이런 이유는 결코 문제의 관계에 대한 설명이 아니다.

IV

화이트헤드는 『사유의 양태』(*Modes of Thought*) 제5장 "과정의 형식"에 관한 논의에서 수학적 진리가 분석적이라는 논제를 명시적으로 거부한다. 그가 이를 거부하는 주요 이유는 이런 견해가 플라톤의 견해와 마찬가지로 수학적 진리를 현실에서 유리된 것으로 간주함으로써 이들 진리와 현실세계와의 관계를 설명할 가능성을 차단하고 있다는 것이다. 화이트헤드는 이 관계가 설명될 수 있어야 한다고 보았고, 이 관계는 현실태를 과정으로 파악할 경우에만, 다시 말해 "궁극적 사실"(final facts)인 현실적 존재를 과정으로 기술할 경우에만 설명될 수 있다고 보았다. 『과정과 실재』에서 화이트헤드는 이 논제를 **설명의 범주 ⅰ)**로 규정해 놓고 있다. 즉 "현실적 세계는 과정이라는 것, 그리고 과정은 현실적 존재들의 생성이라는 것"(PR 22/80)이 그것이다. 화이트헤드는 이를 『사유의 양태』에서 다시 반복한다. "과정이 현실태에 근본적인 것이라면 각각의 궁극적인 개별 사실은 과정으로 기술될 수 있어야 한다"(MT 88/108). 화이트헤드는 현실세계의 과정을 분석함으로써 이를 명료하게 보여준다.

기본적으로 현실태의 과정은 여건, 형식, 이행, 결과로 분석된다. 여기서 현실태의 과정에는 과정을 규정하는 형식이 들어 있다는 데 주목해둘 필요가 있다. 임의의 과정에 주어지는 여건은 선행하는 과정의 결과이다. "현실태의 박동 하나하나에 제공되는 여건들은 그 박동과의 관련 속에 존재하는 것으로서의 선행하는 우주 전체로 이루어지고 있다. 여건으로서의 이 우주는 그것에 속한 다수의 세부 사실들로 파악된 것이다"(MT 89/108). 화이트헤드는 현실태를 여건들로부터 발생하여 이행의 형식을 구현하면서 새로운 현실태를 낳는 것으로 이해한다. 이때 새로운 현실태는 완결된 사실로서 미래의 현실태에 주어지는 여건의 일부가 된다.

　이행의 형식이라는 관념은 사례를 통해 설명된다. 화이트헤드는 과정의 형식 가운데 가장 단순한 사례는 산술의 진리라고 말한다. 화이트헤드가 수학적 진리의 분석성을 거부하는 것은 바로 이 논의에서이다. 화이트헤드에 따르면 산술의 진리는 본질적으로 과정과 관련되어 있다. "산술명제는 어떤 일정한 산술적 특성으로 특징지어지는 하나의 군을 낳은 과정의 특수한 형식을 가리킨다. 그 과정은 엄격한 형식을 지니며 언급된 조건하에서 그것은 그 산술적 특성을 갖는 하나의 복합적인 존재를 낳는다"(MT 91-92/111). 화이트헤드의 주장은 산술 명제, 실제로 수학적 명제 일반은 단순히 의미의 문제가 아니라는 것이다. 2+4=6에서 2+4와 6은 단순히 동일한 것을 의미하지 않는다. 2+4는 결합의 형식을 가리키며 6은 결과의 형식을 가리킨다. 이와 유사하게 $2 \times 3=6$에서 $2 \times$은 과정의 형식이고 6은 그 과정의 결과의 특성이다. $2 \times 3=2+4$라는 명제는 동일한 것을 말하는 것으로 이해되어서는 안된다. 화이트헤드에 따르면 이 표현은 동일한 수적 특성을 갖는 존재들을 낳는 상이한 두 과정을 가리킨다. 그는 심지어 6=6이라는 것도 분석적일 필요가 없다고 주장한다. "그것은 결합의 특수한 형식을 가리키는 6이, 후속하는 과정을 위한 여건의 특수한 형식을 가리키는 특성으로서의 6을 낳는다는 것을 의미하는 것으로 간주될 수 있다"(MT 93/113). 화이트헤드는 수학적 진리가 분석적이라는 지배적인 견해를 반복해서 거부하고 있다. "모든 수학적 관념은 혼합의 과정과 관계가 있다." "…수학적 형식은 본질적으로 과정과 관계가 있다"
(MT 93/113). 이들 구절은 화이트헤드가 수학에 대한 분석적 견해를 거
부하고 있다는 분명한 증거이다. 과정은 여건과 이행의 형식과 이행의
결과, 즉 그 자신의 일정한 특성을 갖는 완결된 새로운 현실태로 분석
될 수 있다. 수학은 과정의 특수한 형식과 관계가 있다. 수학적 형식들
은 하나의 과정과 그 결과와 관계가 있고 이런 방식으로 과정과 연관
되어 있다는 것이다.

화이트헤드의 견해는 수학적 진리가 분석적이라는 논제에서 부딪치
는 난점들을 분명히 극복한다. 화이트헤드의 견해에 따를 때 수학적
진리와 과정과의 관계는 설명될 수 있다. 그러나 이런 설명은 또 다른
난점을 동반하는 것처럼 보인다. 즉 수학적 추론이나 논리적 추론의
절대적 일반성과 관련된 난점이다. 다음의 언급을 보면 화이트헤드도
이를 직시하고 있었음에 틀림없다. "추론의 일반성이라는 관념이 어
떻게 정당화될 수 있는가? 왜냐하면 과정이 개별적 존재에 의존한다면
개별 존재들이 달라짐에 따라 과정의 형식도 달라질 것이다. 따라서
하나의 과정에 대해 말한 것을 다른 과정에 대해 똑같이 말할 수 없다.
동일한 난점은 상이한 과정에 들어있는 것으로 간주되는 개별 존재의
동일성이라는 관념에서도 발생한다. 우리의 학설은 합리성의 토대 자
체를 무너뜨려 버린 것처럼 보인다"(MT 98/118).

물론 이런 유의 난점은 수학적 진리가 일반적인 경험 명제라는 견해
에도 들어 있다. 이런 견해도 수학적 추론의 보편성과 필연성을 설명
하지 못하기 때문이다. 앞에서 수학적 진리가 분석적이라는 견해가 널
리 수용되는 주된 이유는 수학적 진리가 경험적 진리라는 주장이 수학
적 진리의 보편성과 필연성을 제대로 설명하지 못한다는 사실에 있다

고 하였다. 그렇다면 화이트헤드는 어떤가? 이에 답하기 위해서는 수학적 형식이 과정이 형식이라는 견해를 보다 상세히 검토해야 한다. 그리고 이를 위해서는 다시 형식에 대한 화이트헤드의 일반 견해 및 그것과 현실태와의 관계에 대한 견해를 고찰해야 한다.

V

화이트헤드가 제기한 이 문제의 해결 방안은 "추상의 가능성"(MT 99/119)에서 찾아볼 수 있다. 추상에 의해 우리는 개별적인 사실에서 떠난 "안정된 특성"(MT 99/119)을 고찰할 수 있다. 다시 말해 추상을 생각할 때 "우리는 불가피하게 가능태의 관념을 끌어들이게 된다"(MT 99/119)는 것이다. 화이트헤드는 과정의 형식에 포함된 가능태로서의 추상적 형식을 영원한 객체(eternal object)라고 부른다. 그리고 그는 이들을 실현된 결정자로서의 영원한 객체(특정한 현실태의 한정성의 결정자)와 순수한 가능태로서의 영원한 객체(결정을 위한 일반적인 가능성을 지니고 있는 존재)로 구별한다. 이 구별은 논리적 추론과 수학적 추론이 어떻게 가능한가에 대한 답변에는 물론이고 화이트헤드가 수학적 진리의 분석적 성격을 거부한다는 사실을 온전히 이해하는 데에도 중요하다. 이 구별과 이런 구별이 갖는 수학적 진리에 대한 함축을 좀 더 자세히 살펴보자.

앞서 우리는 현실태의 과정 속에 형식이 들어 있다는 점을 지적했다. **한정의 형식**이 창조적 활동 속에 포함되어 있다는 것이다. 우리는 **한정의 형식** 또는 영원한 객체들을 플라톤적인 형상이라고 대충 이해할 수 있겠지만(FR 26), 그는 이들 형식이 현실태의 한정의 형식으로서만 존재한다고 주장한다(PR 23/81). 그러나 화이트헤드는 이러한 기술이 전부라면 가능태라는 관념은 텅 빈 개념이 될 것임을 분명히 인식했다. 영원한 객체가 오직 현실태의 한정성을 구성하는 것으로만 이해될 경우 우주 속에는 현재 순간에 있는 것 이외에는 아무것도 존재하지 않게 될 것이다. "가능태라는 관념은 과정의 관념을 인정하는 순간 존재 이해를 위해 근본적인 것이 된다. 우주가 정태적인 현실태로 해석될 경우 가능태는 사라진다. 모든 것은 지금의 그것일 뿐이다. 계기(succession)는 지각 능력의 한계에 따르는 단순한 현상일 뿐이다"(MT 100/120). 과정을 우주의 근본적인 특성으로 보았던 화이트헤드는 우주가 지금과는 달라질 수 있다고 주장한다. 즉 존재들은 지금 그것들이 갖고 있는 한정성과는 다른 한정성을 지닐 수 있다는 것이다. 영원한 객체는 특수한 현실태의 한정성에 그치는 것이 아니다. 우리는 영원한 객체의 다른 측면을 인정해야 한다. 즉 영원한 객체는 현실태로부터 추상된 것으로 고찰할 수 있다. 이때 그것들은 현실태의 한정성을 위한 가능태이다.

순수한 가능태로서의 영원한 객체에 대한 화이트헤드의 생각은 형식이 현실태의 분석에서 드러나는 것에 불과한 것이라는 생각을 버리게 한다. 화이트헤드는 영원한 객체가 현실태로 환원되지 않으며 오히려 우주의 주요한 형이상학적 특성을 이룬다고 주장하고 있는 것이다. "우주의 본성은 과정 이상의 것이다. 과정에서 유리된 실재를 주장하는 다른 형이상학적 학설은 그런 실재의 특성이 우리의 경험의 어떤 측면을 표현하고 있지 않다면 결코 그렇게 많은 사람들의 믿음으로 자리잡지 못했을 것이다. 예를 들어 절대 공간에 대한 뉴턴의 믿음은 잘못일 수 있다. 그러나 그럼에도 불구하고 그것은 과정의 관념이 적용되지 않는 요소들이 우주 속에 들어 있다는 명백한 사실을 그에게 말해 주고 있다. 적어도 역사의 실현 속에 있는 공간적 관계의 가능성은 그에게 무시간적 사실로 주어져 있었던 것이다"(MT 100/120).

그러나 화이트헤드는 영원한 객체가 그 자체로 현실태라는 플라톤적 입장을 취하지 않는다. 화이트헤드에게 있어 영원한 객체는 비록 그것이 현실태로부터 유리되어 존재할 수는 없다해도 현실태와는 구별되는 형이상학적 지위를 갖고 있다.8)

순수한 가능태로서의 영원한 객체들이 우주의 형이상학적 특성을 이룬다면 영원한 객체들은 중요한 의미에서 현실태를 초월한다. 영원한 객체는 그 자신의 **내적 본성**을 갖는다. 순수한 가능태로서의 영원한 객체에 대한 화이트헤드의 가장 명료한 논의는 『과학과 근대 세계』에서 찾아볼 수 있다. 영원한 객체의 초월적 측면에 대한 이 논의는 수학적 진리의 본성에 관한 궁극적 답변을 포함하고 있다. 『과학과 근대 세계』(*Science and the Modern World*)에서 화이트헤드는 **추상적** 존재로서의 영원한 객체의 내적 본성을 고찰한다(SMW ch. X). 이 논의에서 그는 영원한 객체의 개별적 본질(individual essence)과 관계적 본질(relational essence)을 구별한다. 영원한 객체가 개별적 본질을 갖고 있다는 것은 "각각의 영원한 객체들이 독특한 방식으로 지금의 그것이 되고 있는 개별적 존재라는 것"(SMW 159/234)을 의미한다. 그러나 개별적 본질은 추상적 성격을 갖는 영원한 객체를 기술하는 데 충분하지

---

8) 이에 대한 논의는 레클럭(I. Leclerc)의 "Whitehead and Theory of Form" (*Process and Divinity. The Hartshorne Festschrift*, ed. William L. Reese and Eugene Freeman. La Salle, Illinois: Open Court Publishing Company, 1964. pp.127-37) 참조.

않다. 영원한 객체들은 또한 관계적 본질을 갖는다. "추상적 존재로 간주되는 영원한 객체는 다른 영원한 객체들과의 관계를 떠날 수 없다"(SMW 159/234). 관계적 본질은 영원한 객체가 현실태를 특징짓는 것이 어떻게 가능한가를 결정한다.

영원한 객체의 관계적 본질에 대한 화이트헤드의 생각은 우리의 논의에 대단히 중요하다. 화이트헤드에 따르면 영원한 객체가 다른 모든 영원한 객체들과 결정적인 관계 속에 있으며 이 관계가 각각의 영원한 객체를 구성한다고 주장한다. 임의의 영원한 객체는 그것이 다른 모든 영원한 객체들과 가지는 관계에서 구성되는 본성을 지니게 된다는 것이다. 따라서 이들 관계는 그 영원한 객체의 본질에 속한다. 내적인 구조적 관계가 영원한 객체들의 본성에 들어 있는 셈이다. 모든 영원한 객체들의 공재(togetherness)라는 이 기본적인 사실에서 화이트헤드는 그 내적인 관계성 가운데 있는 영원한 객체들 전체를 하나의 "영역"(region)으로 기술한다. 그는 이 점을 다음과 같이 정리하고 있다. "다른 모든 영원한 객체들에 대한 영원한 객체 A의 확정적 관계란 A가 다른 모든 영원한 객체들과 체계적으로, 그리고 그 본성상 필연적으로 관계맺고 있는 방식을 말한다. 그러한 관계성은 현실화의 한 가능태를 나타낸다. 그러나 관계라는 것은 거기에 연루된 일체의 관계항에 관한 하나의 사실이며, 그래서 마치 관계항 가운데 오직 하나만을 포함하는 것처럼 고립될 수 있는 것이 아니다. 그러므로 체계적인 상호 관계성이라는 일반적 사실이 가능태의 특성에 내재하고 있는 것이다. 영원한 객체들의 영역을 하나의 **영역**이라고 기술하는 것이 적절할 것이다. 왜냐하면 각 영원한 객체는 그와 같은 상호 관계의 일반적인 체계적 복합체 속에 저마다 지위를 갖기 때문이다"(SMW 160-61/236-37).

추상으로서의 영원한 객체의 본성에 대한 탐구는 영원한 객체들이 상호 관계성의 일반적인 체계적 복합체 속에 있다는 것을 보여준다. 영원한 객체들에 내적인 관계의 구조가 있다. 그래서 이 구조는 영원한 객체들의 "영원한" 성격 때문에 정태성을 동반한다. 영원한 객체들의 "상호관계성은 그 무시간적 영원 속에서 전개된다"(MT 46/62)는 것이다. 모든 가능한 관계성은 이 영원한 구조에 속하는 지위를 갖기 때문에 수학적 진리에 의해 기술되는 관계가 이 영역에 속하는 지위를 갖는다는 것은 분명하다. 예를 들어 "2+4=6"과 "2×3=6"이라는 것은 가능한 관계 구조의 한 부분을 기술하고 있는 것이다. 모든 개별적 영원한 객체들은 본질적으로 다른 모든 영원한 객체들과 관계맺고 있다. 특정의 영원한 객체 예컨대 6은 그 본질상 다른 모든 수를 포함하는 모든 영원한 객체와 관계 맺고 있는 것이다. 결국 화이트헤드에 따를 때 "영원한 객체의 영역이 갖는 분석적 성격은 그 영역에 관한 기본적인 형이상학적 진리"(SMW 163/240)가 된다. 여기서 화이트헤드는 수학적 진리의 분석성을 받아들이고 있는 것이 아니다. 수학적 진리에 의해 표현되는 관계가 관계성의 영원한 구조에 속하는 형이상학적 지위를 가진다고 말하고 있는 것이다.

순수한 가능태로서의 영원한 객체에 대한 화이트헤드의 생각은 수학적 진리가 어떻게 보편적이고 필연적일 수 있는가라는 물음에 답한다. 수학적 진리는 그것들이 가능한 관계의 영원하고 정적인 구조를 기술하기 때문에 보편적이고 필연적이다.9) 나아가 다음의 언급들을

---

9) 화이트헤드는 독자적으로 존재하는 영원한 객체들의 영역이 있다고 주장하고 있지 않다. 화이트헤드는 심지어 영원한 객체들은 그 초월적 측면에서조차도 현실태와 관련이 있다고 주장한다. 특정한 영원한 객체의 존재가 현실태와의 관련을 떠나서 이해될 수 없는 것과 마찬가지로 영원한 개체들의 영역의 존재성도 어떤 현실태와의 관련을 떠나서 이해될 수 없다. 화이트헤드는 초월적인 측면에 있어

보면 화이트헤드는 수학적 관계성이 가능태들의 가장 일반적인 상호 관계라고 주장하고 있는 것처럼 보인다. "모든 질적인 요소로부터의 극단적인 추상은 단순한 수학적 형식으로 패턴이 환원된다"(AI 346). "보편과학(general science)으로서의 수학은 특수한 관계항과 특수한 관계 형식에서 추상된 관계의 패턴에 대한 탐구와 관계가 있다. 양과 수의 관념이 주된 주제가 되는 것은 수학의 특수한 영역에서이다"(AI 197). "수학의 일반성은 우리의 형이상학적 상황을 구성하는 계기들의 공동체와 조화되는 가장 완전한 일반성이다"(SMW 25/49).

화이트헤드의 견해가 함축하고 있는 것은 수학적 진리가 분석적이지 않다는 것이다. 수학적 진리는 단순히 의미의 문제가 아니다. 오히려 그것은 현실태들의 가능한 관계성과 관계한다. 나아가 화이트헤드의 견해는 수학적 진리와 과정간의 관계 문제를 설명 불가능한 것으로 만들지 않는다. 수학적 형식들은 과정의 형식들이며 현실태의 한정의 형식으로서만 존재한다. 즉 수학적 형식들은 과정과 그 결과를 특징지우는 가운데 현실태의 한정성을 구성한다. 그러나 순수 수학은 현실태의 특징으로서의 수학적 형식들을 연구하지 않는다. 수학은 이들 형식을 현실태에 실현된 것으로부터 추상된 것으로, 즉 순수한 가능태로 연구한다. 이런 측면에서 수학적 형식들은 관계의 정태적인 구조에 속하는 지위를 가진다. 그리고 수학적 진리에 의해 기술되는 관계성은 순수한 가능태로서의 영원한 객체들의 본질적 성격에 포함된 보편적이고 필연적인 관계이다.

서의 영원한 객체들, 즉 영원한 객체들의 영역을 신의 개념적 가치평가와 관련시키고 있다(PR 257/459).

화이트헤드철학의 미학적 함축

3. 화이트헤드철학의 미학적 함축

I

예술을 놓고 던지는 진부한 본질 물음들이 있다. 예술적 영감의 본성과 원천은 무엇인가? 예술적 창작물을 미적인 것으로 만드는 것은 무엇인가? 예술적 창작물은 이를 감상하는 사람에게 어떻게 영향을 주는가? 이들 창작물은 어떤 의미에서 진리와 관계하는가? 예술 창작의 목적은 무엇이며, 예술의 기능은 무엇인가? 대개의 경우 예술가들은 이런 일련의 물음에 은유로 답하고 이에 연관된 느낌을 얻는 데 만족한다. 그러나 미학자를 포함한 철학자는 이해하고자 한다. 철학자는 예술가가 은유를 통해 일면 생생하게, 그러나 일면 모호하게 느끼는 것을 정확하게 이해하고자 한다. 그는 모든 예술과 관련하여 참되고도 흥미로운 무엇인가를 체계적인 이론 속에 담아내려고 한다.

이 글은 화이트헤드의 형이상학적 범주체계로부터 명료하고 엄밀한 미학적 이해와 담론의 토대를 끌어내 보여주려고 할 것이다. 화이트헤드는 종교적 언어를 검토하면서 다음과 같이 쓰고 있다. "우주에 대한 가장 심층적인 기술을 모색하는 일정한 형이상학적 사유를 통하지 않고서는 근본개념들의 의미를 확정지을 수 없다"(RM 66). 예컨대 신에 대한 파악을 표현하면서 사용하는 인격적, 비인격적, 존재, 개체성, 현실적 등과 같은 말을 상이한 맥락에서 상이하게 사용하지 않으려면, 다시 말해 이들 용어에 어떤 확정적인 의미를 부여함으로써 다양한 신학적 논의에서 일관되고 명확한 이해가능성을 확보하기 위해서는 형이상학적 사유가 요구된다는 것이다. 이 글은 미학적 분석의 근본개념들에 대한 명확한 이해가능성을 확보하고자 할 때, 마찬가지로 무엇보다도 먼저 이들 개념에 대한 의미 확정이 필요하다고 보고, 이를 위한 토대를 화이트헤드의 형이상학 체계에서 찾아 보여주려 할 것이다. 이는 "미적 경험," "미적 창조," "미적 대상" 등과 같은 말의 의미를 화이트헤드의 실재에 대한 체계적인 해석 속에서 확정하는 작업이다. 물론 이런 가능성은 이미 화이트헤드가 그의 형이상학이 다양한 인간 경험의 모든 영역에 적용된다고 주장했을 때 이미 어느 정도 예견되었던 사항이다. 그는 "미적, 도덕적, 종교적 관심들을 자연과학에 기원을 둔 세계의 개념들과 관계시키는 관념체계를 구성하는 것이 완벽한 우주론을 구축하는 동기 가운데 하나"(PR xii/40)라고 천명하고 있다. 뿐만 아니라 그 자신이 직접 『종교의 형성』(*Religion in the Making*)에서 종교적 관심들을 그의 형이상학적 개념과 관계시키고 있다. 하지만 미적 관심이나 도덕적 관심과 관련해서는 어떤 체계적인 논의도 하지 않았다. 미학에 한정해서 보더라도, 비록 그가 그의 기본적인 형이상학적 범주들을 구성하면서 미학의 용어와 그 자신의 미적인 경험을 활용하고 있기는 하지만, 이들 범주들이 어떻게 미학의 특수한 문제들에 적용될 수 있는지에 관해서는 거의 아무런 시사도 하고 있지 않다. 물론 그는 『관념의 모험』(*Adventures of Ideas*) 제4부에서 아름다움(beauty)을 정의한다. 그러나 아름다움을 정의하는 것이 미학적 이론의 전부일 수 없다. 예술을 이해하려는 철학자는 적어도 미적인 경험, 예술적인 창조, 예술작품의 존재론적 지위, 예술의 기능, 예술에 관련된 진리의 의미 등에 관심을 갖는다. 하지만 유감스럽게도 화이트헤드는 이들 영역에서 그 어떤 명시적 지침도 제공하고 있지 않다. 따라서 우리는 화이트헤드가 산발적으로, 또 모호하게 던지고 있는 언명들을 그의 형이상학적 범주체계와 구성적으로 연계시켜 해명하는 가운데 미학의 주요 주제들을 명료히 하고자 할 것이다.

우리는 미학적 논의의 주제를 이루는 여러 사태에 대한 형이상학적·존재론적 해명이 미학의 주요 개념들을 명료화하는 탁월한 방법이라거나 유일한 방법이라 주장하지는 않을 것이다. 사실 미학자들은 모든 예술 작품들에 보여주는 공통의 특성을 추구하기는 하지만, 이런 공통 특성이 존재론적 지위를 갖는 것이어야 할 선천적인 이유는 없다. 그것은 단순히 기능상의 공통성일 수도 있기 때문이다. 하지만 이런 시각은 예술이라는 말을 모호하게 할 위험이 있다. 예술이라는 말은 예술작품의 창조 활동뿐만 아니라 이런 창조 활동의 산물까지도 포함하는 말이다. 따라서 적어도 미학 이론이 충분한 것이려면 이 두 의미를 정당하게 취급하고, 이 양자를 적절하게 연관시킬 수 있어야 할 것이다. 적어도 우리의 논의는 이 점에서 성공할 것이다.

우리의 논의는 예술 대상(art object)의 존재론적 지위에 관련된 고전적인 연구 사례인 윌렉(René Wellek)과 워렌(Austin Warren)의 저술에서 실마리를 찾는다. 이들 두 사람은 그 저술에서 시의 존재론적 지위를 고찰하고 다음과 같이 결론하고 있다. "시는 개인의 경험이나 경험들의 총체가 아니라 경험의 잠재적 원인이다. 정신 상태에 의해 시를 정의하려는 시도는 진정한 시의 규범적 특성, 즉 시가 올바르게 경험될 수도 있고 그렇지 못할 수도 있다는 단순한 사실을 설명하지 못하기 때문에 실패한다. 개인의 경험 속에 있는 것은 아주 일부분만이 참된 시의 부분으로 간주될 수 있다. 따라서 진정한 시는 다수의 독자들의 실제 경험 속에서는 오직 부분적으로만 실현되는 규범의 구조로 이해되어야 한다".[1] 여기서 윌렉과 워렌이 말하는 "경험의 잠재적 원인"이라는 것은 화이트헤드의 범주체계에서 **느낌을 위한 유혹**(lure for feeling)으로 작용하는 **명제**(proposition)와 아주 유사하다. 우리는 이제 이 양자 사이의 단순한 유사성을 넘어, 예술 대상이 화이트헤드가 말하는 명제의 존재론적 지위를 갖는다고 보고 몇 가지 기본적인 미학적 물음들에 답하고자 할 것이다. 따라서 우선 화이트헤드가 말하는 명제에 대한 기본적인 설명이 필요하겠다.

Ⅱ

화이트헤드에게서 **명제**라는 개념은 전통적으로 논리학이나 인식론에서 논의되어 온 것보다 훨씬 더 넓은 의미를 갖는다. 화이트헤드는 명제를 존재의 범주들 가운데 하나로 상정한다. 물론 명제가 존재의

---

1) René Wellek & Austin Warren, *Theory of Literature*(New York: Harcourt, Brace, 1949), p.151.

범주에 속한다고 보는 것만으로는 전통 논리학이나 인식론이 명제를 문제삼는 방식에서 벗어난다고 할 수는 없다. 명제는 정신적 판단의 객관적인 내용, 즉 비심리적이고 비문법적인 어떤 것, 그래서 문장이나 진술과 관계하기는 하지만 상이한 여러 문장으로 표현될 수 있는 것으로 간주되는 경향이 있었기 때문이다. 화이트헤드가 이런 명제 개념을 논리학과의 상관 굴레에서 해방시켜 형이상학적 개념으로 확대하면서 수정하고 있는 것은 그것의 기능이다. 그는 명제의 기본적인 기능이 판단의 내용이나 문장의 선(先)언어적인 의미가 되는 데 있다는 전통적인 견해를 수정한다. 그는 명제의 일차적 역할이 존재의 자기 구성 과정에 던져지는 **유혹**(lure)이 되는 데 있는 것이라고 주장함으로써 명제의 기능 영역을 근본적으로 확대 개편한다(PR 25/84). 그것은 인간의 사고 속에서만 기능하는 인간적인 존재, 즉 인식과 사고의 대상으로 제한되어 있는 존재가 아니라 "임의의 경험 주체에 유혹으로 주어지는 독특한 여건들"을 지칭하는 집합명사이다. 그렇다면 그것은 체계 내적으로 어떻게 분석되는가?

화이트헤드의 형이상학적 범주체계 내로 들어 갈 때 이런 명제는 "불순한 가능태"(impure potentiality)(PR 22/79)의 지위를 갖는다. 명제는 순수한 가능태가 현실태(actuality)에 연루되어 있는 것이라는 점에서 불순한 것(PR 188-89/352-53)이다. 여기서 순수한 가능태는 **영원한 객체**(eternal objects)로서 명제의 **술어**(predicate)가 되고, 이에 연루되는 현실태는 **논리적 주어**(logical subject)로 기능한다(PR 24/82). 따라서 명제는 논리적 주어가 되는 현실적 존재들이 술어인 복합적인 영원한 객체에 의해 가능적으로 통일되어 있는 존재이다. 그렇기에 또한 그것은 순수한 가능태에 비해 현실태의 구체적인 특수성을 분유하고 있으며,

현실태에 비해 가능태의 추상적 일반성을 분유하고 있다(PR 197/365). 말하자면 명제는 특정한 현실태에 초점이 맞춰져 있는 한정적인 가능태라는 점에서, 현실태의 특수한 결정성과 가능태의 미결정성을 함께 지니고 있는 그런 복합적인 존재이다(PR 258/462).

명제가 현실태와 가능태의 합성물로서 불순한 가능태라는 말은 체계 내적인 형식적인 기술이다. 이런 형식적 기술에 구체적인 의미가 주어져야 하겠다. 우선 화이트헤드에 따르면 기본적으로 명제는 현실적인 것은 아니지만 현실적인 것일 수 있는 어떤 것이다. 이러한 가능적 관련성은 명제에서 "~ 일 수 있음(could be ~)"으로 표현된다. 이는 명제의 **논리적 주어**가 대변하는 **현실태**와 **술어**가 대변하는 **가능태** 간의 대비(contrast), 곧 양자의 합성물이다. 그것은 "S는 P일 수 있다"이다. 따라서 명제는 실현된 것으로서 주어지는 것이 아니라 실현될 수 있는 것으로 제안되는(proposed) 것이다. 아주 단순화시켜 말한다면, 명제는 "저것이 벽이고 하얀 것일 수 있는 가능태", 또는 "이것이 책상일 수 있는 가능태"이다. 그래서 화이트헤드에 따르면 명제는 "특정한 현실태들에 관해 말해질 수 있는 이야기"(PR 256/458)이다. 여기서 논리적 주어로 기능하는 **그것, 이것, 저것**은 현실태의 결정성, 즉 특수성을, 그리고 술어로 기능하는 "~ 일 수 있음"은 가능태의 미결정성, 즉 일반성을 각각 대변한다.

가능한 사태로 존재하는 명제는 임의의 경험 주체에 의해 파악될 때 실현된다. 그런데 임의의 경험 주체가 어떤 존재를 객체로 파악한다는 것은, 그 주체가 자신의 환경에 들어 있는 다양한 선택지들, 즉 실재적 가능태들을 선택적으로 포섭한다는 것이다. 선택은 주체적 결단의 결과이다. 주체 존재의 자기 구성의 과정은 이런 결단을 수반하는 경험의 과정으로 이루어진다. 여기서 명제는 경험 주체를 탄생시키는 무수한 실재적 가능태들 가운데 하나로, 그 문제의 주체를 유혹하면서 그 주체의 결단을 기다리고 있는 존재이다. "그것은 자신을 느낄 주체를 기다리고 있는, 느낌을 위한 하나의 여건이다"(PR 259/463). 화이트헤드는 이런 의미에서 명제의 근본적인 역할을 "느낌에의 유혹"(lure for feeling)(PR 184/344)이라고 정의한다. 명제는 경험 주체의 흥미를 유발시키는 하나의 유혹으로 작용하는 데 그 기본 소임이 있다는 것이다. 그래서 "명제가 흥미를 끈다는 것은 그것이 참이라는 것보다 더 중요하다. …물론 참인 명제는 거짓인 명제보다 더 흥미로운 것이기가 쉽다. 또한 명제의 정서적 유혹에 따르는 행위는 그 명제가 참인 경우 더 성공적인 것일 가능성이 큰 것이다. 그리고 행위를 떠나 진리를 명상하는 것은 그 나름의 흥미를 갖는다. 그러나 이 모든 설명과 규정에도 불구하고 명제의 중요성이 그것의 흥미로움에 있다는 것은 여전히 사실이다"(AI 313, PR 259/463). 이 진술에서 보듯이 화이트헤드에게 있어 명제는 일차적으로 판단의 대상이 아니라 흥미로움의 대상이다. 그렇기에 또한 임의의 주체가 명제를 파악하는 기본적인 방식은 판단이 아니다. 명제들은 일차적으로 판단의 대상으로서 경험 주체에 주어지는 것이 아니라 **느낌에의 유혹**으로서, 즉 판단될 가능적 가치로서가 아니라 영입(entertainment)될 가능적 가치로서 제안된다(PR 188/352). 그것들은 주관 내적인 실현, 즉 그 진위에 관련된 비판적인 평가가 뒤따를 수도 있으나 반드시 그럴 필요는 없는 사적인 향유(private enjoyment)를 위해 제공된다.

뿐만 아니라 화이트헤드에 따르면 이러한 **영입**에 판단이나 의식이 개입하는 경우는 아주 드물다(PR 184/345). **영입**은 전통적인 의미의 인식론적인 활동이 아니라 주체의 자기 구성 활동, 말하자면 존재론적 활동에 속하기 때문이다. 그러므로 과정철학에 있어 명제의 일차적이고 기본적인 기능은 형이상학적 지평에, 즉 창조적 과정을 이끌어 가는 유혹으로서의 역할에 있는 것이며, 오직 부차적으로만 논리적 지평에, 즉 진위에 대한 평가를 수반하는 의식적인 판단의 여건이 되는 데 있는 것이라 할 수 있다. 그래서 화이트헤드는 명제를 단순히 판단의 소재라고 생각하는 것은 우주 안에서의 명제의 역할을 이해하는 데 치명적인 장애가 된다고 말한다.

순수한 논리적 측면에서 볼 때, 거짓 명제는 단순히 그릇된 것이요, 그렇기에 현실적으로 아무런 쓸모가 없는 것이다. 그러나 과정철학에 있어 이따금 거짓 명제는 참인 명제보다도 더 중요한 역할을 하는 것으로 간주된다. 그것은 종종 세계가 실현된 사태를 넘어 새로운 사태로 전진해 갈 수 있게 길을 터 주기 때문이다(PR 187/350). 그리고 이런 측면에서 **흥미를 끄는** 명제가 단순히 참인 명제보다 훨씬 더 큰 진화적인 가치를 갖는다고 할 수 있는 것이다. 셔번(D. Sherburne)은 화이트헤드가 이런 일련의 주장을 하면서 염두에 두고 있었을 법한 것을 다음과 같이 그럴듯하게 예시하고 있다. 어느 한 도시에 사는 많은 사람들이 그 도시의 중심부에 빈 공터가 있다는 것을 알고 있다. 그러나 오직 한 사람의 사업가만이 그 모퉁이의 식당이라는 말에 의해 지시되는 명제를 긍정적으로 파악하고 있을 수 있다. 그가 처음에 그 명제를 파악하는 순간에 있어서 그 명제는 거짓이다. 그러나 이것은 그 명제에 있어 중요한 것이 아니다. 느낌에의 유혹으로서의 그 명제는 그 사업가로 하여금 그 땅을 매입하여 식당을 건축하도록 할 수가 있다.

유혹자로서의 명제는 존재론적으로 독자적인 지위를 갖는다. 명제는 그 존립을 위해 특수한 명제적 느낌에 의존하지 않는다는 것이다. 물론 존재론적 원리상 명제는 근거를 가져야 하며 궁극적으로 이 근거는 비시간적인(nontemporal) 현실적 존재인 신이다. 하지만 시간적 세계에서 명제는 명제적 느낌에 의존하기보다 명제적 느낌의 전제가 된다. 명제는 파악하는 주체로 하여금 자신의 물리적 느낌의 하나와 개념적 느낌을 통합하여 그 명제를 긍정적으로 파악하도록 유혹한다. 이 유혹에 성공할 때 명제는 그것이 간직하고 있는 가능태와의 관련성에 의해서, 그것을 느끼는 주체로 하여금 완고한 현실적 여건의 제약에서 벗어나 새로움을 실현할 수 있는 동기로 기능한다. 명제가 새로움의 원천이 될 수 있다는 것은 바로 이런 의미에서이다. 구체적 현실태에서 새로움의 원천은 파악하는 현실적 계기(actual occasion)로서의 주체가 자신 속에 실현하고자 작정하고 그 명제를 여건으로 영입하는 명제적 느낌(propositional feeling)이다. 이렇게 명제는 과정을 새로움의 영역으로 이끌어 가는 가운데, 과정을 진정한 의미의 과정으로 만든다. 이 점은 화이트헤드의 명제를 미학적 담론의 기본 축으로 삼는 데 있어 중요한 의미를 지닌다. 무엇보다도 주목해야 할 것은 화이트헤드의 명제이론에서 명제가 **느낌의 유혹**으로 간주되고 있다는 사실이다.

Ⅲ

명제의 일차적 기능이 "느낌의 유혹"이라는 점에 주목할 때, 예술작품 또한 느낌의 유혹이라는 기본적 특성을 갖기에 우리는 그것을 명제의 집합에 속하는 것으로 이해할 수 있다. 화이트헤드에 따르면 명제가 일차적으로 논리학과 관련하에 고찰되었다는 사실과, 관례적으로 참인 명제에 우위성을 부여했다는 사실은 현실세계에서의 명제의 역할을 모호하게 해왔다. "명제의 일차적 기능은 느낌을 위한 유혹이다. …불행하게도 이론은 명제라는 명목으로 논리학자들의 손에 맡겨졌고 그들은 명제의 기능이 그 참 또는 거짓과 관련하여 판단되는 것이라고 주장하였다. …상상적 문학의 존재는 논리학자들에게 그들의 협소한 학설이 불합리한 것이라는 경고가 되었어야 했다"(PR 184-85/345). 논리학자들의 협소한 관심을 넘어서는 명제들이 있다. 우리는 이런 논리 외적인 명제들 가운데 일부가 예술작품이라고 이해한다. 예술작품인 명제들은 느낌의 유혹이 된다는 기본적인 기능에 충실한 명제들이다. 게다가 그것들은 독특한 종류의 느낌, 즉 미적 느낌을 위한 유혹이다. 즉 그 명제들은 감상자로 하여금 그것들을 재창조한다는 주체적 지향(subjective aim)을 가지고 그것들을 파악하도록 유혹한다.

화이트헤드의 범주체계에서 미적 대상이 명제의 존재론적 지위를 갖는다고 할 때, 이로부터 예술과 관련하여 다음 두 가지 사실을 말할 수 있다. 첫째는 예술작품의 공연(표현)이 실현된, 즉 **객체화된**(objectified) 명제라는 사실이고 둘째는 예술작품 가운데 일부가 예술가로 하여금 공연자가 예술작품인 명제를 객체화할 때 이용할 규칙의 체계 또는 지침을 영구적인 형태로 규정할 수 있도록 하는 그런 성격의 것이라는 사실이다. 여기서 예술 대상(또는 명제)과 공연(또는 객체화된 명제)과 예술 대상의 객체화를 위한 규칙 내지 지침(예컨대 시, 악보, 설계도 등)은 구별된다. 그리고 이런 구별은 다시 예술의 중요한 측면을 명확히 하는 데 도움이 된다. 우선 그것은 블로우(Edward Bullough)가 말하는 **심리적 거리**(physical distance)를 명확하게 설명할 수 있게 한다.2) 명제는 현실태가 아니라 불순한 가능태라고 했다. 그 논리적 주어는 언제나 추상된 현실태(단순한 **그것** bare **its**)로 기능하기 때문이다. 그래서 명제는 객체화된 것으로서조차도 현실성이 부족하다. 심리적 거리이론을 뒷받침하는 것은 객체화, 즉 공연의 이와 같은 특성이다. 물론 연극공연에도 현실적인 무엇인가가 있다. 연극인 명제는 현실적인 구체적 공연매체의 의해 객체화된다. 그러나 심리적 거리가 말하는 중요한 점은 공연매체와 미적 대상을 동일시하는 것이 미적인 경험에 치명적이라는 사실이다. 그것은 객체화하는 매체의 구체적인 현실태와 그 매체의 의해 객체화된 명제를 혼동하는 처사이다. 이런 혼동은 거리의 상실을 낳는다. 블로우가 말하는 의미로 미적 대상을 거리 띄우는 것은 바로 예술의 이런 명제적 성격이다. 그것은 예술의 영역은 명제적인 것의 영역이며 현실적, 자연적인 것의 영역이 아님을 선언한다.

다음으로 그런 구별에 유의할 때 우리는 포스터(E. M. Forster)가 예술 작품이 일반적인 어떤 것을 지닌다고 말했을 때 이 **일반적인 어떤 것**을 설명할 수 있다.3) 예컨대, 연극 그 자체는 물리적 존재가 아니다. 그것은 관념적 존재이다. 연극 공연에서는 관념적 존재에서 배제되었던 객체화가 회복된다. 따라서 공연은 객체화된 명제이다. 명제는 현실태가 아니기 때문에 다양한 공연에서 나타날 수 있다. 상이한 시점과 장소에서 상이한 현실태가, 즉 다양한 공연집단이 동일한 명제를 객체화시키는 자로 기능할 수 있다. 포스터가 말하는 **일반적인 어떤**

---

2) Edward Bullough, "Psychical Distance as Factor in Art and an Aesthetic Principle," *British Journal of Psychology*, 5(1912), pp.87-118.
3) E. M. Forster, *Anonymity: An Enquiry*, London: Leonard and Virginia Woolf at the Hogarth Press, 1925.

것은 바로 이런 예술작품의 명제적 특성이라고 할 수 있다.

나아가 이 구별에서 우리는 예술에 대한 전통적인 분류 방식, 즉 시간예술과 비시간예술 또는 공연예술과 비공연예술이 갖는 차이의 지평을 명확히 할 수 있다. 앞에서 우리는 예술작품 가운데 일부가 예술가로 하여금 공연자가 예술작품인 명제를 객체화할 때 이용할 규칙의 체계 또는 지침을 영구적인 형태로 규정할 수 있도록 하는 그런 성격의 것이라 했다. 이 조건은 비공연예술과 구별되는 공연예술, 즉 문학, 음악, 무용, 건축의 특징이다. 여기서 공연자는 마음속으로 글을 읽는 독자, 무대 위의 배우 교향악단, 발레단, 건축설계업자가 될 것이다. 물론 작곡자도 그 자신의 작품의 공연자일 수 있다.

공연예술의 사례로 음악을 검토해보자. 예술 작품인 곡이 명제라면 그 명제의 논리적 주어는 무엇인가? 명령문으로 표현된 명제의 주어가 묵시적으로 지칭되는 일반적인 "너"이듯이, 음악 작품인 명제의 논리적 주어는 이런 일반적인 **너**이다. 이것은 흥미롭고도 유익한 함축을 지닌다. 흔히 음악은 가장 추상적인 예술로 분류된다. 이런 이유에서 그것은 자주 예술의 여왕, 가장 순수한 예술로 간주되어 왔다. 어떤 의미에서 음악이 가장 추상적인가? 이는 음악작품인 명제의 논리적 주어가 일반적인 **너**라는 사실과 관계가 있다. 실제로 음악은 운동의 역동적인 요소만을 재현한다. 역동적인 요소는 주어지지만 이 역동적인 요소와 관련될 수 있는 특정한 느낌은 주어지지 않는다. 청자가 이 느낌을 만들어내야 한다. 따라서 청자가 음악작품인 명제의 주어 역할을 해야 한다. 작곡자는 술어적 패턴만을 제공한다. 순수음악 그 자체는 단적으로 술어적이다. 그것은 역동적인 요소는 제공하지만 제공된 심리적 운동의 표현적 성격을 규정하지는 않는다. 따라서 다른 어떤 예술에서보다도 음악에서 예술 작품의 성격 자체는 청자의 함수가 된다. 왜냐하면 그는 예술작품인 명제의 주어가 되기 때문이다. 여기에 음악의 추상성이 있다. 음악은 청자에 의해 그 논리적 주어가 확보될 때 비로소 현실 속에서 특수화될 수 있기 때문이다.

공연예술에서 비공연 예술과 넘어가면서 우리는 양자의 특성을 모두 지니고 있는 건축의 사례에 접하게 된다. 건축은 공연예술과 비공연 예술의 특징을 함께 갖고 있다. 건축은 공연예술의 기본적인 특성을 갖고 있다. 이 예술에는 명제의 객체화를 위한 규칙 내지 지침을 구성할 수 있는 언어(즉 설계도)가 있기 때문이다. 그런데 건축의 다른 차원(즉 완성된 건축물)은 회화와 조각 같은 비공연 예술의 차원과 유사하다. 이들 비공연 예술에서는 명제와 그 객체화를 구별하는 것이 어렵지 않다. 예컨대 화랑에 진열된 초상화나 조상은 객체화된 명제이다. 그림으로 나타난 명제는 음악작품인 명제와 마찬가지로 그것의 객체화에서 독립된 지속적인 명제적 존재성을 갖는다.

결국 공연예술과 비공연 예술의 궁극적 차이는 그 객체화의 성격에 있다고 할 수 있다. 공연예술에서 객체화는 그 공연을 위해 시간의 추이를 필요로 하고 이어서 현실태로부터 객체적 불멸로 사라지는 존재이다. 반면 건축과 비공연 예술에서 객체화는 일단 확보되면 시간에 관계없이 존속하는 객체가 된다. 이런 구별은 전통적으로 시간예술과 비시간 예술 사이의 구별과 궤를 같이 한다. 하지만 어느 경우이든 미적인 경험은 일단 공연(또는 표현)으로 객체화된, 즉 구현된 명제에 대한 경험이다.

IV

미적 경험은 공연(표현) 속에 객체화된 명제를 재창조하는 경험이다. 미적 경험에서 객체화된 명제는 경험 주체의 **주체적 지향**을 유혹하여 자기 창조의 과정에서, 그 객체화된 명제를 재창조하도록 한다. 화이트 헤드의 범주체계에서 주체적 지향은 경험 주체가 실현하고자 하는 이상적인 자기 모습이다. 그리고 그것은 명제적 느낌으로 나타난다. "주체의 생성을 관장하는 주체적 지향은 자기 창조의 과정에서 명제를 실현하려는 목적의 주체적 형식(subjective form)을 가지고 그 명제를 느끼는 주체"(PR 25/84)이기 때문이다. 그래서 보통 이런 명제는 그 주체가 장차 되고자 하는 것에 대한 전망이다. 그것은 그 자신의 합생과 관련된 가능태들에 대한 전망으로서 이 가능태들은 신에 대한 혼성적인 물리적 파악(hybrid physical feeling)에서 파악된다. 그런데 미적인 경험의 경우에 일상적인 삶의 목표나 일반적인 목적은 일시적으로 유보된다. 예술대상을 미적으로 경험하는 주체의 주체적 지향에서, 예술 대상은 그 자체로서 목적으로 경험될 것을 요구하기 때문이다. 그렇기에 미적 경험은 경험자를 "예술의 세계"로 끌어들인다. 이는 공연(표현)에 의해 객체화된 예술대상이 미적으로 파악될 때, 이 객체화된 명제는 그 경험의 주체적 지향을 위한 여건이 되기 때문이다. 그리고 이런 미적 경험의 주체적 지향은 자기창조의 과정에서, 파악된 공연 속에 객체화된 명제를 재창조하는 일이다. 이런 의미에서 진정한 의미의 미적인 경험은 미적 재창조의 경험이다. 이런 사실은 포스터가 위대한 문학은 그 것을 읽는 사람을 저자의 상태로 밀어 부쳐 그 내면에 창조적 충동을 산출한다고 말하면서 염두에 두었던 것을 분명하게 해준다.

우리의 논의가 설득력이 있다면 공연 속에 객체화된 명제가 감상자에 의해 미적으로 재창조되지 않는다면 그의 경험은 미적인 것이 아니라고 해야 한다. 어떤 존재를 아름답게 파악하는 것과, 자기 창조의 과정에서 객체화된 명제를 재창조하려는 주체적 지향을 가지고 그 객체화된 명제를 파악하는 것은 구별되어야 하기 때문이다. 어떤 대상이든, 그것이 현실태이든 명제이든 그것에 대한 파악의 주체적 형식이 아름다움(beauty)[4]이라는 주체적 종(subjective species)의 영원한 객체를 포함하고 있을 경우 아름다운 것이 된다. 따라서 명제는 물론이요 현실태도 아름다움이라는 주체적 종의 주체적 형식을 가지고 파악될 수 있다. 아름다움의 자리는 주체적 형식이며, 따라서 명제와 관련된 미적인 것과 확연히 범주적으로 구별된다. 그렇기에 무엇인가를 아름

---

4) 화이트헤드에 따르면 아름다움(beauty)은 주체적 형식으로 진입하는 주체적 종의 영원한 객체이다. 따라서 아름다움은 사물을 느끼는 방식, 즉 주체가 객체를 파악하는 방식(how)이다. 화이트헤드는 아름다움을 "경험의 계기 안에서 여러 요소들 간의 상호 적응"(AI 324)으로 정의한다. 그리고 그는 이러한 조화로운 적응이 주체적 형식과 관계가 있다는 점을 분명히 한다. "아름다움의 완전성은 조화의 완전성으로 정의되고 조화의 완전성은 주체적 형식에 의해 정의된다"(AI 325). 그래서 아름다움은 합생의 주체적 형식이 요소들의 조화로운 적응을 드러낼 때 그 주체적 형식 속에 진입하는 주체적 종의 영원한 객체이다. 이런 맥락에서 화이트헤드는 어떤 대상이 아름답다는 말의 의미를 분명히 한다. "계기의 분석에서 그 객체적 내용의 일부가 완결된 계기의 주체적 형식의 완전성에 그 부분들이 순응적으로 기여하고 있을 때 아름다운 것이라 할 수 있다. 아름다움이라는 말의 이 2차적 의미는 **아름다운 것**이라는 말의 정의로 보다 정확하게 이해될 수 있다. …그러나 그 모든 의미에 있어서 **아름다운 것**이라는 말은 지각하는 계기에서 여건으로 기능하면서 아름다움을 촉진시키는 내재된 능력을 의미한다. **아름다움**이 여건 내의 어떤 요소에든 귀속될 때 그것은 이 2차적 의미에서이다"(AI 328-29). 그리고 화이트헤드는 아름다움이라는 말의 이 2차적 의미는 1차적 의미에 종속되어 의존한다고 말한다. "객체적 내용은 합생하는 계기 내에서 그 계기의 자발성의 운 좋은 활용을 통해 실현될 수 있는 아름다움 때문에 아름다운 것이 된다"(AI 328).

답게 파악하는 것이 반드시 미적으로 경험하는 것은 아니다. 앞서 언급했듯이 미적 경험은 공연 속에 객체화된 명제에 대한 경험이다. 이 경험에서 경험 주체는 그 객체화된 명제의 유혹에 순응하여 그 명제를 자신의 주체적 지향의 여건으로 받아들인다. 그렇기에 예술 대상에 대한 미적 감상이 성립하려면 감상자가 공연에 의해 객체화된 명제를 주체적 지향의 여건으로 파악하고, 이어서 그 자신의 자기 창조 과정에서 그 명제의 재창조를 자신의 주체적 지향으로 삼을 수 있는 능력이 있어야 한다. 실질적인 미적 경험, 즉 미적 재창조는 능력과 배경과 훈련을 필요로 한다. 미적인 재창조는 단순히 예술 대상을 접하는 것만으로 이루어지는 것이 아니다. 예술작품을 대하고도 미적 경험에 실패할 수 있다. 예술작품의 대부분의 경우는 아니라 하더라도 많은 경우에 있어서 명제들은 복잡하게 얽혀 있어서, 파악자가 충분히 주의를 기울이더라도 공연에서 객체화된 명제를 그 풍부성에서 섬세하게 읽어내지 못하는 수가 있기 때문이다. 그는 예술가가 표현한 명제들을 이해하는 데 필요한 역사적 비평적 배경을 갖고 있지 않다는 이유만으로 그에게는 그것이 별 의미가 없고 혼란스러워 보일 수 있다. 비평가의 역할은 객체화 속에 표현된 명제의 주제를 명료하게 함으로써 비교적 이해력이 부족한 파악자에게 그것이 이해될 수 있도록 하는 일이다.

다른 한편 이와 반대로 우리가 무엇인가를 아름답게 경험한다고 해서 미적 경험을 갖게 되는 것도 아니다. 우리는 단순히 아름답게 채색된 화폭을 대면하고 있을 수 있다. 그것만으로 미적인 경험이 성립하는 것은 아니다. 우리는 회화의 내부로 들어가지 못했다. 거기에는 우리를 창조된 세계로 이끄는 명제가 없기 때문이다. 그런 화폭은 매력적일 수 있고 아름다울 수도 있다. 그러나 우리가 그것에 대면하고 있을 때 우리는 현실태와 마주하고 있는 것이며 그 명제적, 미적 차원을 찾지 못하고 있는 것이다. 자연의 아름다움에 대한 경험과 미적인 경험간의 구별도 이런 맥락에서 가능하다. 석양에 대한 우리의 경험은 미적인 것일 수 없다. 미적 경험은 미적으로 재창조하는 경험이며 미적으로 재창조하는 경험은 아름다움에 대한 수동적인 경험이 아니기 때문이다. 그린 (Theodre Greene)은 이 양자의 구별을 역설한 적이 있다5) "우리는 단순한 자연적 현상과 예술적 표현을 구별해야 한다. …예술 작품은 언제나 어떤 주제를 독특한 방식으로 해석한다. 그것은 이해 가능한 예술적 내용을 예술적 형식으로 표현한 것이다. …자연 그 자체도 예술이 표현적인 것처럼 그렇게 표현적인가? …예술가의 의미가 그의 예술에서 표현을 얻듯이 인간이 자연 자체에 의해 표현된 어떤 의미를 자연에서 발견한다는 것은 의심스런 일이다." 그린이 말하고 있듯이 미적 경험은 의미를 포함한다. 그러나 자연 그 자체는 그것과 만나는 인간에 의해 의미가 부여되지 않는 한, 의미를 드러내지 않는다. 의미는 예술가의 창조물이다.

그러나 예술가는 무로부터 의미를 창조하는 것이 아니다. 그의 통찰은 신의 것처럼 제약이 없지도 않고 무한하지도 않다. 그의 창조 행위는 새로움으로의 모든 전진이 궁극적으로 신을 전제로 하듯이 신을 전제로 한다. 예술대상이 명제라는 우리의 논의를 전제로 보다 정확히 말한다면 예술가는 발견자라고 해야 한다. 예술가는 명제를 무로부터 창조하는 것이 아니라 명제를 발견한다. 일견 예술 활동을 창조적인 작업처럼 보이게 하는 것은 **역전**(reversion)이다. 역전이란 파악된 여

---

5) Theodre Greene, *The Arts and the Art of Criticism*(Princeton: Princeton University Press, 1940), p.11.

건과 부분적으로 동일하고 부분적으로 상이한 영원한 객체에 대한 파악이다. 하지만 화이트헤드의 범주체계에서 이 역전된 영원한 객체는 궁극적으로 신에 대한 혼성적인 물리적 파악으로부터 파생된 것이다. 그렇기에 예술적 창조는 궁극적으로 발견의 범주에 속한다. 말하자면 예술가는 예리한 감성을 가지고, 그를 유혹하는 명제를 발견한다. 이를 보다 구체적인 언설로 바꾸어 말하자면 예술가는 **역전**을 통해, 현실적인 것과 무관하지 않으나 아직 현실적이지 않은 것, 즉 신을 제외한 어떤 현실적 존재에 의해서도 관련된 것으로 파악된 적이 없는 것을 현실 세계에 끌어들인다는 것이다. 따라서 예술적 창조를 창조라고 한다면 그것은 어디까지나 예술가의 발견이 단순히 현실 속에 이미 실현된 것을 발견하는 것은 아니라는 의미에서일 뿐이다.

V

예술적 발견의 문제는 예술에서의 진리의 문제를 낳는다. 예술에도 진리가 있다고들 한다. 어떤 의미의 진리인가? 화이트헤드는 『관념의 모험』 제16장 "진리"에서 현상과 실재 사이에 성립할 수 있는 다양한 유형의 진리관계를 상세히 설명하고 있다. 그에 따르면 "실재는 그 자체일 뿐이다. 그것이 참인가 거짓인가를 묻는 것은 무의미하다. 진리는 실재에 대한 현상의 순응이다"(AI 309). 실재에 대한 현상의 순응이란 무엇인가?

실재는 합생(concrescence)의 초기 위상에서 파악된 미시적인 현실적 계기들로 구성된다. 합생의 후기 위상에서 파악된 거시적 존재들은 현상을 구성한다. 그리고 "명제의 무의식적 영입은 경험 초기 위상의 실재로부터 최종 국면의 현상으로의 이행단계에서 이루어진다"(AI 313). 후기 위상에서 확보되는 감각자료는 주체적 종의 영원한 객체들이다. 화이트헤드의 표현으로 하자면 그것들은 "정서적 색조를 규정하는 특성들이다"(AI 314). 그래서 그것들은 합생하는 계기들이 그 여건을 파악하는 방식이다. 그런데 이들 감각자료, 즉 영원한 객체들은 "일차적으로 그런 특성으로 계승되고 이어서 **변환**에 의해 영역의 특성으로 객체적으로 지각된다"(AI 315). 그것들은 주체적 종의 영원한 객체이긴 하지만 2차적으로는 객체적 기능을 갖는다는 것이다. 여기서 진리관계의 문제가 출현한다. 즉 파악의 주체적 형식으로 기능하는 영원한 객체가 실재적인 객체 영역의 특성으로 기능하고 있는가 어떤가 하는 문제이다. 예컨대 영역이 감각지각에서 빨간 것으로 나타날 때, 빨간 색이 실제로 그 영역을 구성하는 현실태들의 정서적 색조를 지배적인 방식으로 특징짓고 있는가 어떤가 하는 문제이다. 그리고 이 문제가 영역의 실재와 지각자에서의 현상간의 순응 여부, 즉 진리관계를 구성한다(AI 315).

하지만 화이트헤드에게서 이런 의미의 진리는 예술에 관련된 진리가 아니라 단순한(blunt) 의미의 진리, 말하자면 논리적·언어적 차원의 진리이다. 이 단순한 진리는 현상을 낳는 명석 판명한 지각과 실재와의 대응관계에서 성립한다. 그러나 예술의 진리는 단순한 진리가 아니라 **모호하고 육중한**(dim and massive) 진리이다. 화이트헤드는 이 점을 다음과 같이 분명히 하고 있다. "명석 판명한 의식의 전달은 명석하지도 판명하지도 않은 경험 내의 요소들에 비추어 비판적으로 평가되어야 한다. 한편으로 그것들은 모호하고 육중하며 중요하다. 이들 모호한 요소들은 예술에다, 거기서 멀어질 때 그 예술의 효과가 사라지게 되는 그런 궁극적 배경을 제공한다. 인간 예술이 추구하는 진리는 명석한 의식에 제공된 대상에 붙어 다니는 이런 배경을 이끌어내는 데서 성립한다"(AI 318). 여기서 **궁극의 배경**은 미시적인 느낌들, 미시적인 정서적 색조들이 역동적으로 작동하는 실재의 덩어리이다. 이런 미시세계로부터 명석 판명한 거시세계로 나아가는 변환(transmutation)은 배제와 왜곡을 동반하는 일종의 추상이다. 추상은 무엇인가를 남겨놓는다. 그러나 우리는 추상해야 한다. 예술작품인 명제는 그 술어적 패턴 속에 거시적, 즉 명석 판명한 느낌들과 정서들을 변환시키고, 그럼으로써 논리적 주어로서의 거시적 존재들을 변환시킨다. 이들 패턴들은 단순한 진리의 의미에서 참일 수도 거짓일 수도 있다. 그러나 그것들은 미시적 지평에서 관련된 실재를 관통하는 육중하고도 모호한 정서적 패턴들과 양립가능하고 이들에 순응적이며 또 이들을 유인해내는 경우에 미적으로 참이다. 따라서 단순한 진리의 지평에서 분명한 거짓조차도 고도의 단계에서는 미적으로 참일 수 있다.

이러한 미적 진리의 개념은 아름다움의 이론을 정립하는 데에 중요한 역할을 한다. 앞에서는 일차원적인 아름다움의 이론, 즉 오직 현상에 나타나는 아름다움의 이론을 소개하였다고 할 수 있다(특히 **주 6** 참조). 여기서 아름다움은 경험의 계기 내에서, 따라서 현상 내에서 여러 요소들 간의 상호 적응이다. 그것은 경험의 주체적 형식 내의 종합의 조화이다. 그런데 이제 2차원의 아름다움의 이론, 미적으로 참인 아름다움의 이론이 가능해진다. 화이트헤드는 다음과 같이 말한다. "아름다움은 그것이 단지 현상에서 예증되는 한, 진리의 달성을 반드시 포함하는 것은 아니다. 현상은 그것을 구성하는 질적인 대상들이 패턴화된 대비로 짜여 있어서, 그 부분들 전체에 대한 파악이 최상의 조화를 산출할 때 아름답다. …현상이 아름다움에 덧붙여 진리를 달성할 때 보다 넓은 의미의 조화가 산출된다는 것은 분명하다. 왜냐하면 이 경우 그것은 현상과 실재의 조화까지도 포함할 것이기 때문이다. 따라서 실재와 현상의 관계가 참인 아름다움을 달성했을 때 예술의 완전성이 있게 된다"(AI 344-45). 결국 참인 아름다움은 현상과 실재, 즉 의식적 경험을 특징짓는 명석하고 분명한 패턴과 미시적 영역을 관통하여 박동하는 모호하고 육중한 패턴 사이의 순응과 융합에서 결과하는 조화라고 할 수 있다.

　나아가 이런 깊은 의미의 참인 아름다움은 추(the ugly)의 미적 중요성을 설명할 수 있게 한다. 추는 단순한 거짓이 미적으로 중요할 수 있는 것과 똑 같은 의미에서 미적으로 중요할 수 있다. 여기서 말하는 추는 현상의 영역에만 관련된 추이다. 단순한 거짓 술어는 미시적 지평에서의 육중하고도 모호한 정서적 패턴을 유인해 내기 때문에 고도 단계에서 미적으로 참일 수 있다. 마찬가지로 단순하게 추한 술어는 현상의 지평에서의 부조화를 넘어서는, 현상과 실재의 융합을 이끌어내기 때문에 깊은 의미에서 아름다울 수 있다. 그리고 이런 의미에서 예술은 실재의 세계와 동떨어져 있는 영역이 아니라 그것과 분리 불가능하게 얽혀 있는 영역이며, 그래서 여기에 1차원의 **예술을 위한 예술**을 넘어 **삶을 위한 예술** 이론이 터를 잡을 수 있다. 이것은 화이트헤드 철학에 함축된 미 이론이 관망적인 정태적 이론이 아니라 새로움을 향한 역동적인 돌진을 구현하고 있다는 점과 관계가 있다. 화이트헤드는 이 점을 강력하게 역설한다. "아름다움의 궁극적 확장을 위해 필요한 진리의 유형은 발견이며 개괄적 재현이 아니다. 아름다움의 그런 극단을 위해 요구되는 진리는, 현상이 그것을 통해 실재의 깊이로부터 느낌의 새로운 원천을 불러내는 그런 진리관계이다. 그것은 느낌의 진리이며 언어의 진리가 아니다. 실재 내의 관계항들은 언어의 진부한 전제들 아래로 가라앉는다. 최상의 아름다움의 진리는 낱말의 사전적 의미를 넘어선다"(AI 343).

VI

위의 구절이 시사하고 있듯이 화이트헤드의 범주들로부터 귀결되는 예술의 기능에 관한 이해는 기본적으로 **삶을 위한 예술** 이론으로 나타나 있다. 삶을 위한 예술 이론을 옹호했던 옌킨스(Iredell Jenkins)는 다음과 같이 말하고 있다. "미적 활동은 환경에 대한 인간의 일상적인 반응의 자연스럽고도 자발적인 한 국면이라는 것이 나의 기본 주장이다. 그것은 적응의 과정에서 필요한 협력자이다. 예술은 삶을 위해 존재한다. 삶은 예술 없이 존재할 수 없을 것이다."[6] 물론 화이트헤드에게서 **예술을 위한 예술** 이론의 흔적이 없는 것은 아니다. 이와 관련된 화이트헤드의 언급을 보자. "예술의 핵심적 요소는 그것의 자유에 있다. 경험 그 자체의 정서와 일부 요소는 그 필수 불가결한 절박성에서 유리되어 다시 체험된다. 긴장은 끝나고 강렬한 느낌의 기쁨이 남는다. 기본적으로 강렬함은 긴박한 필요성에서 생겨났다. 그러나 예술에서 그것은 그 기원이었던 충동을 훨씬 넘어섰다. …문명화된 예술은 신체적이고 순수하게 상상적인 여러 기원으로부터 생겨난다. 그러나 그것들은 모두 처음에 필연의 요소로 발생한 삶의 생기를 자유롭게 즐

---

6) Iredell Jenkins, *Art and the Human Enterprise*(Cambridge: Harvard University Press, 1958), p.4.

기려는 단순한 열망의 승화, 승화의 승화이다"(AI 350). 그런데 예술에 대한 이런 이해는 아주 통속적인 시각, 특히 아리스토텔레스와 프로이트의 시각 속에 이미 들어 있던 이해이다.

하지만 화이트헤드는 항상 거듭나는 새로움으로의 역동적인 전진을 역설하는 체계를 가지고 있다. 우리는 그러한 체계로부터 예술의 기능에 대한 보다 역동적인 설명을 기대해야 할 것이다. 다음과 같은 화이트헤드의 언급은 우리의 이런 기대에 부응한다. "예술 작품은 유한한 창조적 노력의 흔적을 지니고 있는 자연의 단편이다. 그래서 그것은 홀로 서 있으면서 그 모호한 무한 배경을 지니고 있는 개별적 존재이다. 그래서 예술은 인간의 감각을 고양시킨다. 그것은 초자연적인 느낌을 길러낸다. 석양은 찬란하지만 자연의 일반적 흐름에 속한 것이며 인간을 왜소화한다. 석양이 무수히 반복된다해도 인간을 문명으로 이끌지 못할 것이다. 인간의 성취를 위해 마련된 유한한 완전성을 의식 속에 불러일으키기 위해서는 예술이 필요하다"(AI 348). 여기서 **유한한 완전성으로 인간을 자극하여 이끌어간다**는 화이트헤드의 이런 언급은 예술의 역동적 기능에 관한 주장으로 이해할 수 있고, 이를 바탕으로 우리는 화이트헤드의 역동적 체계에 어울리는 설명을 마련할 수 있다.

우선 예술은 합목적적인 삶과 궤를 같이 할 수 있다. 예술 대상인 명제에서의 변환과 역전, 이들은 대비의 깊이를 심화시킨다. 화이트헤드의 범주체계에서 대비의 깊이는 만족(satisfaction)의 깊이의 척도이다. 그러므로 삶의 기술은 만족의 증가를 획득하는 기술이며, 예술과의 교섭은 삶의 기술의 정점을 이룬다. 단순히 삶을 영위하는 사람이 있고, 어떤 만족을 구가하는 사람이 있는가 하면, 인간이 확보할 수 있는 최고의 만족을 구가하는 소수의 사람들이 있다. 예술은 이 후자의 삶에서 중요한 역할을 한다. 그것은 그들이 구가하는 만족의 깊이를 산출한다. 이것은 화이트헤드의 범주들이 예술의 기능을 **삶을 위한 예술**로 이해하는 한 가지 중요한 방식이다.

그런데 화이트헤드의 이성에 관한 학설(FR 33-34)은 삶을 위한 예술의 다른 측면을 시사한다. 이성은 사실에서가 아니라 상상 속에 품고 있는 목적 달성에 대한 충동을 비판적으로 평가하고 제어하는 가운데 경험 주체로 하여금 환경을 개척할 수 있게 한다. 그런데 예술은 달성할 만한 가치가 있는 상상의 목적을 끌어들이는 탁월한 방식이다. 그래서 이성은 예술에 힘입어, 인간의 투박하고 무질서한 욕구들을 문명화하는 보다 높은 이상적 목적을 끌어들일 수 있다. "석양은 무수히 반복되더라도 인간을 문명으로 이끌지 못한다." 그러나 예술은 그렇게 한다.

그러나 다른 한편 화이트헤드의 범주체계에서 이런 삶을 위한 예술이 예술을 위한 예술과 단순히 배타적인 관계에 있다고 할 수는 없다. 예술 대상은 일상적 삶의 평범한 목적을 중단시키고 유보한다. 미적 경험은 이런 삶의 다양한 실천적 목적들이 유보되기 때문에 미적이다. 그것을 미적으로 경험하는 사람의 주체적 지향에서, 예술대상은 그것이 그 자체로 경험되기를 요구한다. 즉 그것은 우리가 원한다면 삶의 패턴을 형성하고 일상적인 삶을 주도하는 광범한 주체적 목적들을 일시 중단시킨다. 우리가 미적 관조에서, 파악된 공연에서 객체화된 명제를 주체적 직접성에서 재창조하려고 노력할 때 일상적인 목적들은 일시적으로 무시된다. 예술 대상의 명제적 성격에 대한 미적 경험은 경험의 주체적 지향을 포함함으로써 그 주체를 자율적인 영역으로 옮겨 놓는다. 여기서 예술은 예술을 위한 예술이 된다. 하지만 주체는 이 자율의 영역에 항상 머물러 있는 것이 아니다. 그는 일상의 포괄적인 목적의 영역으로 되돌아온다. 그리고 이 세속적인 목적들은 중간에 개입한 미적 경험에 의해 변화될 수 있다. 우리가 예술 대상을 경험할 때 자율적인 예술이 영역으로 들어가지만 일상의 삶으로 다시 돌아올 때 예술 대상과의 접촉은 우리의 일상적 목적을 제약하는 역사적 계승물로 남아 영향을 미칠 수 있다. 예술 대상은 의식에 역동적인 충격을 행사하기 때문에 미적 경험은 일상의 포괄적인 목적에 중요한 의미를 지닐 수 있는 것이다. 그리고 이런 의미에서 사실상 예술을 위한 예술과 삶을 위한 예술 사이에 충돌은 없다.

VII

우리는 미학적 담론에서 문제되는 주요 주제들, 특히 미적인 대상, 미적인 경험과 창조, 예술에서의 진리, 예술의 기능 등을 화이트헤드의 형이상학적 체계 속에 끌어들여 **명제**라는 존재론적 범주를 축으로 삼아 해명하였다. 화이트헤드의 범주들은 예술을 기술하기 위해 특별히 고안된 단순한 은유가 아니라 실재에 대한 명료한 개념들이다. 우리의 작업은 설득력이 있고 충분한가? 이 물음에 긍정적으로 답할 수 있다면 그 만큼 우리의 논의는 화이트헤드의 형이상학 체계를 고양시켰다고 할 수 있다. 우리의 작업은 그의 형이상학 체계가 인간 경험의 또 다른 차원을 명료화 해준다는 점을 보여주었다고 할 수 있을 것이기 때문이다.

화이트헤드의 철학과 종교

4. 화이트헤드의 철학과 종교

I

그리스적 전통의 철학이 기독교 사상과 조우한 이후에 토해낸 사변적인 논의들은, 기독교가 인간과 우주에 관한 근원적인 물음을 앞에 놓고 제시하는 답변들, 즉 사물의 궁극적 원천, 우주를 지배하는 힘, 우주의 궁극적 목적, 우주에서의 인간의 위치, 궁극적 존재와 우리 인간에 대한 그의 요구, 궁극적 존재와의 교섭 방식, 인간의 병폐에 대한 진단과 처방 등에 대하여 체계 내적으로 비판·수정하거나 체계외적으로 비판·해체하는 일에, 의식적으로든 무의식적으로든 관여해왔다는 점에서 그 자체로 종교철학적 논의들이었다고 할 수 있을 것이다. 이제 우리가 살펴보고자 하는 화이트헤드의 과정철학은 사변철학이라는 점에서 명백히 이런 특성을 부분적으로 공유하고 있으며, 특히 그것은 완벽한 체계를 갖추고 있다는 점에서 종교의 교설에 대한 체계 내적인 비판과 수정에 초점이 맞춰져 있으리라는 짐작이 일단 가능하다. 그러나 전통의 문맥을 떠나 일반적으로 말하자면 종교철학은 종교나 종교적 경험의 본성과 의미, 종교와 과학간의 관계, 인간 문화 속에서의 종교의 위치, 종교적 언어와 상징에 대한 논리적 분석, 비전통적인 방식에 따라 종교를 재구성할 가능성 등등을 검토하는 일을 주요 과제로 한다. 하지만 화이트헤드의 과정철학은 이런 일반적 의미의 과제들까지 구체적으로 적시하면서 답하고 있다고 보기는 어렵다. 물론 우리는 그의 저술 여러 곳에 흩어져 있는 종교에 관한 언명들을 통해 종교 일반의 본성에 관한 그의 견해가 어떠한 것이었는지를 추정해 볼 수 있을 것이다. 이는 무엇보다도 그가 특정의 종교 형태보다는 인류가 향유하고 있는 다양한 종교적 경험의 보편적 구조를 자신의 체계 속에 끌어들이고자 했다는 데서 어느 정도 뒷받침될 것이다. 그러나 비록 그의 궁극적 의도가 그런 것이었다 하더라도 그의 사변적 체계 속에 가장 구체적인 예증 사례로 온전히 흡수되고 있는 종교는 분명 기독교이며, 그가 말하는 종교적 경험이라는 것도 일차적으로 기독교적 경험이었음에 틀림없다. 따라서 종교 일반에 대한 그의 이해가 어떤 것이었든 간에 우리가 그것을 가늠해보려면 그의 체계 속에 들어 있는, 기독교적 색채의 종교철학적 언명들을 매개로 하는 길밖에 없다.

필자는 여기서 화이트헤드의 체계에 함축되어 있는 종교철학적 논의의 기본 구도를 건조한 방식으로 고찰할 것이며, 감각적이고 정서적 색채가 짙은 쟁점이나 개념들은 의도적으로 피해갈 것이다. 물론 이런 접근 방식은 화이트헤드의 체계를 온전히 이해하고 평가하려 한다면 결코 바람직하지 않은 방식이다. 하지만 그것은 이처럼 짧은 글에서 택할 수 있는 가장 효과적인 방식이다. 게다가 필자에게는 화이트헤드의 체계에서 종교적 색조의 감각적인 생기를 찾아 복원하는 일이 순수 철학적 논의보다는 신학적 논의에 속하는 것처럼 보인다고 하는 것도 이런 접근을 택한 이유라면 이유일 것이다.

II

1. 화이트헤드는 우리의 경험의 다양한 함축에 주목하고 언어화되지 않는 의식의 가장자리를 언급하는 대표적인 철학자이다. 그가 종교철학에서 문제되는 명시적인 정의나 논증보다는 종교적 직관의 의미를 탐구하는 것도 이런 맥락에서이다. 화이트헤드는 종교적 색조의 경험이 형식적인 진술로 전달되는 것보다 많은 것을 포함하며, 그런 경험의 불명확성은 그 풍부한 내용으로 충분히 보완된다고 생각할 것이다. "정확성은 날조된 것"[1])이라는 그의 단언이나 "지식인들은 말을 찬양한다"(RM 67)는 그의 냉소에서 우리는 이를 짐작할 수 있다. 화이트헤드의 문맥에서 보자면 정확성, 명확성은 고도의 의식적 추상에서나 가능한 특성이다. 구체적인 실재의 실상은 보다 모호한 경험에 뿌리를 내리고 있는 것이다. 사실 우리는 신이 어떻게 명확하게 정의될 수 있는지를 잘 알지 못한다. 그러나 우리는 우리가 때때로 종교적인 순간(moment)을 갖는다는 것을 의심하기는 어렵다. 화이트헤드가 종교적 개념이나 이설을 철학적 범주에 끌어들여 해명하기 위해 실마리로 삼는 것은 바로 이런 종교적 경험이다. 그는 그 모호한 특성에도 불구하고 종교적 경험을 합리화하는 가운데 종교 일반을 자신의 철학과 화해시키고 있는 것이다.

---

1) A. N. Whitehead, "Immortality"(1941).

화이트헤드가 종교적 경험에서 추출한 통찰은 무엇인가? 흔히 **과정철학**은 실재(reality)는 과정(process)이며, 과정을 떠나서는 추상이 있을 뿐이라는 명제를 기본 신조로 한다고 요약된다. 그러나 이것은 틀린 말은 아니나 오해를 낳을 수 있는 지나친 요약이다. 왜냐하면 그것은 동일적 영속성을 갖는 어떤 것도 존재하지 않는다는 말로 이해될 수 있기 때문이다. 화이트헤드가 체계적으로 해명하려고 한 우주의 실상은 영속성과 변천의 두 측면을 갖는다. 그리고 그는 이런 실재의 실상이 종교적 경험에서 가장 근본적으로 드러나는 것으로 이해한다. 그는 다음과 같이 말한다. "종교는 직접적인 사물들의 흘러가는 유동 너머에, 뒤에, 속에 있는 어떤 것에 대한 통찰이다"(SMW 191-92/277). 물론 화이트헤드에 따르면 **유동 너머에 있는 어떤 것**, 즉 영속하는 무엇에 대한 심층적 경험은 합리적 종교(rational religion)에서 비로소 가능하다. 종교는 인간이 자기보존의 활동으로부터 유희로 옮아가고 유희에서 제의(祭儀)로 옮아가면서 시작되었다. 제의는 인간으로 하여금 자기 중심적인 직접적 요구에 대한 관심에서 이탈케 하는 정서와 사유를 불러일으킨다. 사유가 등장할 때 종교는 그것의 무반성적, 제의적, 집단적 특성을 탈피하고 고독(solitariness)을 추구한다. 한 유명한 구절에서 화이트헤드는 종교는 "개체로서의 인간이 그 자신의 고독을 통해 행하는 것"(RM 16)이라고 말한다. "문명화된 인류의 상상력에 붙어다니는 위대한 종교적 개념들은 고독의 표현들이다. 바위에 묶인 프로메테우스, 부처의 명상, 십자가에 달린 고독한 인간"(RM 19). 고독의 계기를 갖는 종교는 사유를 통해 합리화된, 따라서 고등한 종교이다. 그것은 유동과 변천에 의미를 주는 우주의 영속적 보편적 특성을 개시한다. 따라서 종교의 발전사는 자기 보존의 관심으로부터 유희와 의식의 자기망각으로, 그리고 다시 영속적 보편적인 것에 대한 보다 심층적인 인식으로 이어져온 인간 관심의 발전사이다. 화이트헤드가 "과학적 관심이라는 것도 이런 종교적 관심의 변종에 불과하다"(PR 16/69)고 말하는 것도 이런 맥락에서이다.

2. 그렇기에, 인간이 갖는 다양한 경험을 거대한 사변철학의 체계 속에 온전히 끌어안고자 하는 화이트헤드에게 있어 이 보편적 영속적인 것에 대한 인간의 심층적 인식은 과학적 경험과 더불어 가장 적극적으로 고려될 수밖에 없었다. 우리는 다음의 구절에서 이를 확인한다. "철학은 종교나 과학 — 자연과학이든 사회과학이든 간에 — 과 긴밀한 관계를 맺을 때, 무기력하다는 오명에서 벗어날 수 있다. 철학은 이 양자, 즉 종교와 과학을 하나의 합리적인 사고의 도식 속에 융합시킴으로써 그 최고의 중요성을 획득한다"(PR 15/69).

그리고 이런 융합의 과정에서 화이트헤드가 의도하는 종교철학적 반성의 일반적 성격, 즉 종교와의 화해가 어떤 성격의 것인지는 바로 이어지는 다음의 구절에서 읽을 수 있다. "종교는 **특정한 사회, 특정한 시대에 솟구쳐 나온, 그리고 특정한 선행자들에 의해 제약된 정서나 목적을 철학의 합리적 일반성과 결합시켜야 한다.** 종교는 일반적 관념들을 특수한 사상, 특수한 정서, 특수한 목적으로 번역한다. 그것은 개인적 관심을, 그 자멸적인 특수성 너머에로 신장시킨다는 목적을 향해 나아가도록 한다. **철학은 종교를 발견하고 그것을 수정한다.** 역으로 말하자면, 종교는 철학이 자신의 도식에 짜 넣지 않으면 안될 경험의 여건들 가운데 하나인 것이다. 종교란 본래 관념적인 사고에만 속하던 저 무시간적인 보편성을 정서의 집요한 특수성 속에 주입시키려는 근원적인 갈망이라고 할 수 있다. …**정서적 경험이 개념적인 것에서 정당화되고 개념적인 경험은 정서적인 것에서 예시되는 그런 화해를 필요로 한다**"(PR 15-16/69; 여기서 강조는 필자가 한 것이다.) 강조된 이 구절들은 다음과 같이 요약될 수 있다. 즉 "철학과 종교는 각기 합리적 개념과 특수한 정서를 교환하는 가운데 상대방을 정당화해준다"는 것이다. 이것이 화이트헤드가 이해하고 의도하는 철학과 종교간의 화해이다. 그리고 이 화해의 공간은 그가 그리고 있는 사변적 체계 속에 폭넓게 자리하고 있다. 이 공간에서 구체적으로 어떤 일이 벌어지고 있는가?

III

1. 화이트헤드는 구체적인 내적·외적인 감각 경험, 다양한 문화적 경험(과학, 종교, 예술, 문학[시], 역사)에서 주어지는, 서로 충돌하는 것처럼 보이는 자료들을 남김없이 끌어안고자 한다. "철학에 주요 위험이 되는 것은 증거를 선택하는 데 있어서의 협소성이며 …철학은 이 세계의 잡다성(multifariousness)을 무시할 수 없다"(PR 337/579). 그리고 이들을 놓고 그는 상상적, 유비적 일반화에 착수하고, 여기서 추출된 보편적 특성의 관념들을 정합적으로 조직하여 웅장한 사변적 체계를 축조한다. 그래서 이 체계는 "우리의 경험의 모든 요소들이 해석될 수 있는 일반관념들의 정합적이고 논리적이며 필연적인 체계"(PR 3/49)가 된다. 그런데 이 체계의 핵심에는 궁극적 실재의 원형인 "현실적 존재"(actual entity)가 자리하고 있다.

현실적 존재(actual entity)는 화이트헤드가 물리과학이 문제삼는 미시적 지평의 물리적 사건과 인간의 경험 사건을 유비적으로 일반화하여 구상한 존재 개념이다(PR 5-6/51-53). 이 개념은 철학적으로는 데카르트의 코기토(cogito)에 대한 비판적 수정에서 발원하지만 미시물리학의 양자(quantum) 개념에서 추론될 수 있는 물리적 존재를 가능적 예증 사례로 확보함으로써 현대 과학의 통찰까지 포섭한다. 하지만 이런 배경을 장황하게 늘어놓는 것은 이 글의 범위를 넘어서는 일이 될 것이기에 거두절미하고 들어가기로 한다.

현실적 존재는 활동성(activity)을 본질로 한다. 이들은 타자를 자기화하는 단위 활동, 즉 **경험**들의 구성체이다. 따라서 현실적 존재는 관계적(relational) 존재이다. 그것은 자신의 역사적 배경, 즉 그에 선행하는 타자들 전체를 종합하는 가운데 존립하고 이 종합의 완결과 더불어 소멸하여 후속하는 타자에 객체로 주어진다. 즉 객체화(objectification)된다. 그것은 철저하게 관계의 산물이다. 이는 그것이 존재하고 나서 관계 맺는 존재가 아니라는 것을 의미한다. 그러나 동시에 그것은 선택적인 강조를 통해 타자를 고려하는 가운데 자신을 만들어간다는 의미에서 자율적, 자기 창조적 존재이다. 이 관계적이고 자기 창조적 존재는 모든 자연 존재와 사건을 구성하는 궁극적 요소들이다.

우리는 우리 자신의 경험을 이해하기 위해 다른 범주들을 도입할 필요가 없다. 모든 시점에 있어 인간의 경험 사건 그 자체도 현실적 존재이고 이 사건과 부딪치는 자연 존재의 심층을 이루는 것도 현실적 존재들이다. 우리가 일상적으로 유기체라 부르는 것들뿐만 아니라 무기물 덩어리들도, 기계적인 것이 아니라 미시적 유기체라 할 수 있는 현실적 존재들로 구성된 것이다. 일상적 의미의 물리적 사물을 포함하는 거시적인 존재들과 이들을 구성하는 미시적인 물리적 입자들은 현실적 존재들을 구성원으로 하는 복잡한 사건인 "사회"(society)이다. 이런 물리적 존재들이 갖는 상대적 동일성과 안정성은 그 사회 내에 존속하는 **형상**(form), 즉 "한정특성"(defining characteristic)에 근거한다(PR 34/101, 89/192-93). 시공간적 연장을 갖는 모든 존재는 생성과 소멸을 거듭하는 현실적 계기들이 특정한 한정특성을 계승하는 가운데 그 외양적이고 한시적인 동일성을 유지하고 있는 파생적인 존재이며 궁극적 존재가 아니다.

2. 전통적 의미의 동일성을 갖는 인간도 현실적 존재들의 구성체이다. 신 또한 현실적 존재이다.[2] 그렇기에 신도 인간도 타자를 자기화하는 경험의 과정을 통해 존립하는 존재이다. 신에게 있어 인간은 타자이며, 인간에 있어 신도 타자이다. 따라서 신은 인간을 자기 구성의 요소로 삼고 있으며, 인간 또한 자기구성의 경험 속에서 신과 관계한다. 신이 이처럼 타자를 경험하고 또 타자에 의해 경험되는 현실적 존재라는 주장은 두 가지 중요한 의미를 함축한다. 우선 그것은 화이트헤드가 추구하는 종교적 통찰에 대한 합리화 작업의 핵심을 구현한다. 화이트헤드는 흔히 **자기원인**(causa sui)으로 이해되는 전통 철학의 신은 구체성을 결한 추상의 지위에 있는 것일 뿐만 아니라 체계의 정합성을 깨트리는 초월적인 것이요 따라서 비합리적인 것이라고 비판한다. 그런데 신이 현실적 존재로 간주된다는 것은 다수의 형이상학적 범주에 예속되어 체계 내에 들어온다는 것을 의미한다. 신은 합리적으로 언급 가능한 존재로 자리매김된다는 것이다.

다음으로 신이 이처럼 현실적 존재로 상정됨으로써, 종교적 경험에

---

2) 이런 의미에서 화이트헤드에게 있어 **신**이라는 개념은 의미의 범주이며 존재의 범주가 아니다.

서 영속하는 무엇(신)과의 교섭가능성을 찾았던 애초의 시도가 체계 내적으로 정당화된다. 신과 인간이 관계적 존재라면, 그리고 이들이 서로를 경험을 통해 자기 구성의 요소로 받아들이고 있는 것이라면, 인간의 경험 그 자체가 존재론적으로 신과 무관할 수 없을 것이기 때문이다. 인식론적으로 말하자면 인간은 계속해서 신과 만나고 있는 것이다. 다만 인간의 의식이 갖는 부정성 또는 추상성3) 때문에 이런 사태가 간과되고 있을 뿐이다.

3. 이제 우리는 논의를 심화시키기 위해서는 **현실적 존재**에 대한 진척된 분석이 필요하겠다. 현실적 존재의 일반적인 구조적 특성을 점검하는 데서 시작하자. 화이트헤드는 현실적 존재를 분석할 때 나타나는, 또는 요청되는 가장 보편적이고 궁극적인 규정자를 형성적 요소(formative elements)라 부른다. 창조성(creativity),4) 다수의 영원한 객체들(eternal objects), 그리고 신이 그것이다. 창조성은 현실적 존재들에 보편적으로 내재하는 활동성이다. 그리고 영원한 객체는 현실적 존재를 **무엇**(what)으로 만드는 한정의 형식(형상)이다. 이 양자만을 따로 떼어놓고 보자면 창조성은 순수 활동성이라는 의미에서 무규정자요, 영원한 객체는 한정의 형식이라는 의미에서 규정자이다. 그러나 이 양자는 모두 주체적 활동성을 갖고 있지 않다는 점에서 가능태

---

3) 화이트헤드에게서 인간의 의식은 실재의 실상에서 명석한 것을 뽑아 올리는, 따라서 모호한 것을 사상해버리는 기능을 갖는 것으로 이해된다. 따라서 의식적 인식은 언제나 추상의 세계를 맴돌 뿐이다. 우리는 여기서 왜 화이트헤드가 명료성과 정확성을 그토록 불신하는지를 이해할 수 있다.

4) **창조하다**(creare)는 말의 전통적이고 신학적인 쓰임은 무로부터의 창조(the creatio ex nihilo)를 의미한다. 그러나 화이트헤드가 말하는 창조성은 현대 언어학적 쓰임에서의 **창조성**, 즉 사실상 거의 배타적으로 인간학적 범주이다. 그 말 자체는 주로 **혁신**(innovation)의 힘을 의미한다.

(possibility)이다. 따라서 이들 자체로는 적극적인 작인(agent)이 될 수 없다.[5] 이들이 규정자와 무규정자로서의 소임을 다하기 위해서는 이들을 가동시킬 현실적 활동성, 즉 현실태(actuality)가 필요하다. 이 매개의 기능을 하는 현실태가 신이다.

그러나 이 일련의 논의를 놓고 볼 때 화이트헤드의 도식체계에서 신은 기이한 위치를 점하고 있다고 할 수 있다. 신은 현실적 존재로서 형성적 요소에 의해 분석될 수 있는 피분석항이다. 그런데 신 자신이 형성적 요소의 하나가 됨으로써 그 자신을 분석하는 분석항 가운데 하나로 등장하고 있다. 바꿔 말하자면 신은 규정자인 동시에 피규정자가 되고 있는 것이다. 화이트헤드의 신 개념을 놓고 벌어지는 온갖 논란은 바로 이러한 신의 지위에 기인한다. 우리는 이를 이 글의 말미에서 다시 검토할 것이다. 여기서는 화이트헤드가 이런 일종의 순환적 도식을 이끌어들이는 가운데 이들 사이의 상호 의존성 내지 연관성을 역설하고 있다는 데 일단 주목하기로 하자.

창조성은 비록 범주적으로 신과 세계의 우연성을 설명하는 궁극자이기는 하나 현실적 존재의 활동성을 통해서만 현실적인 것일 수 있다는 점에서 현실태에 의존적이다. 영원한 객체와 신도 서로를 필요로 한다. 신은 영원한 객체들을 파악하면서 자신의 원초적 본성(primordial nature)을 얻고, 규정의 형식인 순수가능태로서의 영원한 객체들은 신에 의해 파악됨으로써 질서를 갖춘 가능태로 전환된다. 그리고 또한 현실세계(actual world)와 신도 서로를 필요로 한다. 신은 현실 세계에 대한 그의 경험을 통해 결과적 본성(consequential nature)을

---

5) 화이트헤드에게서 현실태는 주체적 활동성을 갖고서 적극적인 작인으로 기능할 수 있는 존재를 일컫는다. 따라서 주체적으로 이런 작인의 기능을 할 수 없는 존재는 모두 가능태에 속한다.

구성하고, 현실 세계는 자신의 규정자인 영원한 객체들을 신에게서 각각 얻는다. 이런 상호규정성의 바탕은 상호 파악의 일반적 활동성, 즉 창조성이다. 물론 창조성은 이런 바탕이 됨으로써 **현실적** 활동성이 된다. 이런 일련의 상관적 개념 규정은 화이트헤드의 체계에 들어있는 근본 관념들간의 상호 연관성을 보여주는 대표적인 사례이다.

IV

1. 앞 절의 마지막 기술은 화이트헤드의 체계에 들어있는 기본 도식을 개괄한 것이다. 이제 이 도식을 배경으로 한 걸음 더 들어가 보자.

방금 지적했듯이『과정과 실재』에서 신은 양면적 특성, 즉 원초적 본성(primordial nature)과 결과적 본성(consequential nature)을 갖는다. 신의 원초적 본성은 영원한 객체의 전 영역에 대한 가치평가6)이며, 여기서 이들의 관련성이 등급화되고 논리적 정합성을 갖추게 된다. 신의 이런 측면은『과학과 근대세계』에서 말하는 구체화의 원리(principle of concretion)로 기능했던 신이다. 이 원리는 신이 세계에 어떻게 작용하는가를 설명한다. 이 때의 신은 영원한 객체의 영역과 창조성을 매개하는 역할, 즉 **추상적인** 가능태를 **구체적인** 현실태로 전환시키는 기능을 갖는다.『과정과 실재』에서 이는 정교하게 분석적으로 기술된다. 화이트헤드의 표현으로 간단히 요약하자면 원초적 본성으로서의 신은 "각각의 시간적 합생(concrescence)7)에 그 자기 원인작용을 가동시킬

---

6) evalution, 이접적으로 존재하는 가능태들인 영원한 객체들 파악하는 가운데 하나의 질서 속에 체계화하는 작용을 의미한다.
7) concrescence: 현실적 존재가 자기를 구성해 가는 내적인 생성의 과정을 가리키

최초의 지향(initial aim)8)을 제공하는 현실적 존재이다"(PR 244/441). 그래서 합생하는 현실적 존재는 신의 원초적 본성에서 파생된 최초의 지향, 즉 영원한 객체(들)을 실현시킨다. 이것이 추상적 가능태들의 구체화 방식이다.

다른 한편 신의 결과적 본성은 현실 세계의 현실적 존재들에 대한 그의 물리적 느낌9)으로부터 온다(PR 31/95). 신의 결과적 본성은 시간적인 현실적 존재들에 대한 신의 물리적 파악일 뿐만 아니라 이들 물리적 파악과 신의 개념적 파악 간의 통합이기도 하다(PR 345/593). 신의 결과적 본성이 **결과적**인 까닭은 그것이 신의 원초적인 본성과 시간적 세계의 현실적인 존재들 사이의 상호작용에 뒤따라 나오기 때문이다. 즉 신의 결과적 본성은 신의 합생의 둘째와 셋째 위상10)을 가리킨다 (PR 346/595). 그리고 신은 이처럼 결과적 본성에서 모든 시간적인 현실적 존재들을 물리적으로 파악하는 가운데, 현실적 존재들의 합생을 종결짓는 결단들과 이들이 구현하고 있는 현실화된 형상(가치)들을 자기화한다.

시간적인 현실적 존재들에 대한 신의 물리적 파악은 순응(conformity)에서 시작된다. 신의 물리적 파악의 주체적 형식11)은 파악된 존재의 주체적 형식에 순응한다는 것이다. 그러나 순응적인 물리적 파악과 원초적 본성의 개념적 파악들 간의 통합이 이루어지는 후속하

는 용어.

8) 현실적 존재가 신의 원초적 본성에서 얻게 되는 최초의 이상적 목표. 이것은 현실적 존재가 최종적으로 실현하게 될 주체적 지향의 뿌리가 된다.

9) physical prehension(or feeling) 현실적 존재를 객체로 갖는 파악(느낌), 영원한 객체를 객체로 하는 개념적 파악과 대별된다.

10) phase: 현실적 존재가 자신을 구성해가는 내적 생성의 순차적 단계를 지칭하는 용어.

11) 주체가 객체를 파악하는 방식(how).

는 위상에서 현실적 존재에 대한 신의 느낌의 주체적 형식은 변형된다. 다시 말해 순응적인 물리적 파악에서 신의 느낌의 주체적 형식은 시간적인 현실적 존재 그 자체로부터 파생되지만 순응적인 물리적 파악과 원초적인 개념적 가치평가(신의 원초적 본성)의 통합 과정에서 현실적 존재에 대한 신의 느낌의 주체적 형식은 영원한 객체들에 대한 신의 영원적인 조화로부터 도출되기에 이른다는 것이다. 화이트헤드의 표현으로 하자면, "각 피조물에 대한 신의 파악은 그의 포괄적인 원초적인 가치평가에서 전적으로 파생되는 주체적 지향12)에 의해 이끌리며 또 거기서 파생되는 주체적 형식의 옷을 입는다"(PR 345/593).

그런데 이와 같이 신의 원초적 본성의 완결성에서 파생되는 주체적 지향은 그의 결과적 본성에 결정적인 영향을 미친다. 원초적 본성의 완결성에 힘입어, 현실 세계는 왜곡되거나 배제됨이 없이 온전히 신의 결과적 본성에 포섭된다. 현실 세계는 그 직접성의 일치 속에서, 즉 온전하게 느껴진다(PR 345-46/593-94). 이는 신의 물리적 파악이 시간적 현실적 존재들 사이에서 이루어지는 물리적 파악과 달리 어떠한 전망의 제약도 동반하지 않기 때문이다. 신의 물리적 파악, 즉 신에서의 시간적인 존재들의 객체화는 이들 존재의 완전한 직접성의 상실 없이, 배제 없이 이루어진다. 모든 시간적 존재들은 신에 의해 파악되고 신의 경험 가운데 영속하는 요소로 변형된다. 이것은 신이 세계를 있는 그대로 온전히 구제한다는 것을 의미한다.

2. 다른 한편 이러한 신의 양면성은 여러 가지 대비되는 특성들을 수반한다. 원초적 본성은 현실 세계에 선행하는 영원한 가능태 전체를

---

12) subjective aim: 주체가 합생을 통해 실현하고자 하는 이상적 목표.

파악한다는 점에서 무제약적이며, 자유롭고, 완결적이며, 무한하다. 이에 반해 결과적 본성은 특정한 현실 세계를 파악하면서 성립하기 때문에 제약되어 있으며 결정되어 있고 미완결적이며 유한하다. 신의 원초적 본성은 모든 가능태들을 파악하기 때문에 완결적이지만, 결과적 본성은 그때까지 실현된 현실적 존재들만을 물리적으로 파악할 수 있기 때문에 유한하고 미완결적이다. 신의 물리적 파악들은 현실 세계의 유한성과 미완결성을 반영하고 있는 것이다. 나아가 신의 원초적 본성은 "영원하다". 그러나 신의 결과적 본성은 새로운 물리적 파악들을 받아들이는 가운데 "영속한다"(everlasting). 그래서 신의 결과적 본성은 끊임없이 계속되는 합생의 과정이 된다.

그런데 신의 결과적 본성이 영속한다는 것은 신이 시간에 종속된다는 것을 함축하지 않는다. 화이트헤드에게서 시간은 "소멸"에 의해 특징지어진다. 시간은 생성의 소멸에서 새로운 생성으로의 이행(transition) 또는 한 현실적 계기에서 다음 계기에로의 이행에서 현실화된다. 그러나 화이트헤드의 견해에서 신은 단일한 현실적 존재이다. 따라서 신은 시간의 양자(quantum)를 구현하지만 신 자신은 시간의 추이에 종속되지 않는다. 그것은 영속하는 현재이다. 그렇기에 신의 합생은 현실 세계의 모든 시간에 걸쳐 있게 된다. 물론 시간은 신에게 실재적이다. 신은 신이 물리적으로 파악하는 시간적인 현실적 존재들의 관계에서 시간을 경험한다. 그러나 신 그 자신의 합생은 시간 속에 있지 않다. 따라서 신은 결과적 본성에서조차도 시간적이지 않다. 신은 다만 언제나 살아있는 현재 속에서 합생하고 있을 뿐이다. 신이 영속하는 것은 이런 의미에서이다.

다른 현실적 존재들의 경우와 마찬가지로 신의 이러한 비시간성으로부터 신의 불변성이 연역된다. 신은 영속적인 합생 가운데 있을 뿐, 변화하지 않는다. 변화는 시간 축에서만 가능한 사태이다. 신은 변화를 경험한다. 신은 물리적 파악의 여건을 구성하는 현실적 존재들 사이의 차이를 경험하기 때문이다. 따라서 신의 결과적 본성은 끊임없이 변화한다고 할 수 있다. 그러나 이것은 신이 받아들인 여건과 관련해서만 그렇다. 신의 형상적 구조 속에는(신 자신의 합생) 변화가 없고 영속하는 합생에서의 전개만이 있을 뿐이다. 말하자면 신에게는 잇따르는 위상들이 있을 뿐이다.

3. 그러나 신의 이러한 영속적인 생성은 신에 대한 시간적인 현실적 존재들의 경험을 설명하기 어렵게 한다. 화이트헤드는 그의 형이상학적 원리들로부터 자기초월체(superject)로서의 신의 세계 내재 가능성을 연역한다. 자기초월체란 현실적 존재가 생성을 완결하여 주체성을 잃고 새로이 출현하는 후속하는 현실적 존재에 객체로서 주어지는 국면을 지칭하는 개념이다. 따라서 모든 현실적 계기는 주체이면서 자기초월체가 된다고 할 수 있다. 그러나 신이 영속적인 생성이라면 신은 항상 주체일 뿐 결코 자기초월체가 될 수 없다. 화이트헤드는 종교적 직관에 호소한다. 그는 인류가 품고 있는 종교적인 경험이 신의 결과적 본성이 세계에 내재하며 경험되는 것이라는 주장의 근거를 제공해 준다고 말한다. 그러나 이는 합리적 설명이라 보기 어렵다. 하지만 화이트헤드는 이 점에 관해 더 이상 말하지 않는다. 이 개념은 신에 대한 그의 생각과 신과 세계와의 관계에 대한 그의 생각을 정리하는 데 있어 중요하다. 그러나 그는 신의 "자기초월적 본성"(PR 88/190)에 관해 다시 언급하지 않는다. 따라서 이에 대한 논의는 구성적인 것일 수밖

에 없다. 우리는 뒤에서 그 가능성을 타진할 것이다.

V

1. 이미 충분히 시사되었듯이 신은 세계의 궁극적인 형이상학적 근거가 아니다. 신은 기본적으로 영원한 객체들의 영역과 "창조성"의 범주와의 상관적 구조하에서만 근거가 될 수 있다. 화이트헤드에게서 "생성"은 "존재"보다 우위에 있다. 신을 포함하는 모든 현실적 존재는 생성의 과정이다. 이와 마찬가지로 세계는 "존재"들의 정태적인 집적이 아니다. 그것은 현실적 존재들의 내적 생성의 과정이며 한 계기에서 다른 계기의 이행(transition)의 과정이자, 세계 역사의 각 순간에서 다음 순간에로의 이행의 과정이다. 신과 세계와의 관계도 정태적인 것이 아니다. 그것은 상호 작용의 우주적 과정, 신의 영원적인 직시(원초적 본성)와 영속하는 생성(결과적 본성)과 시간적 현실적 존재들간의 계속적인 역동적인 상호작용이다.

창조성은 모든 현실적 사물들의 이와 같은 내적인 역동성을 설명하려는 범주이다. 그래서 창조성은 범주적으로 궁극자(the ultimate)의 지위를 갖는다. 생성 내지 합생의 과정은 창조성의 실현 과정이다. 소멸한 계기로부터 새로운 계기로의 이행의 과정에서 나타나는 것도 창조성이다. 그리고 우주적 과정, 신과 세계와의 역동적인 상호작용에서 나타나는 것도 또한 창조성이다. 모든 현실적 존재는 현실적 존재들간의 상호작용이 그렇듯이 창조성의 구체적인 사례들인 것이다.

창조성이 궁극자인 반면, 신은 원초적 우연자이다. 화이트헤드에 따르면 이 구절에서 **우연**은 **결단**을 의미한다. 현실적 존재는 그것이 과거의 현실적 세계와 그것의 가능태들에 어떻게 반응할 것인가에 관한 그 자신의 결단의 산물이다. 그래서 합생의 과정은 과거의 현실 세계가 주어질 때, 그 합생을 위한 가능태들과 관련한 결단에 이르려는 과정이다. 이 과정은 "외적으로 자유롭다". 그리고 모든 현실적 존재는 이처럼 그 자신의 결단이 어떤 필연성의 결과가 아니라 자유롭게 행사되는 것이라는 의미에서 "우연자"이다. 신이 창조성의 원초적인 우연자라고 하는 것은 이런 의미에서이다. 신의 원초적 본성은 우주를 위한 가능태의 구조를 결단한다. 이 무한한 가치평가의 원초적인 행위는 완전히 자유롭고 무제약적이다. 가능태들에 대한 신의 영원적 가치평가로부터 결과되는 가능태들의 특정한 질서화는 신의 자유로운 행위의 결과이며, 신 밖에 있는 어떤 필연적인 조건으로부터 나오는 것이 아니다. 그리고 이 원초적 결단에서 원초적 본성의 신이 생성한다. 이런 의미에서 신의 원초적 본성은 창조성의 피조물이다(PR 31/95).

2. 그러나 범주적으로 창조성이 궁극자의 지위에 있다는 것은 일견 창조성이 신 위에 있는 신으로 간주되고 있는 것처럼 보일 수 있다. 하지만 현실적 존재가 그 자신의 자기원인 작용의 피조물이라고 말하는 것은 그것이 자신의 이상을 실현하기 위해 생성하고 있다고 말하는 것이며 그 밖의 무엇인가가 그것을 창조한다는 것이 아니다. 그것을 **창조성의 피조물**이라 부른 것은 그 생성의 과정이 창조성의 사례이기 때문이다. 우리는 현실적인 자기 창조적 사물들로부터 창조성의 관념을 추상할 수 있다. 그러나 창조성 그 자체는 가능태이기에 현실태 가운데 그 자체로 창조성인 것은 없다. 자기 창조적인 현실적 존재들이 있

을 뿐이다. 화이트헤드가 "그것의 우연자들을 떠날 때 창조성은 현실성을 결한 것"(PR 7/56)이라고 말하는 것은 이런 의미에서이다. 창조성은 신과 세계 위에 있는 어떤 것이 아니다. 그것은 모든 시간적인 현실적 존재와 전체로서의 세계와 신에서 예시되는 역동적인 자기 창조적 과정인 것이다. 그러므로 신은 창조성의 피조물이라고 말하는 것은 신은 자기 창조적 과정의 사례라고 말하는 것이다.

이제 우리는 이렇게 말할 수 있을 것이다. 우주는 그 자신의 권리상 창조적이다. 신은 모든 시간적 현실적 존재들의 가능 조건이 된다는 의미에서 창조자이다. 창조성을 조건짓는 원초적인 조건인 신의 원초적인 본성이 없다면 시간적인 현실적 세계도 있을 수 없기 때문이다. 또한 신의 결과적 본성은 창조성의 최고의 사례이다. 그것은 소멸하는 세계를 항상 구제하고 사랑을 가지고 그것을 치료하며, 미와 선에 대한 신의 영원한 직시(영원한 객체들의 영역에 대한 신의 원초적 파악)를 실현하도록 그것을 유혹한다.

그러나 유혹은 어디까지 유혹일 뿐이다. 신은 설득할 뿐 결코 강요하지 않는다는 말이다. 최초의 주체적 지향이 일단 주어지면 시간적인 현실적 존재는 그 자신의 권리상 자기 창조적이다. 각각의 시간적 계기는 그 자신의 합생을 최종적으로 결정한다는 의미에서, 신과 세계를 여건으로 삼아 그 자신을 창조한다. 세계의 악은 시간적인 현실적 존재들이 행사하는 자유에 기인한다. 그것은 신의 설득을 거부할 때 빚어질 수 있는 것, 따라서 신 자신이 빚어내는 것이 아니다.

3. 화이트헤드의 체계에서 신은 창조성의 원천이 아니며 시간적인 현실적 존재가 그들의 창조성을 신에게 힘입고 있는 것도 아니다. 창

조성은 신을 포함하는 모든 현실적 존재들에 내재하면서 초월한다. 창조성은 이처럼 보편적으로 내재하면서 초월하기 때문에, 화이트헤드의 체계에서 창조성의 범주는 궁극적인 형이상학적 원리의 지위를 갖는다. 그러나 다른 한편 창조성은 신이나 시간적인 현실적 존재들로부터 분리될 수 없다. 이들을 떠나서는 그 자신의 현실성을 갖지 않기 때문이다.

화이트헤드는 사변적 체계 배후에 있는, 그래서 그 체계를 궁극적으로 떠받치는 어떤 초월적인 근거를 구하려는 것은 불합리한 시도라고 믿는다. 그가 보기에 이런 초월적인 근거를 찾는 것은 형이상학적 정합성(coherence)을 향한 합리적 희망을 포기하는 것이기 때문이다. 그에 따르면 합리성은 궁극적 관념들을 상호 한정하여 의미를 부여하는 정합적인 체계에서 확보되는 가치이다. 화이트헤드는 이런 이념을 『과정과 실재』의 첫머리에서 천명하였다. 이에 따르면 형이상학적 일반화의 체계 내적 타당성은 일반화된 관념들 사이의 정합성(상호 연관성), 논리적 무모순성(consistency)이요 체계 외적 타당성은 광범한 경험영역을 설명할 수 있는 충분성(adequacy)이다. 정합성과 논리적 무모순성은 체계가 갖추어야 할 합리성의 요건이라면, 충분성은 체계의 보편적인 설명력, 즉 체계의 경험적 유용성인 것이다. 그가 형성적 요소들을 상호 전제되고 규정되는 순환구도 속에 정렬하고 있는 것은 바로 이런 체계 내적 타당성, 곧 합리성을 확보하기 위한 조처였다.

그러나 이런 순환적 구도는 적어도 서양의 전통에서는 생소한 것이다. 그의 철학이 기독교 신학의 기본관념들과 쉽게 조화될 수 없는 것처럼 보이는 것도 이 때문이다. 그러나 누군가가 이를 조화시키기 위해 이 순환 구도를 깨트린다면 그는 이미 화이트헤드와 다른 길을 가고 있는 셈이 될 것이다.

VI

1. 화이트헤드의 체계는 종교철학적으로 충분한가? 필자로서는 이 물음에 적절히 답할 수 없다. 이것은 단순히 이 글의 지면 한계 때문이 아니다. 이에 답하기 위해서는 기독교의 이설은 물론이요 그 밖의 다수 고등 종교의 이설들을 검토하고 나서야 적절히 답할 수 있는 물음이기 때문이다. 아마도 기독교 신학을 연구하는 사람이라면 **부분적으로** 이 물음에 답할 수 있을 것이다. 그리고 과정신학은 이런 물음에 답하고 있다고 믿는다. 따라서 이제 남은 지면을 필자는 정합성과 관련하여 야기되고 있는 논란, 따라서 순수 철학적 지평에서 답할 수 있을 것으로 보이는 논점을 검토하는 데 할애할 것이다.

이미 앞서 언급했듯이 화이트헤드가 말하는 현실적 존재로서의 신의 관념은 체계 내적으로 일관성을 결한 것이며, 따라서 그의 체계는 그의 의도한 만큼 정합적인 것으로 나타나 있지 않다는 비판을 불러일으켰다. 화이트헤드가 신을 영속하는 현실적 존재로 생각하는 이유는 분명하다. 초월적인 현실태란 **공허한** 것이라 보았기 때문이다. 그러나 이런 주장은 신이 현실적 존재임에도 불구하고 다른 현실적 존재들을 지배하는 형이상학적 범주와 원리들에서 부분적으로 벗어나는 결과를 초래한다. 그리고 그 결과 신 개념은 체계의 정합성을 깨뜨린다. 여기서 제기되는 물음은 다음과 같다.

앞서 이미 잠깐 언급했듯이 우선 신이 하나의 현실적 존재로서 영속하는 합생이라면 신은 객체화될 수 없다. 객체화는 합생의 완결로서의 만족(satisfaction)에서 얻어지는 사태이기 때문이다. 만일 그렇다면 이는 적어도 모든 현실적 존재에 공히 적용되는 범주적 원리가 신에게는 예외가 된다는 것을 의미한다. 그리고 이 물음은 시각을 달리하여 제기해볼 수도 있다. 즉 시간적인 현실적 존재는 어떻게 신을 물리적으로 파악할 수 있는가 하는 것이 그것이다. 물리적 파악은 과거의 계기에 대한 파악이다. 현실적 존재는 그것이 파악하는 존재가 과거에 있는 것이 아닐 경우 그것을 물리적으로 파악할 수 없다. 그런데 신이 만족을 거쳐 과거의 것으로 객체화될 수 없다면 신은 물리적으로 파악되기 어려운 것처럼 보인다. 이런 난점은 물리적 파악이 갖는 또 다른 특성에 비추어서도 똑같이 제기될 수 있다. 물리적 파악은 물리적 사건이며, 따라서 시간을 필요로 한다. 그것은 시간 축을 따라 일어나는 사건이다. 그래서 동시적인 존재들은 상호간에 인과적으로 독립적이다. 그런데 신의 합생이 영속하는 것이라면, 그래서 신이 모든 시간에 걸쳐 있다면 신은 모든 현실적 존재들과 동시적인 것이 될 것이다. 그렇다면 시간적인 현실적 존재들은 어떻게 신을 물리적으로 파악할 수 있는가? 이것은 사실상 우리가 신을 어떻게 경험할 수 있는가 하는 물음이다. 사실 이 물음은 존슨(A. H. Johnson)과의 대화에서 이미 제기되었지만 화이트헤드는 간단히 답하고 만다. "그것이 진짜 문제다. 나는 그것을 해결하려고 하지 않았다."13)

이런 난점은 화이트헤드의 신 개념에 대한 수정의 필요성과 관련한 논란을 불러일으켰다. 대표적인 수정론자로는 하츠혼(C. Hartshorne)

---

13) A. H Johnson, "Some Conversation with Whitehead Concerning God and Creativity" in L. S. Ford & G. L. Kline, ed. *Explorations in Whitehead's Philosophy* (New York: Fordham University Press, 1983), pp.3-13.

을 들 수 있을 것이다. 그는 신을 단일한 현실적 존재가 아니라 사회로 간주해야 한다고 주장하였다. 한편 수정보다는 보완을 통해 문제를 풀려는 사람들로 있다. 물론 이를 위해서는 많은 구성적 작업이 필요할 것이다. 사람에 따라 차이가 있기는 하지만 일반적으로 이러한 해결들은 화이트헤드의 철학에서 신은 **비시간적 존재**라는 점을 강조한다. 그래서 엄격하게 말하자면 신은 시간적인 현실적 존재들과 동시적이지 않다고 말할 수 있다. 왜냐하면 오직 시간적인 현실적 존재들만이 서로 동시적일 수 있기 때문이다. 또 오직 시간적 세계에서만 현실적 존재가 물리적으로 파악될 수 있기에 앞서 만족할 필요(obligation)가 있는 것이라고 말할 수 있다. 이러한 논증에 따르면 신의 영속하는 합생이 현실적 존재들에 의해 물리적으로 파악될 수 있다고 주장하는 것은 화이트헤드의 철학의 범주들을 어느 것도 침해하지 않는다. 대략 우리는 다음과 같이 생각해 볼 수 있을 것이다. 새로이 출현하는 현실적 존재는 신의 결과적 본성을 이루고 있는 과거의 세계를 파악하는 가운데 신을 물리적으로 파악하며, 그럼으로써 신의 원초적 본성을 파악한다. 그리고 이로부터 이 새로운 존재를 낳는 최초의 지향이 파생된다고. 그리고 이러한 구성적 논의가 설득력을 갖추게 된다면 정합성은 부분적으로 확보될 수 있는 것이다.

2. 전통 사변철학에서 찾아볼 수 있는 종교철학적 논의에서는 대개의 경우, 합리적인 사람이면 누구나 받아들일 수 있는 전제에서 출발하여 신의 존재와 영혼의 불멸을 논증하려 한다. 그런데 소수이긴 하지만 일부 철학자들은 종교적 신념은 외부의 증거를 필요로 하지 않는다고 본다. 이들은 종교적 신념이 종교 내의 어떤 것에 의해 정당화되

는 것으로 간주한다. 예컨대 베르그송이나 제임스는 신의 존재에 대한 믿음은 종교적 경험에 의해 뒷받침된다고 생각했다. 단적으로 말하자면 우리는 직접적으로 신의 존재를 경험할 수 있다는 것이다. 따라서 우리는 어떤 사실을 설명하기 위해 필요하다는 식으로 신의 존재를 증명할 필요가 없다.

화이트헤드는 종교적 경험이 인간에게 열려있는 자명한 사태로 보고 있다는 점에서 베르그송과 제임스의 견해와 맥을 같이 하고 있다. 따라서 화이트헤드에게 있어 신의 문제는 종교적 경험의 의미와 구조를 밝히는 데서 해결되는 것이지 그에 연루된 관념들의 존재성을 증명하는 데서 풀리는 것이 아니다. 그러나 그는 이 경험에 시사되는 영속적인 요인을 체계 속에 끌어들여 현실적 존재로 합리화하는 동시에 이를 신이라 지칭함으로써 베르그송이나 제임스와는 달리 철저한 합리주의자의 길을 택하였다. 하지만 화이트헤드는 명시적인 전제로부터 연역하는 종래의 합리주의적 전통에서 탈피하여 명시적인 전제와 명시적인 경험의 배후에 있는 묵시적인 전제를 드러내어 정합적으로 기술하고자 하는 가운데 초월적인 궁극자를 거부하였다. 그리고 일상적인 감각경험, 과학적 경험, 미적인 경험, 도덕적인 경험, 그리고 종교적인 경험을 하나 같이, 이러한 묵시적인 전제에 대한 체계적인 해명에서 나름의 기능을 갖는 것으로 이해함으로써 그의 체계 속에서는 종교적 관념들이 다른 분야의 관념들과도 충돌할 여지를 남겨놓지 않았다.

물론 이런 정합성에 대한 열망은 부분적으로 전통적 관념에 대한 단순한 수용보다는 수정의 **모험**으로 구현되고 있다. 종교적 관념에 대한 비판적 수정은 화이트헤드가 벌인 **관념의 모험**의 가장 생생한 사례 가운데 하나임에 틀림없다. 화이트헤드에 따르면 모험은 문명을 불모와 권태, 정통으로부터 구제하는 것이다. 모험하는 정신을 소유한 문명은 자유롭고 활기차며 창조적이다. 모험이 없는 경우, 우리는 깊이가 없는 문학, 세부적인 것을 확정하는 데만 집중하는 과학, 비교적 중요하지 않는 차이에 몰두하는 예술, 도그마에 헌신하는 종교에 휩싸여 있게 된다. 하지만 이 모험의 수정을 거친 결과 그의 체계에 들어 있는 신은 명백히 인간 중심적 특성, 즉 인격성을 상실하고 있다는 것도 사실이다. 이는 그의 사변철학이 한편으로 현대 과학과의 화해를 위해, 그리고 다른 한편으로는 여타의 고등종교인 불교나 힌두교 등과의 화해를 위해 일반화라는 전략에 치중했던 데서 비롯된 불가피한 결과일 것이다.

WHITEHEAD

아리스토텔레스의 실체와
화이트헤드의 획기성 이론

5. 아리스토텔레스의 실체와 화이트헤드의 획기성 이론

I

아리스토텔레스는 그의 『형이상학』(*Metaphysica*)에서 진정한 의미의 존재가 어떤 것일 수 있는가를 묻고 이에 대한 답변으로, 변화하고 있는 개체로서의 실체, 다시 말해 그 고유의 목적을 구현해가는 **과정** 가운데 있는 실체를 제시했다. 그가 말하는 실체는 가능태를 현실화하는 과정으로서 존재한다. 따라서 그의 『형이상학』에는 이런 현실화의 과정, 즉 **변화의 과정**(process of change)을 떠나 존립하는 실체가 따로 있는 것이 아니다.

이것은 아리스토텔레스의 실체 규정에 대한, **변화**와 관련한 적극적인 해석을 아주 간략하게 요약해 본 것이다. 이런 해석은 아리스토텔레스에 대한 화이트헤드의 비판에서 핵심을 이루고 있는 구절, 즉 "변화의 모험을 감내하면서 자기 동일성을 잃지 않는 존재"라는 구절이 오해의 산물이라는 주장1)을 낳는 직접적인 배경을 이룬다. 그리고 이런 해석의 연장선상에 서게 될 때 화이트헤드의 실체 비판은 근세 철학, 특히 로크와 흄이 만들어낸, 그것도 비난하기 위해 만들어낸 허구적 개념에 대한 비판에 불과하다는 지적2)이 한층 더 설득력을 지니는 것처럼 보이게 된다. 화이트헤드가 비난하는 것과 달리, 아리스토텔레스의 실체는 변화의 불변적 담지자라든가 **무차별적인 존속**(undifferentiated endurance)과 같은 지위나 성격과는 거리가 멀다는 것이다.

이처럼 근대 이후에 생겨난 편견이나 비판으로부터 아리스토텔레스의 실체 개념을 구제하려는 시도는 펠트(James W. Felt, S. J.)의 한 소논문3)에서 그 원형을 찾아볼 수 있다. 그는 아리스토텔레스의 진정한 견해를 아리스토텔레스 자신의 언어로 회복시킬 경우 모든 실체 형이상학의 가능성에 대한 오늘날의 일반화된 거부는 부당한 것이 될 것임을 시사하고 있다. 그리고 그는 특히 아리스토텔레스의 실체에 대한 화이트헤드의 오해가 그의 형이상학을 **생성의 획기성 이론**(epochal theory of becoming)으로 전환시키는 강력한 동인이 되었다고까지 주장한다.

그러나 **화이트헤드의 오해**라는 일반적인 지적이나 이를 토대로 한, 화이트헤드의 획기성 이론에 대한 펠트의 평가는 받아들이기 어려운 것으로 보인다. 적어도 필자가 보기에 과정 철학의 중심축을 이루고 있는 획기성 이론은, 합리적 구도 속에서 **변화**를 다루어온 전통 철학

---

1) James W. Felt, "Whitehead's Misconception of 'Substance' in Aristotle," *Process Studies* 14 (Winter 1985), pp.224-36.
2) Reto Luzius Fetz, "Aristotelian and Whiteheadian Conceptions of Actuality :I", *Process Studies* 19 (Spring 1990), pp.15-27.
3) James W. Felt, 앞의 논문.

이 근원적으로 갖고 있던 난점 가운데 하나를 아리스토텔레스에게서 목격하고, 이를 극복하기 위해 **변화**를 전혀 다른 토대 위에서 기술, 설명하고 있다. 게다가 펠트의 주장과는 달리, 아리스토텔레스의 견해를 아리스토텔레스의 언어로 회복시키려 하면 할수록 오히려 이 난점은 부각될 뿐이라는 것이 필자의 생각이다.

다른 한편 **화이트헤드의 오해**를 인정하면서도 그의 과정철학을 보다 긍정적으로 평가하는 가운데 이를 아리스토텔레스의 전통 속에 놓아 검토하고 있는 페츠(Reto L. Fetz)는 화이트헤드의 **현실적 존재**(actual entity)가 현대 과학의 정보와 새로운 개념적 장치에 힘입어 아리스토텔레스의 실체를 복원하여 보다 정교하게 다듬어 놓은 것으로 이해될 수 있다고 주장한다.4) 페츠는 적어도 자연적 존재에 관한 한, 아리스토텔레스의 기술과 화이트헤드의 기술이 상당한 정도로 일치하고 있음을 분석적으로 제시하고 있다. 그에 따르면 두 사람은 자연적 존재를 단순히 논리적 존재나 질료적인 실체가 아니라, 과정적 존재로 이해하고 있다든가, 양극성(질료성과 형식성 또는 물질성과 정신성)을 갖는 것으로 기술하고 있다는 점에서 유사하다. 나아가 그들은 과정적 존재를 분석하면서 현실태, 가능태, 이상(목적) 등의 개념을 역시 유사한 방식으로 사용하고 있다. 또한 페츠는 아리스토텔레스에게서 찾아볼 수 있는 자연의 역동성과 화이트헤드가 보여주고 있는 진화론적 사유도 유사한 특징으로 지적될 수 있다고 말하고 있다.

페츠의 이런 견해는 그 자체로 놓고 볼 때 아무런 무리가 없는 것으로 보인다. 사실 화이트헤드의 과정철학을 아리스토텔레스적 전통 속에다 놓아 해석하는 작업은 이미 오래 전에 레클럭(I. Leclerc)에 의해,

---

4) Reto Luzius Fetz, "Aristotelian and Whiteheadian Conceptions of Actuality :I," *Process Studies* 19 (Spring 1990), pp.15-27.

비록 개략적이긴 하지만 상당히 명료하고도 설득력있게 이루어진 바 있다.5) 그리고 필자 역시 이런 일련의 해석에 상당 부분 동의할 수 있다. 그러나 그렇더라도 이처럼 양자 사이의 차이성을 접어두고 유사성에만 초점을 맞춰 단선적으로 비교하여 해석하는 작업은 화이트헤드의 **과정**철학의 진정한 의도를 왜곡시키고 그 독창성을 간과하게 할 우려가 있다. 게다가 변화에 대한 설명에 주목하는 한, 이런 비교 해석은 그가 루크레티우스의 전통 속에 있다고 말하는 것과 마찬가지로 그의 실체관에 대해 그다지 많은 시사를 한다고 할 수 없다. 왜냐하면 화이트헤드는 실재를 개체의 과정으로 간주하고 있다는 점에서 아리스토텔레스의 전통에 속에 있는가 하면 다수의 미시적인 존재들을 내세우는 원자론자로서, 변화를 이런 존재의 동일성 밖에 두는 루크레티우스의 전통과도 조우하고 있기 때문이다.6)

나아가 과정철학이 실체철학의 전통을 계승하는 가운데, 20세기에

---

5) Ivor Leclerc, *Whitehead's Metaphysics*(New York: Macmillan Company, 1958). 또 그의 논문, "Form and Actuality" [I. Leclerc ed., *The Relevance of Whitehead*(New York: The Macmillan Co, 1961), pp.169-89]도 참조.

6) 화이트헤드에 앞서 이 두 전통을 정교하게 조화시킨 사람은 라이프니츠였다고 할 수 있을 것이다. 궁극적인 실재로서의 모나드는 지각의 활동을 통해 존립하고, 욕구를 따라 지각을 변화시킴으로써 질적인 변화를 모색하는 욕구의 주체이자 경험의 주체이다. 그것은 지각의 활동을 떠나 존재하지 않는다. 그것은 내장된 프로그램을 따라 다른 모나드와 관념적으로 관계한다. 여기서 변화는 개개의 모나드의 내적인 사태로 이해될 수도 있고 모나드들 사이의 관계의 변화라는 외적인 사태로 이해될 수도 있다. 특히 이 마지막 진술로 특징지워지는 모나드는 화이트헤드가 말하는 현실적 존재(actual entity)와 상당히 유사하다. 그러나 라이프니츠의 모나드는 이 변화의 와중에서도 주체적 동일성을 갖는 것으로 상정되어 있다. 아래에서 우리가 살펴보게 될 아리스토텔레스의 실체와 마찬가지로 그것은 변화를 담지하는 동일자의 역할을 충실하게 떠맡고 있다. 그렇기에 또한 아리스토텔레스의 실체와 마찬가지로 변화하는 지각과 욕구의 주체인 동일적인 모나드 자체는 논리적 요청에 따른 논리적 존재이다. 따라서 과정철학에서 보자면 이 또한 추상에 불과하다.

접어들면서 이루어진 과학적 패러다임의 전환과 그에 따른 개념의 확대에 크게 힘입고 있다는 페츠의 주장도 전적으로 거부할 수는 없을 것이다. 그러나 어쩌면 바로 그렇기 때문에 또한 과정철학은 전통 실체 철학의 단순한 개념적 정교화로만 이해될 수 없는 것이라고 해야 할 것 같다. 이는 현대의 자연과학이 결코 근대 자연과학의 정교화일 수 없는 것과 마찬가지일 것이다. 과정철학은 전통 개념과 그에 수반된 논리를 해체하고 근본적으로 새로운 개념 구성을 시도하고 있다. 그리고 이것이 사실이라면 과정철학은 단순히 아리스토텔레스적인 실체 철학의 현대적 계승으로 이해되는 것보다 현대적 극복으로 이해되고 평가되는 것이 보다 더 적절할 것이다.

이 글에서 필자는 화이트헤드가 아리스토텔레스의 실체 규정에서 발견했을 것으로 짐작되는 내재적인 난점이 어떤 것이었겠는지를 간략히 구성적으로 고찰하고, 그가 과정철학에서 **획기성 이론**을 통해 모색하고 있는 실체에 관한 기술, 즉 **진정한 존재**(res vera)로서의 **현실적 존재**(actual entity)에 관한 기술이 어떤 의미에서 아리스토텔레스적 전통의 극복일 수 있는 것인지를 살펴볼 것이다. 이것은 필자가, 펠트 유의 비판적 연구가들에 의해 제기된 후 별다른 이의없이 받아들여지고 있는 것으로 보이는 **아리스토텔레스에 대한 화이트헤드의 오해**라는 표현에 동의할 수 없는 이유가 될 것이다. 그리고 또한 이것은 화이트헤드가, 유사한 문제의식을 가지고 전개되어온 아리스토텔레스 유의 실체 철학과 구별하여 자신의 철학을 **유기체의 철학**(philosophy of organism)이라고 특징짓는 기본적인 이유 가운데 하나가 될 수 있을 것이라고 필자는 생각한다.

II

화이트헤드는 "모든 사물은 흐른다"라는 말속에 들어 있는 의미를 해명하는 것이 형이상학의 주요 과제 가운데 하나라고 천명한다(PR 208/383). 그는 이 오래된 언명을 "인류의 막연한 직관의 일반화된 표현"이라고 이해한다. 그리고 이 **막연한 직관**을 정합적인 체계로 기술해내고자 한다. 화이트헤드가 사용하는 **과정**이라는 말은 이 막연한 직관내용을 기술하는 포괄적인 개념이다.

화이트헤드는 과정을 두 종(種), 즉 **생성**(becoming, 또는 합생 [concrescence])과 **이행**(transition)으로 구별하여 정의(PR 210/385)하고 이를 배경으로, 궁극적이고 개체적인 실재인 현실적 존재는 생성하고 소멸할 뿐, 변화하지 않는다고 주장한다(PR 35/102, AI 262). **생성의 획기성 이론**은 바로 생성과 변화의 구별을 전제로 하고 있는 이 주장 속에 요약되어 있다. 그렇다면 생성과 변화를 구별한 까닭은 어디에 있으며, 또 어떻게 이들이 구별될 수 있는 것인가? 단적으로 말하자면 전반부의 물음에 대한 답변은 화이트헤드가 진단한 전통 실체 철학의 문제성에서 찾을 수 있고, 후반부의 물음에 대한 답변은 생성의 획기성 이론에서 찾을 수 있다는 것이 필자의 생각이다.

일반 어법의 상식에서 보자면 생성은 변화의 일종임에 틀림없다. 아리스토텔레스도 그의 『자연학』(*Physica*)에서 생성(소멸)을 "무제약적 의미의(unqualified sense)의 변화(발생[generation])"로, 그리고 성질에서의 변화를 **제약된 의미의 변화**로 구별하여 이해한다(225a 12-20). 아리스토텔레스가 그의 『형이상학』에서 실체를 **변화의 과정**(1069b 16)으로 규정할 때의 변화라는 말은 이와 같은 일상적 의미 분석을 토대로 하고 있다.

예를 들어보자. 여름철에 초록이던 나뭇잎은 가을이 되면서 붉은 색으로 변한다. 이것은 생성과 구별되는 의미로 쓰인 변화라는 개념의 용례이다. 아리스토텔레스의 형이상학에 있어 나뭇잎의 실체는 이 변화의 과정과 함께 한다. 이런 변화의 과정을 떠나 있는 동일적인 실체는 없다. 그러나 이것이 사실이라면 우리는 초록의 나뭇잎이 붉은 색의 나뭇잎으로 변화했다고 말할 수 있는가? 다시 말해 우리는 어떤 근거에서 초록의 나뭇잎이 변해서 붉은 색의 나뭇잎이 되었다고 말할 수 있는 것인가? 여기서 **나뭇잎의 변화**라는 말이 정당한 기술일 수 있으려면 그 두 성질, 즉 초록과 빨강은 동일한 하나의 나뭇잎이 두 시점에서 가지는 상이한 속성이어야 한다. 초록의 나뭇잎과 붉은 색의 나뭇잎은 변화의 과정에 있는 하나의 나뭇잎이 상이한 시점에서 존재하는 방식이라는 전제가 있어야만 **하나의 나뭇잎의 변화**라고 말할 수 있다는 것이다. 그러나 이 **하나의 나뭇잎**과 **변화의 과정**이 조화될 수 있는 개념인가? 실체에 있어 동일성과 변화가 과연 양립할 수 있는가? 물론 이런 일련의 회의적인 물음은 오늘날의 논리학에서 상식이 되어버린 지 오래다. 그리고 이런 물음에 대한 부정적 답변은 오늘날 실체철학을 헛소리(nonsense)의 집합 정도로 치부해버리는 사상적 경향성의 주요 원인 가운데 하나가 되고 있다고 할 수 있을 것이다.

그렇지만 펠트는 이런 회의적인 물음을 일단 무시하고 있는 듯이 보인다. 그래서 그는 아리스토텔레스에게 있어 실체의 변화를 말할 수 있는 이유, 즉 "동일한 실체에 대해 상이한 시점에서 상반된 술어를 부여하는 것이 정당한 이유는 정확히 바로 그 실체가 변했기 때문"[7]

---

7) James W. Felt, 앞의 논문.

이라고 역설하고 있다. 이것은 사실상 아리스토텔레스 자신이 그의 『범주』(*Categoriae*)에서 하고 있는 말이기도 하다.

> **실체가 상반된 성질을 받아들이는 것은 실체 자체가 변화함으로써**이다. 뜨거웠던 것이 차갑게 되는 것은 이런 방식으로서이다. 왜냐하면 그것은 다른 상태(state)로 들어갔기 때문이다. 마찬가지로 하얗던 것이 검게 되고 악했던 것이 선하게 되는 것도 변화의 과정에 의해서이다. 다른 모든 경우에서도 이와 꼭 마찬가지로 **실체가 상반된 성질들을 받아들일 수 있는 것**은 바로 변화의 과정(a process of change)에 의해서이다. …실체가 상반된 성질들을 받아들일 수 있다는 것은 실체의 특징적인 징표이다. 왜냐하면 그것이 그렇게 된 것은 **스스로의 변화**에 의해서이기 때문이다(4a 30-4b 3, 강조는 필자의 것임).

우리는 이 인용문에서, 아리스토텔레스에 대한 펠트의 **적극적인 해석**에서 부각되는 점, 즉 아리스토텔레스가 불변적 동일자를 인정하려 하지 않았다는 점을 충분히 확인할 수 있다. "실체 자체가 변화함으로써"라든가 "스스로의 변화"라는 표현은 실체를 변화의 과정으로 이해하고자 했던 아리스토텔레스의 의도를 명시적으로 보여주고 있다고 하겠다. 그러나 그럼에도 불구하고 이 인용문 전체에 내재된 논리에서는 그 과정의 동일적 담지자로 기능하는 실체를 발견하게 된다는 것도 사실이다. 위의 인용문은 암암리에 실체의 동일성을 전제로 하고 있다. "실체가 상반된 성질을 받아들이는(받아들일 수 있다는) 것"이라는 표현 자체가 이미 실체의 동일성을 전제로 해서만 가능한 것이다. 다만 여기서는 이런 동일성이 다소간 은폐되어 있을 뿐이다. 이 점은

『범주』의 다음 진술을 보면 보다 명확해진다.

> 실체의 가장 뚜렷한 특징은 수적으로 하나이자 같은 것이면서 상
> 반된 성질들을 받아들일 수 있다는 것이다. …**하나이자 동일한**
> **실체가, 그 동일성을 유지하면서 상반된 성질들을 받아들일 수**
> **있다.** 동일한 인간이 한 때 하얗다가 다른 때 검으며, 한 때 따뜻
> 하다가 다른 때 차갑고, 한 때 선하다가 다른 때 악할 수 있다
> (chap 5. 4a 10-21, 강조는 필자의 것임).

여기서 우리는 펠트가 아리스토텔레스의 형이상학을 관류하고 있다고
주장하는 **변화의 과정으로서의 실체**라는 관념과는 외관상 분명히 충
돌하는 동일자를 발견할 수 있다. 화이트헤드가 "그 성질로부터 독립
된 지위에 있는 정태적인 불변의 실체," 요컨대 **변화의 불변적 담지자**
내지 **무차별적인 존속**이라는 개념의 근원을 아리스토텔레스에게 귀속
시키는 것은 바로 이런 진술을 근거로 해서였을 것임에 틀림없다.

우리는 변화와 동일성 사이의 이와 같은 괴리를 어떻게 이해해야 하
는가? 아마도 이는 아리스토텔레스가 확신하고 있던 **변화에 대한 막연**
한 직관과 그가 구사하고 있던 명료한 논리적 사유의 충돌에서 빚어지
는 불가피한 귀결이었다고 간단히 정리해 볼 수 있을 것이다. 그러나
문제는 이 충돌로 말미암아, 직관에서 탄생한 실체는 논리에서 무규정
자로 전락하여, **변화를 겪고 있는 개체**도 **변화 과정 속의 동일자**도 될
수 없게 된다는 데 있다. 이런 사정은 아리스토텔레스의 주어-술어 논
리를 통해 보다 투명하게 요약될 수 있다.

아리스토텔레스는 『범주』에서 존재, 여러 가지 의미의 존재가 명제
속의 낱말에 의해 어떻게 지칭되는가를 묻고 있다. 이에 대한 답변은

명제의 주어-술어 논리에 입각한 실체와 속성의 범주로 그 틀을 마련하고 있다. 실체는 주어로, 속성은 술어로 각기 대변된다. 실체에 대한 모든 규정은 속성을 통해서 이루어진다. 주어의 모든 규정은 술어로 표현된다. 그래서 술어로 규정되는 주어, 즉 속성으로 규정되어 있는 실체란 그 자체로서는 무규정자로 이해될 수밖에 없는 것이 된다. 그것은 변화하는 다양한 속성의 개체적이고 동일적인 담지자로 기능하는 것으로 상정되지만 그 자체로는 무규정자이다. 여기서 변화의 과정에 있는 가장 구체적인 존재, 따라서 가장 풍부한 규정을 지니고 있어야 할 실체가 주어-술어의 논리에 휩쓸려 무규정자로 해체되고 있는 것이다. 이는 논리에 의해 존재가 희생되고 있는 전형적인 사례라 하겠다. 그리고 화이트헤드가 비판하는 실체는 바로 이처럼 막연한 직관에서 탄생되고 논리에 의해 해체되어 버리는 실체이다.

결국 아리스토텔레스가 그의 『범주』에 입각하여 사고하고 기술하는 한에 있어 그의 형이상학은 — 진정한 존재는 변화의 과정 가운데 있다는 것이 그가 『형이상학』에서 말하고자 했던 주요 주장 가운데 하나였다고 하더라도 — 이미 개체의 변화에 대한 합리적 기술로서는 성공하지 못할 운명적 한계를 지니고 있었던 셈이다. 누군가 그의 작업을 성공적인 것으로 평가하여 계승하려 한다면 그는 어찌되었든 **동일자**를 인정해야만 한다. 그것은 변화라는 개념의 논리적 상관 개념으로서, 우리로 하여금 "초록의 나뭇잎에서 붉은 나뭇잎으로의 변화"라는 언명에 논리적 정당성과 관용적 의미를 부여할 수 있게 하고 있기 때문이다. 화이트헤드의 실체 비판은 아리스토텔레스의 실체 규정에 논리적 정당성과 관용적인 의미를 제공하고 있는, 그러나 바로 그렇기 때문에 해체될 수밖에 없는 이 **동일자**에 대한 비판이다. 그리고 이런 맥락에서, "아리스토텔레스에서 연원하여 서구 사유를 지배해온 실체 개념"이라는 표현으로 화이트헤드가 지칭하는 실체가 **변화하는 실체**라는 표현에 정당성을 부여할 수 있는 것으로 간주되는 실체인 한, 그의 실체 비판은 결코 빗나간 것이 아니었다고 할 수 있을 것이다.

나아가 또한 아리스토텔레스가 서구에 알려진 것은 주로 그의 논리적 저작을 통해서였다는 역사적 사실을 고려한다면, 구체적인 직관을 다루고 있는『형이상학』의 실체 개념보다는 주어-술어의 논리에 입각하고 있는『범주』의 실체 개념이 그 이후의 실체 개념의 형성에 보다 큰 영향력을 행사했을 것이라고 추측하는 것은 당연하다 할 것이다. 그리고 그렇다면 근세에 이르기까지 "아리스토텔레스의 논리학이 유럽 정신에 심어놓았던 주어-술어적 사고의 습성"(PR 51/131)이 지배하고 있었다고 하는 화이트헤드의 지적도 철학사적으로 충분한 근거를 갖는 것이었다고 할 수 있을 것이다.

물론 화이트헤드의 실체 비판이 갖는 의의가 그것이 확보하는 이런 철학사적 정당성에 있는 것은 아니다. 그것의 진정한 의의는 그것이 단순히 실체의 폐기로 끝나지 않고, 주어-술어 범주에 상응하는 실체-속성의 범주에 존재론적 지위를 인정하지 않는 가운데 **실체의 해체**에서 벗어나기 위한, 달리 말하자면 실체를 구제하기 위한 기초 작업이었다는 데 있는 것이다. 우리는 화이트헤드가 인용하고 있는 (PR 12/63) 존 스튜어트 밀의 표현 속에서 그의 기본 전략을 일견할 수 있다.

> 그들(희랍사람들)은 그들의 말이 혼동하고 있는 사물들을 구별하는 데 있어, 또는 말이 구별한 사물들을 정신적으로 결합시켜 생각하는 데 있어 상당한 어려움을 겪었다. …그들은 말의 의미를

결정하면 사실에 정통하게 될 것이라고 생각했다(J. S. Mill, *Logic*,
bk. 5, ch. 3).

아리스토텔레스는 "말이 구별한 사물들을 정신적으로 결합시켜 생각하
는 데 있어 어려움을 겪고 있는 희랍인"인 셈이다. 그 결과 그는 **말의
의미**를 결정하는 가운데, 그의 의도와는 반대로 사실, 적어도 **막연하게
직관된 것**으로서의 **사실**에서 멀어지고 말았던 것이다. 화이트헤드는 **막
연하게 직관된 사실**을 기술하기 위해 **말**을 수정 보완하고자 한다.

　그렇기는 하지만 화이트헤드는 주어-술어 논리와 이에 근거하는 실
체-속성의 범주가 갖는 실천적 정당성까지 부인하지는 않는다. 그가
거부하는 것은 이들의 형이상학적 정당성이다.

　　물론 실체와 속성은 단순 정위(simple location)와 마찬가지로 인
　　간 정신에 있어 극히 자연스런 관념이다. 그것은 우리가 사물을
　　생각할 때의 사고 형식인데, 만일 이러한 사고 형식들이 없다면
　　우리는 일상 생활에서 사용할 수 있는 정돈된 관념들을 얻을 수
　　없을 것이다. 이것은 분명한 사실이다. 다만 문제가 되는 것은,
　　우리가 이러한 개념들을 통해서 자연을 고찰할 때 우리가 과연
　　얼마만큼 **구체적으로 사고하고 있는가** 하는 점이다. 내가 말하
　　려고 하는 것은, 여기서 우리가 직접적인 사실을 단순화시켜 놓
　　은 복제판을 머리에 떠올리고 있을 뿐이라는 사실이다. 우리가
　　이 단순화된 복제판의 기본적인 요소들을 검토해 본다면, 그것
　　들은 사실상 고도의 추상적인 지평에서 정교하게 조립된 **논리적
　　구성물로서만 정당화될 수 있는 것들임**을 발견하게 될 것이다
　　(SMW 76-77/86, 강조는 필자의 것임).

요컨대 아리스토텔레스가 『형이상학』에서는 거부했으나 그의 『범주』에서 요청할 수밖에 없었던 동일적 존재로서의 실체는 일상 언어가 요구하는 논리적 기능의 담지자로 구성된 것일 뿐, 구체적인 존재가 아니다. 그것은 추상이다. 그렇기에 **실체의 변화**라는 표현도 또한 추상이다. 이런 실체를 진정한 존재로 보는 것은 **잘못 놓인 구체성의 오류**(the fallacy of misplaced concreteness)(SMW 75/84, PR 7/57)를 범하는 것이다.

사실상 실체철학에서의 이와 같은 기술(記述)상의 난점은 이미 철학사에서 여러 차례 확인되어 왔다고 볼 수 있다. 형이상학에 있어 실체의 동일성을 전면적으로 거부하는 철학이나 하나의 무한 동일적 실체만을 인정하는 철학은 이런 난점으로부터 탈출하고 있는 단적인 사례들이겠다. 전자의 시도는 베르그송에게서, 후자의 시도는 스피노자에게서 그 전형을 찾아볼 수 있다. 이들은 실체 한정의 불가능성을 직시하는 데서 출발하고 있다는 점에서는 동일하다.8) 그 결과 이들에게서 우리는 비합리주의와 정태적 일원론으로의 전락, 따라서 다원적 실재론의 와해를 보게 되는 것이다.9)

합리적인 구도를 목표로 하는 다원적이고 실재론적인 철학에서 **실체의 변화**라는 표현은 **진정한 존재**(res vera)에 대한 적절한 기술(description)일 수 없다. 그것은 진정한 존재에 대한 보다 충족적인 기

---

8) 이런 점에서 어쩌면 이들도 주어-술어 논리의 또 다른 희생자였다고 할 수 있을 것이다.

9) 화이트헤드는 실재 그 자체의 다양성에 의해 다양한 경험을 설명하려 한다. 그에 따르면 일원론은 경험의 다양성을 정합적 체계로 설명하기 어렵다. 예를 들어 스피노자는 유일 실체와 다양한 양태를 주장한다. 그러나 이 다양한 양태의 도입은 그의 일원론 체계를 부정합적인 것으로 만들고 있다고 화이트헤드는 말한다(PR 7-8/55).

술에 의해 설명되어야 할 개념이지 진정한 존재를 기술하고 있는 개념이 아닌 것이다. 화이트헤드가 과정철학에서 체계화하고자 하는 것은 이런 충족적인 기술이다. 그는 이런 기술을 밑그림으로 삼아, 실천적 정당성을 갖는 것으로 간주되는 **실체와 속성의 범주** 및 **실체의 변화**라는 추상적 표현의 구체적인 의미를 **설명**(explanation)하고자 한다. 사실 **기술**에 의한 **설명**은 그가 생각하는 철학의 기본 역할이다. "철학은 추상에 대해 설명하는 것이지 구체에 대하여 설명하는 것이 아니다" (PR 20/76, SMW 52/63, AI 187,239). **구체적인 것**은 기술되면 그만이다. 구체적인 것은 그 자체로 근거를 가지고 있는 것(존재론적 원리, ontological principle: PR 19/73-74, 24/83)이기 때문이다. 기술은 **구체적인 것**이 구현하고 있는 내재적 구조를 드러내기 위한 해명(exposition)의 작업이라면, 설명은 추상의 뿌리를 이 구체적인 것의 보편적 구조에서 찾아내어 보여주는 작업인 것이다.

이제 개체의 존재가 인정되고 또 변화의 과정이 합리적으로 설명될 수 있으려면 무엇보다도 존재가 변화와는 구별되는 특성에 의해 규정되어 기술되어야 한다. 적어도 필자의 소견으로는 이것이 화이트헤드가 생성과 변화의 구별을 역설하고 생성의 획기성 이론을 구성하게 된 진정한 동기 가운데 하나였던 것으로 보인다. 전통 실체철학이 변화를 설명하는 논리 밑에는, 자기 동일적 실체 S가 임의의 물리적 시점 t_1에서 성질 Q_1을 갖고 있다가 다른 물리적 시점 t_2에서 성질 Q_2를 갖는다는 도식이 깔려 있다. 그러나 실체가 진정 변화의 과정을 떠나 존재하지 않는 것이라면, 다시 말해 임의의 물리적 시점 t_1에서 다른 시점 t_2에로 존속하는 자기 동일적 실체가 없는 것이라면, 이런 변화는 그와 같은 도식에 의해 기술될 수 없는 것이다. 왜냐하면 그럴 경우 물리적 시간 속의 한 시점10) t₁에서 실체 S₁이 있고 다른 한 시점 t₂에서 실체 S₂가 있을 뿐일 것이기 때문이다. 여기에 화이트헤드가 **변화하는 실체** 내지 **실체의 변화**라는 개념을 버리고 그 대신 그는 **생성하는 실체** 내지 **실체의 생성**이라는 개념을 새로이 도입한 까닭이 있다.11)

지금까지의 논의에서 화이트헤드가 획기성 이론을 구성하게 된 동기가 어느 정도 밝혀졌다. 비록 개괄적이긴 하지만 이 논의의 줄기를 납득할 수 있다고 한다면, 펠트의 주장처럼 화이트헤드가 아리스토텔레스의 실체 개념을 오해했기 때문에 이런 획기성 이론을 구성하게 되었던 것이라고 보기는 어려울 것이다. 오히려 그는 아리스토텔레스가 말하는 **실체의 변화**라는 개념이 지니고 있는 추상성과 이에 따르는 형이상학적 기술의 한계, 즉 한 개체에 있어서의 가변성과 동일성과의 충돌에 따르는 실체의 해체를 극복하기 위한 방안으로서 획기성 이론을 마련했던 것이라고 해야 할 것이다. 물론 지금까지의 논의만으로는 이런 단언이 다소간 거친 주장으로 보이겠지만, 이 점은 획기성 이론에 대한 보다 미시적인 접근을 통해 충분히 보완될 수 있을 것이다.

---

10) 여기서 **시점**을 글자그대로 점적인 시간으로 이해할 경우 그것은 추상이 될 것이다. 폭이 없는 순간점은 실재에 속하지 않는다. 실재의 시간점은 그나름의 폭을 가지며 이 폭은 각 실체의 생성소멸의 폭에 상응한다. 아래 III에서 보게되겠지만 이런 시간 이해는 바로 획기성 이론의 핵심을 이루고 있다.

11) 여기서 생성(becoming)은 아리스토텔레스가 **속성의 변화**와는 구별되는 변화로 간주했던 발생(generation)이라는 개념에 가깝다. 그러나 화이트헤드는 그릇된 실체 개념을 파생시켰던 관용적 술어법을 버리고, 생성을 변화와 구별되는 별개의 종(種)으로 정의하고 있다.

획기성 이론에서 **실체의 변화**와 구별되는 것으로서의 **실체의 생성**, 즉 "현실적 존재(actual entity)의 생성"은 어떻게 기술되며, **실체의 변화**라는 추상은 어떻게 설명되는가? 이제 이 두 물음에 대한 답변이 보다 분석적으로 상론되어야 하겠다.

현실적 존재에 대한 아주 일반적인 고찰에서 시작하기로 하자. **현실적 존재**는 아리스토텔레스의 실체가 지니고 있던 존재론적 지위를 물려받은 존재이다. 그것은 **세계를 구성하는 궁극적인 사물**(PR 18/73), 진정한 개체이다. 그것의 현존은 그것의 과정 가운데 있다. "현실적 존재의 **있음**은 그 **생성**에 의해 구성된다"(PR 23/81, PR 166/316; 과정의 원리 principle of process). 그래서 현실적 존재가 어떻게 생성되고 있는가 하는 것(how an actual entity becomes)이 그 현실적 존재가 어떤 것인가 하는 것(what that actual entity is)을 결정한다(PR 23/81, 설명의 범주 ix).

나아가 현실적 존재의 생성은 **실재적 가능태**(real potentiality)로부터의 선택적인 **현실화**(actualization)의 과정이다. 그것은 **주어진 것들**(data)을 놓고 이루어지는 주체적인 통일의 과정, 곧 **사유화**(appropriation)의 과정이기도 하다. 이 과정을 통해 그것은 존재하는 모든 것(가능적인 존재이든 현실적인 존재이든)과 긍정적 또는 부정적으로 관계한다. 현실적 존재의 개체적 현존은 이런 관계맺음의 활동, 곧 객체를 사유화하는 활동 속에 자리한다.

> 모든 현실적 사물들은 그 활동성 때문에 무엇인가가 되고 있는 것이다. 이 활동에 의해, 현실적 사물의 본성은 그것이 다른 사

물에 대해 갖는 관련성 속에 존립하며, 또 그 개체성은 다른 사
물들이 그것에 관련성을 가지는 한에 있어 그 다른 사물들을 그
것이 종합하는 데서 존립하게 되는 것이다"(S 26).

그렇기에 현실적 존재는 현존하고 그 다음으로 관계맺는 그런 존재들
이 아니다.

사물은 자신이 속해 있는 전체를 제한된 자신 속으로 끌어들임
으로써 비로소 그 자신이 되고 있는 것이다. 또한 역으로 사물은
자신이 속한 바로 그 환경에 자신의 여러 양상을 넘겨줌으로써
비로소 그 자신이 되고 있는 것이다"(SMW 137/148).

이 사유화의 활동은 형태론적으로 말하자면 과정의 원자적 **방울**(drop)
이요 동태적으로 말하자면 **박동**(pulsation)이다. 이런 방울 내지 박동
은, 물리적 시간에 있어 임의의 **현재적인 것**이 그의 현재성을 후속하
는 **현재적인 것**에 넘겨주는 것과 똑같은 방식으로, 달성되는 순간에
바로 그의 주체성을 잃어버린다. 현실적 존재의 주체적 활동성은 과정
에서 지향했던 결정성(주체적 지향; subjective aim)을 획득하게 될 때 소
멸한다. 현실적 존재는 영속성이 **현재적인 것**의 현재성에 귀속될 수
없는 것과 마찬가지로 **주체적 직접태**(subjective immediacy)로서 존속
할 수 없는 것이다. 현실적 존재는 "결코 참으로 존재하는 법이 없다"
(PR 85/185). 그것은 자기결정성의 획득과 동시에 그 자신을 후속하는
존재에 넘겨준다. 그것은 새로운 개체 생성을 위한 객체적 여건이 된
다. 임의의 **현재적인 것**이 모든 미래의 **현재적인 것들**이 고려하게 될
역사적인 **과거의 것**이 되는 것과 마찬가지로, 현실적 존재가 그의 과

정에서 달성한 주체성의 구조는 후속하는 생성에 객체적으로 기능하는 과거의 **완고한 사실**(stubborn fact)로 변형된다는 것이다. 화이트헤드는 이를, "모든 **있음**이 모든 **생성**을 위한 가능태라는 것은 모든 **있음**의 본성에 속한다"(PR 45/120, 22/80, 166/316-17)는 **상대성 원리**(principle of relativity)로 규정해 놓고 있다. 자기 창조의 과정을 주도하는 목적인(완결된 주체)은 이런 전환, 즉 이행(transition)을 통해, 그 과정을 초월하는 작용인(타자 생성을 위한 여건)이 되기에 이른다. **즉자적 자기성**은 **대타자성**이 되는 것이다. 그리고 현실적 존재는 이처럼 과거, 현재, 미래에 있는 다른 모든 현실적 존재들과의 시공간적 관계 속에 있음으로 말미암아 비로소 지금의 그것일 수 있다. 이것은 **과정의 원리**와 함께, 현실적 존재가 **주체**(subject)인 동시에 **자기초월체**(superject)로 이해되어야 하는 이유가 된다(PR 29/91, 222/404). 여건을 사유화하면서 주체가 되고, 이 사유화의 완결에서 이 주체는 후속하는 새로운 주체에 여건의 일부로서 주어진다. 그것은 주체로서의 자신을 초월하는 것이다. 그리고 이와 같은 주체의 자기 생성과 자기 초월이 과정의 두 축을 이룬다.

현실적 존재에 관한 이 일반적인 기술에서 일단 우리는 화이트헤드의 체계 내에 **변화의 불변적 주체로서의 실체**가 들어설 수 없게 되는 까닭을 일단 일견할 수 있겠다. 그런 실체는 자기를 초월할 수 없는 것, 따라서 결코 과정 속에 있다고 말할 수 없는 것이기에 구체적인 현실 세계에 존재할 수 없다는 것이다. 화이트헤드는 이를 **공허한 현실태**(vacuous actuality)(PR 29/91)라 부르고 있다.

그렇다면 **생성의 획기**(epoch)로서의 진정한 현실태는 어떻게 기술되는가? 이것은 앞에서 던졌던 두 가지 물음 가운데 첫번째 것이다.

우리는 위에서 현실적 존재의 생성이 **방울** 또는 **박동**으로 형상화된다고 하였다. 그런데 이들 표현은 현실적 존재의 생성이 점적인 순간에서 이루어지는 것이 아님을 시사한다. 현실적 존재의 생성이 글자 그대로 방울 또는 박동으로서의 사건인 한, 그것이 있는 **때**(when)는 비연장적인 또는 지속이 없는 순간일 수 없으며, 그것이 있는 **곳**(where)도 비연장적인 점일 수 없을 것이다. 현실적 존재의 생성은 연장성, 시공간적 폭을 지니고 있어야 한다는 것이다. 화이트헤드는 각각의 생성이 지니는 이러한 연장을 **원자화된 연장량**(atomized extensive quantity)이라 규정하고 있다. 획기성 이론에서 **획기**라는 말은 일차적으로 이 원자화된 연장량을 가리킨다.

그러나 그럼에도 불구하고 **획기**로서의 생성 자체는 물리적 시간 속에 있지 않다. 이것은 화이트헤드가 **획기**라는 말의 어원에서 **정지**(arrest)라는 의미를 부각시키면서 제기하고 있는 주장이다. 자기 창조의 활동은 물리적 시간을 포함하고 있지 않다.

> 현실적 존재는 물리적 시간의 일정한 양자(quantum)를 향유한다. 그러나 발생적 과정은 시간적 계기(temporal succession)가 아니다. …발생적 과정의 각 위상(phase)은 양자 전체를 전제하고 있으며, 각 위상의 느낌 하나하나도 그러하다. 이 과정을 지배하고 있는 주체적 통일성은, 주체적 지향의 최초 위상과 더불어 생기는 연장적 양자(extensive quanta)의 분할을 허용하지 않는다. 합생을 지배하고 있는 과제는 전체로서의 양자의 현실화이다(PR 283/500).

다분히 현혹스런 이 인용문은 다음과 같이 간추려 볼 수 있다. 즉 생성하는 현실적 존재의 생성은 시간축을 따라 연속적으로 이루어지는 것이 아니다. 그것은 **일거에**(all at once) 이루어진다. 그래서 생성(합생)의 각 위상은 원자화된 연장량 전체를 전제로 한다. 정확히 말하자면 이들 위상은 상호 전제한다. 그렇기 때문에 원자적 사건으로서의 생성 활동이 점유하는 영역(region), 즉 연장량은 가분적이지만, 이를 점유하는 생성 활동 자체는 통일적, 원자적인 것으로서 분할불가능하다. 그런데 여기서 생성이 점유하는 영역이란 바로 그 생성에 의해 현실화되는, 가능적인 연장적 연속체(possible extensive continuum) 내의 특정 영역이다. 그리고 이 **가능적인** 연장적 연속체는 이런 원자적 현실화의 계기(succession)에 의해 **현실적인** 연장적 연속체가 된다. 따라서 이 후자의 연속체는 현실 속에서 연속적으로 성장해가는 것이라 할 수 있다. 화이트헤드의 다음과 같은 언명은 이런 일련의 논점을 요약하고 있다.

> 연속성의 생성은 있지만 생성의 연속성은 없다. …연장성은 생성하지만 '생성' 그 자체는 비연장적인 것이다. …형이상학적 진리는 원자론이다"(PR 35/103, cf. 69/161).

결국 현실적 존재의 생성은 그 부분들 가운데 하나가 현재할 때 다른 부분들이 과거나 미래에 있게 되는(따라서 현재하지 않게 되는) 방식으로 존재하는 그런 부분들로 나누어질 수 없다. 그것은 불가분의 궁극자이다. 이것의 분할은 추상을 낳을 뿐이다. 이것은 화이트헤드가 획기성 이론을 통해 말하고 있는 주요 논제 가운데 하나이다.

이 논제는 다시 또 하나의 논제, 즉 현실적 존재와 물리적 시공연속체 사이의 관계에 대한 기술로 이어지고 있다. 우리는 생성중인 현실적 존재가 가능적인 연장적 연속체 내의 특정 영역을 점유함으써 이를 현실화시킨다고 하였다. 과정철학에서 물리적인 시공 연속체(space-time continuum)는 **우리의 우주시대**(cosmic epoch)에 현실화되어 있는 연장적 연속체로 간주된다. 따라서 물리적 시공 연속체는 이 우주시대를 구성하고 있는 현실적 존재들 사이의 관계에서 파생되는 실재인 셈이다. 그렇기에 물리적 시공간은 특수하게 현실화되어 있는 연장적 연속체로서, 현실적 존재의 생성에 의해 비로소 현실화되는 원자화된 연장량, 곧 연장적 양자(extensive quantum)에 의해 성장하는 것이다. 그렇기에 또한 그것은 이들 현실적 존재에 존재론적으로 선행하는 것이 아니라 후행하는 것이며, 그 현실성은 그것을 현실화시키고 있는 (현실적 존재의) 생성의 현실성에서 오는 것으로 기술된다. 여기서 우리는 존재와 시공연속체 간의 관계에 대한 고전적 관점의 폐기를 보게 된다.

> 현실적 존재는 하나의 과정으로 나타난다. 거기에는 위상(phase)으로부터 위상으로의 성장이 있다. …위상에서 위상으로의 이러한 발생적 이동은 물리적 시간 속에 있는 것이 아니다. 도리어 그와 정반대의 관점이 합생과 물리적 시간과의 관계를 표현하고 있다(PR 283/499-500).

물리적 시간은 현실적 존재들 사이의 관계, 즉 **결과로의 원인의 이행**(transition)(PR 237/430)에서 파생되는 것으로 이해된다. 이것은 가히 독창적이라 할 수 있는 화이트헤드의 시간철학, 즉 시간의 획기성 이론(epochal theory of time)이다. 이 이론의 핵심은 구체적 실재로서의 시간이란 최소의 시간 단위라 할 수 있는 원자적 시간량들의 계기

(succession)로 구성되는 것이라고 보는 데 있다. 화이트헤드가 원자화된 연장량의 부분, 즉 단위 시공간 이하의 시간 점이나 공간 점을 추상으로 간주하는 이유도 바로 여기에 있다. 그에 따르면 **체적이 없는 요소들의 집적**으로 이해되는 공간이나 **시간에 있어 지속이 없는 하나의 순간이란 상상에 의한 논리적 구성물이다**(SMW 94-95/105-106). 제논은 이 구성물을 실재하는 것으로 간주한 나머지 역설에 말려들었다.

다른 한편 이처럼 실재로서의 물리적 시간이 현실적 존재의 생성에 따르는 원자적 양자들의 계기(繼起)로 구성되어가는 것이라면, 그래서 이런 물리적 시간의 지평에서 구별되는 두 시점 t_1과 t_2 자체가 이미 계기하는 상이한 두 현실적 존재의 생성을 전제로 하는 것이라면, 그 두 시점에 걸쳐 자기동일적으로 존속하는 하나의 현실적 존재라는 것이 있을 수 없다는 것은 당연하다 할 것이다. 바로 여기에 현실적 존재가 시간 속을 여행한다고 할 수 없는, 즉 시간 속에서 변화한다고 할 수 없는 기본적인 이유가 있다.

그러나 이 마지막 진술에는 다소간의 부연이 필요할 것처럼 보인다. 왜냐하면 현실적 존재가 변화하지 않는다고 하는 것은 그것이 자기 동일성을 잃지 않는다는 것을 의미한다고 할 수 있는데, 과정 중에 있는 존재, 즉 단위 시간 속에서 생성하고 소멸해버리는 존재가 동일성을 갖는다고 하는 것은 일견 불합리해 보이기 때문이다. 사실상 방금 위에 인용한 구절에 명시되어 있듯이, 미시적인 발생적 분석에서 보자면 현실적 존재의 생성은 선행 위상과 후행 위상을 갖는다. 그리고 선행 위상은 잇따르는 후행 위상에서 각색되면서 통합되어 간다. 그러나 이처럼 첫 단계가 나중에 수정되기는 하지만 — 최초의 주체적 지향(subjective aim)에 들어 있던 자기 동일성의 가능태들(영원한 객체들

eternal objects) 가운데 일부는 선택되고 일부는 배제되어 단순화된다12) — 이 첫 단계에서 점유되는 **영역**(region)은 새로운 현실적 존재의 자기 동일성의 부분으로 영원히 남는다. 이것이 현실적 존재의 실재적 본질 또는 개체적 동일성을 구성한다.

> 다수의 현실적 존재가 동일한 하나의 추상적 본질을 갖는다는 생각에는 아무런 모순도 없다. 그러나 단 하나의 현실적 존재만이 하나의 실재적 본질을 가질 수 있다. 왜냐하면 실재적 본질은 그 존재가 '어디에' 있느냐 하는 것, 즉 실재적인 세계에서의 그것의 지위를 가리키고 있는 데 반해 추상적 본질은 그 지위의 개별성을 포함하고 있지 않기 때문이다(PR 60/146, cf. PR 283/500).

현실적 존재의 생성은 그것에 선행하는 것과 그것에 후속하는 것과의 관계에서 그것이 있는 **때**에만 있는 것이다. 다시 말해 현실적 존재의 **때**는 근본적인 의미에서 **절대적**인 것으로, 그 존재를 다른 존재들과의 시간적 관계 속에서 지금의 바로 그 존재로 결정해주고 있는 것이다. 이와 유사하게 현실적 존재는 그것이 다른 존재들과의 관계에서 차지하는 **곳**에 있는 것이라고 화이트헤드는 주장한다. 즉 그것이 있는 **곳**은 그것이 있는 **때**와 마찬가지로 **절대적인** 것이다. 그래서 각 현실적 존재는 필연적으로 그것의 입각점으로서의 **장소**(locus), 즉 그것이 있는 **곳**과 **때**를 절대적인 것으로서 갖고 있는 것이다. 얼핏 보기에 자기 모순적인 것으로 보이는 다음의 진술은 바로 이런 맥락에서 무리없이

---

12) 화이트헤드는 이런 수정(modification) 내지 단순화(simplification)를 **변화**라고 부르지 않는다. 그는 이를 가능태의 현실화 과정, 또는 가능태의 미결정성을 점차 제거하여 결정적인 현실태로 한정해 가는 과정이라고 말한다(PR 45/121, 85/186, 115/233, 150/290, 163-64/312, 211/388, 283/500).

이해될 수 있을 것이다.

> 현실적 존재는 소멸하지만 변화하지 않는다. 그것들은 언제나
> 그것 자체일 뿐이다(PR 35/102, AI 262).

따라서 현실적 존재가 **변화한다**고 말할 수 없는 것은 결국 그것의 생성이 물리적 시간을 포함하지 않는 것이라는 데 근거한다. 그것은 또한 물리적 시공간 속을 여행하지 않는다. 왜냐하면 그것의 현존, 곧 그것의 생성은 물리적 시공간을 전제하지 않으며, 오히려 물리적 시공간이 그것을 전제로 하기 때문이다. 이것이 지금까지 살펴본 몇 가지 논제들로부터 얻어진다고 할 수 있는 획기성 이론의 핵심 논제, 즉 생성하지만 변화하지는 않는 존재에 대한 기술이다.

IV

이제 남아있는 우리의 문제는 획기성 이론과 연관하여 변화가 어떻게 기술되고 또 설명되는가 하는 것이다. 과정철학에서 변화는 물리적 시간을 전제로 하는 존재, 즉 시간적으로 존속하면서 변화를 겪어나갈 수 있는 존재는 현실적 존재들의 결합체(nexus), 정확히 말하자면 **사회**(society)로 간주된다. 결합체는 **현실적 존재들의 상호 내재**(mutual immanence)(AI 258, cf PR 20/75-76, 24[82])를 기본 속성으로 하는 파생적인 존재이며, 사회는 이들 결합체들 가운데서, 그 구성원들의 상호 내재에 힘입어 어떤 한시적(限時的)인 동일성을 갖게 되는 그런 결합체들이다.

사회는 '사회적 질서'의 어떤 유형을 '예시하거나' '공유하고' 있는 결합체이다. '사회적 질서'는 다음과 같이 정의될 수 있다. "결합체는 다음과 같은 경우에 '사회적 질서'를 향유한다. (i) 그것에 포함되어 있는 현실적 존재들 각각의 한정성에 예시되어 있는 형상의 공통요소가 있고, (ii) 이 형상의 공통요소가, 그 결합체의 각 성원이 그 결합체의 다른 일부 성원들을 파악함으로 말미암아 그 자신에 부과되고 있는 조건들에 근거하여 그 각 성원에서 생겨나고 있으며, (iii) 이런 파악들이 그 공통 형상에 대한 긍정적 느낌을 포함하고 있음으로 해서 재생의 조건을 부과하고 있을 때이다. 그러한 결합체는 '사회'라 불리며, 그 공통의 형상은 그 사회의 '한정특성'(defining characteristic)이다"
(AI 260-61).

이 인용문을 요약하자면 이렇다. 사회란 그 성원들 간의 발생적 관계에 힘입어 그 자신 속에 어떤 질서의 요소, 곧 공통의 형상을 갖고 있는 것이며, 잇따르는 현실적 존재들 간에 이루어지는 이 공통 형상(한정 특성)의 계승에 따른 동일성을 지니고 나타나는 파생적 존재이다(PR 90/193).

그런데 사회는 이처럼 현실적 존재들의 계기(succession)에 힘입어 존립하게 되는 파생적 존재이기 때문에 물리적 시간 속에 있게 된다. 사회는 현실적 존재와 달리 존속성을 지닌다. 그래서 또한 현실적 존재와 달리 "사회는 변화하는 환경에 변화하는 반응을 나타내는 역사를 향유한다"(AI 262). 이렇게 해서 변화는 이제 하나의 실체가 겪는 모험으로 **기술**되는 것이 아니라, 하나의 사회를 구성하고 있으면서도 서로 구별되는 상이한 실체들의 계기에서 비롯되는 것으로 **설명**된다.

화이트헤드의 표현으로 하자면 "**변화**라는 개념의 근본적인 의미는 **결정된 어떤 사건 속에 포함되어 있는 현실적 계기들**(actual occasions) **사이의 차이**"(PR 73/168, PR 79/177)라는 것이다.

화이트헤드가 보기에 아리스토텔레스적 전통의 실체 철학은 진정한 개체로 상정된 실체에다 시간적 존속성을 귀속시켰던 데에 기본적인 잘못이 있었다.

> 존속하는 실재적인 현실적 사물들은 모두가 사회이다. 그들은 현실적 계기들이 아니다. 그리스시대로부터 유럽의 형이상학을 왜곡시켜 왔던 것은 바로 이러한 잘못, 즉 사회와 현실적 계기들인 완전한 실재적 사물을 혼동하는 처사였다. …완전한 존재로서의, 그리고 동일한 형이상학적 지위를 지니고 있는 것으로서의 사회는 변화하는 환경에 대한 그의 변화하는 반응들을 표현하는 역사를 향유한다(AI 262).

하지만 사회가 지니는 가변성의 상관항이라 할 수 있는 동일성도 영구적인 것이 아니다. 잇따르는 현실적 존재들 간에 이루어지는 공통 형상의 계승에서 일탈이 발생하기 때문이다. 이러한 일탈은 모든 현실적 존재가 공히 지니고 있는 정신적 극(mental pole), 다시 말해 여건(data)에 대한 부정(negation)을 본질적인 기능으로 갖는 정신성에 기인한다. 따라서 생성에 있어 과거 여건의 완벽한 재연(re-enaction)은 불가능하다. 이런 사정은 임의의 사회 자체의 동일성을 한시적인 것으로 만든다(MT 87-88/106-107). 요컨대 영속하는 사회란 본질적으로 있을 수 없다는 것이다.

우리는 이 사회에 관한 기술에서 아리스토텔레스의 **실체의 변화**라는 추상적 개념이 구체적인 의미를 얻고 있으며 주어-술어의 논리도 그 실천적 정당성을 부여받고 있다는 것을 확인할 수 있다. 물론 이것은 화이트헤드가 사회에 대한 기술을 통해 일상적인 감각의 세계와 물리학적 세계에서의 동일성과 변화를 설명하려는 보다 기본적인 전략의 일부이다.

> 시간적인 존속성을 지니고 있는 일상적인 자연물(physical object)은 하나의 사회이다. 이상적인 단순한 사례인 경우 그것은 인격적 질서(personal order)를 가지며, 하나의 '존속하는 객체' (enduring object)이다. 사회는 많은 요소의 '존속하는 객체들'로 분석될 수도 있을 것이다.(또는 그렇지 않을 수도 있을 것이다.) 이는 대다수의 일상적인 자연물에 해당된다. 존속하는 객체와, 이들 요소들로 분석될 수 있는 '사회'는 시간과 공간을 통하여 변화의 모험을 향유하는 항구적 존재들이다. 예를 들면 그것들은 역학의 주제를 이루고 있다(PR 35/102).

현실적 존재의 생성을 별개로 한다면, 이것은 고대나 근대의 원자론적 세계관에서 변화를 설명하는 기본 도식이다. 왜냐하면 변화는 진정한 의미의 개체가 지닐 수 있는 특성이 아니라 이들의 구성체에만 귀속되는 특성으로 이해되고 있기 때문이다.

한편 위치의 이동(locomotion)을 말하는 장소에서의 변화의 경우도 마찬가지이다(PR 73/167-168). 운동 역시 파생적인 실재이다. 현실적 존재들은 그들이 있는 **때**와 그들이 있는 **곳**에 있을 뿐이기 때문에 그들이 장소에 있어서의 변화를 겪을 수 없다는 것은 분명하다. 이것은 위치이동의 개념이 현실적 존재에는 귀속될 수 없고 오직 원자적인 존재들의 사회에만 귀속될 수 있다는 것을 의미한다. 즉 위치이동과 연루되어 있는 존재는 단일한 현실적 존재가 아니라 이들의 계기(繼起)에 의해 구성되는 사회라는 것이다. 따라서 **위치이동**은 현실적 존재들의 사회에 포함되는 **장소,** 즉 사회가 자리하는 **곳**과 **때**에 관련된 변화로 정의된다.

그러나 이 사회의 범주가 갖는 설명력에 의문을 제기하는 사람들이 더러 있어 왔다. 특히 이 범주를 이용하고 있는, 인격적 동일성에 관한 화이트헤드의 설명은 몇몇 연구자들에 의해 비판적으로 평가되어 왔다. 우리는 우리 자신을 하나의 통일된 전체로서 인식하며 계기하는 것으로 인식하지 않는다는 것이 비난의 기본 근거이다. 하지만 우리는 진정 우리 자신을 하나의 통일된 전체로서 **인식**하는가? 우리 자신의 인격적 동일성이라는 것이 판명한 인식의 결과가 아니라 어떤 모호한 느낌이나 믿음의 산물에 불과한 것은 아닌가?

어쨌든 페츠는 인격적 동일성의 문제에서 화이트헤드가 **잘못 놓인 구체성의 오류**에 빠져들고 있다고 주장한다. 그리고 이는 화이트헤드가 "현실적 존재와 가설적으로 상정된 궁극적인 단위사건(event-units)을 너무 엄격하게 동일시하고 존재 개념을 좀 더 넓게 사용하지 않았다"[13]는 데 그 이유가 있다고 말한다. 이런 식의 주장은 화이트헤드의 정통 해석가들과 다른 입각점을 갖고 있던 월럭(F. B. Wallack)의 시각 속에도 시사되어 있다고 볼 수 있다. 월럭은 현실적 존재를 그 이전과는 전혀 다르게 이해하고 있다.[14] 그녀에 따르면 화이트헤드에게 있어

---

13) Reto Luzius Fetz, "In Critique of Whitehead," *Process Studies* 20(Spring 1991), pp.1-9.
14) 그녀의 책, *The Epochal Nature of Process in Whitehead's Metaphysics* (Albany: State University of New York Press, 1980), pp.7-46 참조.

현실적 존재는 단순히 미시적인 존재로 이해되어서는 안되고, 일상적인 의미의 모든 사물들, 예컨대 책상, 나무, 돌, 산, 지구, 등등15)이 모두 온전한 의미에서의 현실적 존재로 해석되어져야 한다고 한다.

그러나 생성의 획기성 이론에 대한 우리의 이해가 옳고 또 그에 대한 우리의 평가가 적절했다고 한다면, 페츠의 비난 속에 묵시적으로 시사되어 있고 월럭의 해석에서 명시적으로 등장하고 있는 **보다 확대된 의미의** 현실적 존재 개념은 어디까지나 그들의 것일 뿐, 결코 화이트헤드의 **현실적 존재**일 수 없을 것이다. 사실 월럭의 주장에 대해서는 이미 펠트가, 월럭이 자신의 견해를 뒷받침하기 위해 끌어들이고 있는『과정과 실재』의 구절들을 일일이 추적하여 그 부적절성을 비판적으로 지적한 바 있다.16) 이것은 분명 월럭의 견해를 반박하는 기본적이고도 중요한 절차이겠다. 다만 필자가 여기에 덧붙여 말하고 싶은 것은, 화이트헤드의 획기성 이론과 이를 통해 해결하고자 했던 근원적인 문제를 완전히 도외시하지 않는 한, 그녀의 그러한 해석을 받아들일 수 없을 것 같다는 사실이다. 그리고 그렇기 때문에 필자가 보기에 페츠가 구제하고자 하는 인격적 동일성의 개념이나 월럭이 새로운 해석에서 탄생시키고 있는 현실적 존재 개념은 아리스토텔레스적 실체 개념의 부활로 끝나기 쉽다. 이런 개념들이 아리스토텔레스의 기술 속에 들어 있는 실체 개념과 어떤 점에서 구별될 수 있는 것인지를 말하기 어렵게 되기 때문이다.

---

15)『과정과 실재』에서 이들은 모두 **사회**로 분류되고 있다. 인간의 경우도 마찬가지다. 화이트헤드에 따르면 "존속하는 지각자로서 정의되는 인간은 그와 같은 하나의 사회이다"(AI 263).

16) James. W. Felt, "Critical Studies and Reviews: F. B. Wallack, *The Epochal Nature of Process in Whitehead's Metaphysics,*" *Process Studies* 10(1980), pp.57-64.

뿐만 아니라 인격적 동일성이라는 개념에 관한 한, 다음에서 보듯이 화이트헤드의 태도가 상당히 확신에 차 있다는 점도 간과해서는 안될 것으로 보인다.

> "지속하는 인격성은, 잇따르는 순간순간에 있어 신체 내에서 제각기 그 나름대로 지배력을 행사하는 살아 있는 계기들(occasions)의 역사적 경로이다"(PR 119/240).
> 우리의 삶의 줄기를 형성하고 있는 계기들을 관통하고 있는 자기 동일성에 대한 우리의 의식은 자연의 일반적인 통일성 내에 있는 특수한 줄기의 통일성에 대한 인식 이외의 것이 아니다(AI 241).

따라서 화이트헤드에 따르자면 우리가 인식한다고 생각하는, 또는 존재한다고 믿고 있는 동일적인 자아란 것은 이러한 모호한 인식으로부터 구성해낸 추상에 불과한 것이 된다.

> 한 순간에 있어서의 인간은 자기 자신의 과거의 색채를 자신 속에 집약해놓고 있다. 그리고 그는 그 자신의 그런 과거의 산물이다. '그의 생애 전체를 통해서 본 인간'이라는 것은 이와 같은 '한 순간에 있어서의 인간'과 비교할 때 추상물이다(S 27).

이것은 논리적 동일성의 존재론적 지위를 해체하고 있는 또 하나의 사례이다. 그는 추상적인 관용적 개념을 **구체적인 것에 대한 기술**에 의거하여 **설명**하고 있는 것이다. 우리는 여기서 화이트헤드가 적어도 **말이 구별한 것**을 폐기하는 한편, **말이 혼동하고 있는 것**을 **구별**하려 하고 있음을 재차 확인할 수 있다.

V

결국 화이트헤드는 획기성 이론을 통해 생성과 변화를 구별하고, 생성을 변화 이전의 사태로 기술함으로써, 변화를 합리적으로 설명하기 위한 개념적 상관항인 **생성하지만 불변하는 존재**의 자리를 마련할 수 있었다. 그에 따르면 과정으로서 존재, 유동하는 것으로서의 개체적 실체는 **변화**할 수 없다. 보다 정확히 표현하자면 그것은 변화한다고 말할 수 없다. 그것은 다만 생성하고 소멸할 뿐이다. 또는 그렇게 말할 수 있을 뿐이다. **변화**는 유동(flux) 가운데 있는 **진정한 의미의 존재**가 그 자체로서 가질 수 있는 특성이 아니라, 이들의 **사회**가 그 구성원들의 생성과 소멸을 통해 비로소 가질 수 있는 특성이다.

아리스토텔레스는 변화가 실체에 내재하는 것으로 간주함으로써 역설적이게도 그 실체를 유동, 즉 과정 밖에 둘 수밖에 없었다. 화이트헤드는 주어-술어 논리의 형이상학적 추상성 내지 무근거성을 비판하는 가운데 변화를 실체 밖에 둘 수 있었고, 그럼으로써 또한 실체를 과정 속에 있는 것으로 기술할 수 있었다. 그는 헤라클레이토스의 통찰을 훼손시키지 않고 이를 분석적 언어로 합리화하고자 하였던 것이다. 그리고 이것이 화이트헤드의 철학이 진정한 의미의 **과정철학**으로 특징 지울 수 있는 이유라고 생각된다.

화이트헤드의 생성의 획기성 이론, 즉 현실적 존재에 대한 기술이 어느 정도 설득력이 있는가 하는 것은 또 다른 문제이다. 이것이 성공적이든 그렇지 않든 간에 적어도 화이트헤드가 아리스토텔레스의 실체를 오해했다는 지적은 부당하며, 그가 현대 과학의 정보와 개념적 도구를 빌어 단순히 아리스토텔레스의 실체 개념을 정교화했다는 식으로 보다 온건하게 말하는 것도 그의 작업에 대한 충분한 평가라고 할 수 없을 것이다.

과정철학에서 인격적 동일성의 문제

6. 과정철학에서 인격적 동일성의 문제

I

만물유전(All things flow). 이 고대인의 막연한 직관을 합리적 구도 속에 끌어들이는 것, 이것은 화이트헤드가 그의 후기 철학에서 집중하고 있는 과제이다. 이 과제는 소위 **생성의 획기성 이론**(Epochal theory of becoming)을 기본 축으로 해서 풀려나간다. 이 이론에 따르면 진정한 존재(res vera)는 생성 소멸할 뿐, 변화하지 않는다(PR 35/102).[1] 그것은 생성의 기본 단위체로서, 변화의 토대가 되는 연속적인 물리적 시공간에 선행하기에 변화할 수 없는 것이다. 그리고 이런 의미에서 그것은 획기적 존재(epochal entity)이다. 물리적인 시공간은 이 획기적인 단위 존재들이 자신의 생성과 동연장인 단위 시공간 영역(region)을 계기적으로 구현하는 데 힘입어 파생되는 실재이다. 그렇기에 변화라

---

1) 생성과 변화의 구별에 관한 논의는 필자의 소논문 「아리스토텔레스의 실체와 화이트헤드의 획기성 이론」(『철학연구』 제38집)에서 비교적 상세히 다룬 바 있다. 그리고 이 글은 이 책 제5장에 있다.

는 것도 이들 획기적 존재들 밖에서, 즉 물리적인 시공간의 연장을 따라 빚어지는 이들의 계기(succession)에서 비로소 나타날 수 있는 그들 간의 차이일 뿐이다(PR 73/168). 따라서 물리적 시공간 속을 여행하는 가운데 변화를 향유하면서 자신을 존속시키는 존재는 이런 단위 존재들의 상호 결합과 계기로 구성되는 파생적인 존재(PR 56/139, 73/167, AI 263)이다. 화이트헤드는 생성소멸하는 이 획기적인 단위 존재를 **현실적 존재**(actual entity) 또는 **현실적 계기**(actual occasion)라 부르고, 이런 현실적 존재들의 상호 결합과 계기(succession)로 이루어지는 파생적인 존재를 **사회**(society)라고 명명한다. 따라서 화이트헤드의 이러한 도식에 따르자면 전통 실체철학이 문제삼았던 개체, 즉 시공간의 투명한 장을 헤엄쳐 다니는 지속적 존재(enduring entity)는 근원적 의미의 존재인 **현실적 계기**가 아니라 파생적 존재인 **사회**이다. 그것은 파생적으로 현실적일(actual) 수는 있어도(AI 262) 궁극적, 근원적으로 현실적인 것은 아니다(PR 18/73).

그런데 이들 두 범주를 기반으로 하고 있는 화이트헤드의 존재 기술, 곧 우주론은 과정철학에서의 인간의 지위를 가장 논란 많은 논제로 등장시킨다. 화이트헤드도 이미 자신의 범주적 기술이 인격을 "인간의 경험의 계기들(occasions) 사이의 발생적 관계로 약화"(AI 239)시킨다는 점을 분명히 의식하고 있었다. 그러나 또한 그는 이 문제를 그의 우주론이 끌어안아야 할 중요한 항목, 즉 **설명되어야 할 하나의 사실**로 고려하고 있었다.[2] 그리고 **사회**라는 범주는 바로 이 **설명되어야**

---

2) 화이트헤드는 다음과 같이 말하고 있다. "설명되어야 할 하나의 사실이 있다는 것은 명백하다. 그 어떤 철학이든간에 인격적 동일성에 관한 어떤 학설을 제시해야 한다. 어떤 의미에서 각 인간의 생애 속에는 그의 출생시부터 사망시까지 동일성이 있다고 할 수 있다. 자기 동일적인 영혼 실체의 관념을 가장 끈질기게 거부했던 근대의 두 철학자는 흄과 윌리엄 제임스이다. 그러나 그들에게도 유기

할 사실로서의 인격적 동일성, 또는 **변화 속에 부분적 동일성을 한시적으로 유지해가는 인간**에게 화이트헤드가 배정해준 우주론 속의 공간이다(PR 90/193, 119/240, AI 241, 265, 267). 물론 화이트헤드가 사회의 범주를 통해 기본적으로 기술하고자 한 것은 변화 가운데서 동일성을 유지하는 것으로 보이는 일상의 사물들이다. 그는 인간과 그 밖의 자연물을 범주적으로 구별하지 않는다. 그렇기에 그는 **인격적 사회**(personal society)가 인격으로 정의되는 인간일 수 있음을 단언할 뿐(PR 34-35/101-102, AI 267), 세부적인 구성적 논의는 하지 않는다. 이런 구성작업은 정통 화이트헤드 학자군을 대표한다고 할 수 있는 하츠혼(Charles Hartshorne)에 의해 시도되었다.3) 하지만 화이트헤드의 입장을 충실히 대변하면서도 다소간 소박한 차원에 머물고 있는 하츠혼 류의 구성은, *Process Studies*의 여러 지면을 통해 수차례 제기되어온 비판들에서 확인할 수 있듯이, 인격적 동일성을 충분히 설명하지 못하는 것으로 평가되고 있다. 특히 일부 비판적인 논자들은 인격적 동일성에 대한 과정철학의 기술이, 실천적 문제와 연관된 담론의 토대를 근본적으로 무너뜨릴 뿐만 아니라, 인식 자체에 대한 설명마저 위태롭게 한다는 점에서 받아들이기 어려운 것이라고 주장한다. 동일적 주체의 해체는 도덕적 개념의 근거를 모호하게 하고 인식 그 자체의 가능성을 설명할 수 없게 할 것이기 때문이라는 것이다.

나는 이 글에서 화이트헤드의 현실적 계기와 이들의 계기(succession)로서의 사회를 토대로 하여 일부 정통 화이트헤드 학자들

체의 철학의 경우와 마찬가지로, 주변의 소용돌이 속에서 그 자신을 유지시키는 이 명백한 인격적 동일성을 적절하게 설명해야 하는 문제가 남아있었다"(AI 239-240).

3) Charles Hartshorne, "Personal Identity from A to Z," *Process Studies* Vol. 2(1972): 209-215.

이 시도하고 있는 구성적 논의에 참여한다거나 이런 구성적 논의의 설득력 여부를 문제삼지 않을 것이다. 이 점에서 나의 논의는 다소간 제한적이라고 할 수 있다. 우선 나는 인격을 계기들(occasions)의 사회로 기술할 경우 그로부터, 인간의 행위와 인식에 관련된 불합리한 결론이 도출된다는 점에 주목하여 이런 기술 자체를 비판하는 귀류법적 논의는 다소간 성급한 것일 수 있음을 지적할 것이다(II). 하지만 이런 필자의 지적은 어디까지나 잠정적일 수밖에 없다. 왜냐하면 과정철학의 기술을 토대로 하여 인격체와 그 다양한 활동을 구성적으로 설명하거나 이런 설명을 평가하기 위해서는 순수한 형이상학적 상상을 넘어서는 다양한 실증적 정보들, 특히 상당량의 심리학적, 생리학적 정보들이 필요할 것이기 때문이다. 이것은 또한 필자가 과정철학의 사변적 기술에 대한 구성적 의미의 보완이나 이에 대한 궁극적인 평가를 후일의 과제로 남겨둘 수밖에 없는 이유이기도 하다.

필자가 이 글에서 두 번째로, 그리고 보다 적극적으로 문제삼고자 하는 것은 인격적 동일성과 관련한 과정철학의 논의가 성공적인 결실을 맺기 어렵다고 보는 여러 비판적 시각들의 배경에 공통으로 놓여 있는 것으로 보이는 하나의 확신이다. 직접적인 자기 경험에 비추어볼 때 화이트헤드나 하츠혼이 제시하는 자아는 구체적 자아가 아니라 오히려 추상물이라는 확신이 그것이다. 이런 류의 확신은 기본적으로 인격적 동일성에 대한 비판적 논의에만 작용하고 있는 것은 아니다. 그것은 화이트헤드의 우주론 기술 전체에 대한 전반적인 부정적 평가, 보다 정확히 말하자면 화이트헤드는 전통철학의 추상개념이 간과하고 있는 **구체적인 것**을 기술한다고 하면서 이를 다시 극단적인 추상개념으로 대체하고 있다는 부정적 평가를 배후에서 선도하고 있는 확신이다. 필자가 보기에 이것은 명백히 잘못된 확신이다. 그렇기는 하지만 이런 비판은 화이트헤드의 우주론이 갖는 한계의 핵심을 가장 잘 집약하고 있는 것으로 간주되어 반복적으로 제기되어 왔다.4) 사실 우리는 과정철학을 비판적으로 평가하는 글인 경우 그 행간에서 거의 예외없이 이런 확신을 읽어낼 수 있다. 그리고 이런 확신은 화이트헤드가 의도하고 있는 바에 대한 무지와 만날 때면 한층 원색적인 색조를 띠고 나타난다. 필자가 보기에 이런 확신과 무지가 가장 두드러지게 작용하고 있는 논제가 바로 **인격적 동일성의 문제**이다. 화이트헤드의 인격적 동일성 논의가 자아에 대한 직관적 앎과 충돌한다는 것은 재고의 여지가 없이 명백하다는 것이다. 사정이 이런 까닭은 아마도 자아에 대한 직접경험이 심리적 명증성을 동반한다는 데 있을 것이다. 그리고 이런 확신이 다양한 논거를 통해 손쉽게 강화될 수 있는 것처럼 보이는 까닭도 또한 이와 무관하지 않을 것이다. 그러나 필자는 화이트헤드의 체계내적인 개념을 그에 상응한다고 여겨지는 직관적 경험에 대면시킴으로써 그 부당성을 지적하려는 이와 같은 일련의 시도는 기본적으로 화이트헤드의 우주론의 성격을 이해하지 못한 데서 비롯되고 있는 것임을 논증할 것이다(III). 화이트헤드가 사용하는 특정의 범주적 개념을 그의 우주론에서의 체계 내적인 지위로부터 분리시켜, 직관적 경험의 내용에 비추어 그 부적절성을 지적함으로써 과정철학 전체의 시도가 수정되어야 한다고 결론하는 처사는 그 자체가 수정되어야 한다

---

4) R. C. Neville, *The Highroad Around Modernism*(Albany: SUNY Press, 1992), Chap. 4; R. L. Fetz, "Aristotelian and Whiteheadian Conceptions of Actuality: I." *Process Studies* Vol. 19(1990), pp.15-27; "Aristotelian and Whiteheadian Conceptions of Actuality: II." *Process Studies* Vol. 19(1990), pp.145-155; "In Critique of Whitehead"(trans. by James W. Felt), *Process Studies* Vol. 20(1991), pp.1-9.

는 것이 필자의 생각이다.

그런데 이런 비판적 시각이 설득력을 갖춘 것으로 받아들여질 때, 인간은 또 다른 종류의 궁극적 존재로 간주되어야 한다는 수정적 입장으로 자연스럽게 연결된다. 이것은 화이트헤드의 사변적 구상에 대한 잘못된 진단에서 나온 오도된 처방에 불과하다. 잘못된 확신에 근거한 일련의 비판에 후속하는, 인격체에 대한 그 어떤 대안적 설명이나 기술도, 기본적으로 비판적 논객들의 앞서와 같은 지적이 정당한 것이라는 전제에서 이루어지고 있는 한, 그만큼 공허한 것일 수밖에 없을 것이기 때문이다. 나는 이런 일련의 대안적 처방이 갖는 공허성을 드러내 보여주고자 할 것이다(VI). 그리고 이에 덧붙여 필자는 그렇게 제시되는 대안으로서의 인격적 동일성에 대한 기술이라는 것도 대개의 경우 고전 실체철학이 안고 있던 난제, 즉 개체존재에 있어서의 변화와 동일성을 합리적으로 조화시켜야 하는 난제를 고스란히 물려받을 수밖에 없을 것으로 보인다는 점도 지적할 것이다.

II

과정철학의 **인격적 동일성** 개념에 대한 비판적인 견해들을 검토하기에 앞서, 과정철학에서 인격이 어떻게 이해될 수 있는지를 먼저 간단히 살펴볼 필요가 있겠다. 이를 위해서는 화이트헤드의 의도를 가장 정통적인 입장에서 대변하고 있다고 평가되는 하츠혼의 구성적 논의가 적절한 통로가 될 수 있을 것으로 보인다.

하츠혼에 따르면 절대적인 동일성을 유지하는 **지속적인 자아**란 존재하지 않는다. 자아는 선행하는 계기들(occasions)이 후속하는 계기들에 의해 파악되는 가운데 상호 연관되어 있는 계기들의 결합체(nexus)이다. **지속하는** 자아는 일시적인 자아들(momentary selves)의 결합에서 탄생하는 파생적인 통일체(derivative unification), 즉 화이트헤드의 범주로 **사회**(society)이다. 파생적 존재로서의 사회는, 이를 구성하는 계기들 간에 계승되는 **한정특성**(defining characteristic)에 힘입어 **발생적 동일성**(genetic identity)을 유지하면서 한시적으로 시간 속을 여행한다. 물론 고전적인 실체철학자들이라고 해서 모두 어떤 엄격한 동일성을 주장했다고 보기는 어려울 것이다. 그러나 하츠혼은 적어도 그들이 실재적이고 수적인 의미에서 비동일성이 있다는 점을 모호하게 하거나 동일성과 비동일성 사이의 관계를 잘못 이해하였다고 주장한다. 그에 따르면 그들은 동일성 속에 차이성이 있다고 보았고 그래서 동일성이 차이성보다 더 결정적이고 구체적인 실재라고 생각하였다. 하츠혼은 동일성(존재)은 차이성(생성) 가운데 깃들어 있는 것이며 동일성 그 자체는 추상이라고 말한다. 그리고 현실적 존재들의 계기(繼起)로서의 **사회**는 바로 이와 같은 **차이성 속에 있는 동일성**을 적절히 개념화하고 있다고 하츠혼은 생각한다. 차이성을 대변하는 것은 사회 속에서 생성 소멸하면서 계기하는 현실적 존재들이고 동일성을 대변하는 것은 사회 자체의 **한정특성**이다. 따라서 비동일성은 현실적 존재인 완전한 실재와 관계가 있고, 동일성은 파생적 실재인 사회가 그 구성요소로 갖는 한정특성과 관계가 있다는 점에서 인격적 동일성은 궁극적 실재에 속하는 것이 아니라 파생적인 실재에 속하는 것이다. 화이트헤드의 용어를 사용하자면, 인격적 동일성은 "지배적인 일직선적 사회를 내포하고 있는 고도로 복잡한 신체적 사회 속에서의 어떤 한정특성의 존속에 근거하고 있는 것"(PR 35/102, 89/193)으로, 이 한정특성의 생성, 변화, 소멸과 운명을 같이하는 것이다. 그렇기에 과정철학이 말하는 인격적 동일성이란 사실상 부분적인 동일성이요, 따라서 부분적인 비동일성이다.

그런데 하츠혼의 논의를 통해 과정철학에서 간추려볼 수 있는 이런 인격적 동일성의 개념은 그로부터 귀결되는 것으로 보이는 불합리한 결론 때문에 신랄한 비난의 대상이 되어왔다. 베르토치(Peter A. Bertocci)는 인격적 동일성에 대한 하츠혼의 이와 같은 구성적 논의가 인격적 지평에서의 경험에 충분한 주의를 기울이지 않고 전개된 것이라고 주장한다.[5] 베르토치는 바운(Borden Parker Bowne)의 인격주의를 논거로 삼아, "계기(succession)에 대한 경험이 없이는 경험의 계기도 있을 수 없다"고 말한다. 그래서 예컨대(A. C. Campbell의 예), 한 사람이 열 번의 종소리를 들을 수 있으려면, 그가 종소리를 계기하는 것으로 경험할 때 그 자신은 자기 동일적 연속체인 통일체(unity)이어야 한다는 것이다. 이런 류의 지적은 기억과 인격적 동일성 간의 관계문제에 주로 초점을 맞춰 하츠혼의 논의에 비판적으로 다가서고 있는 샬롬(Albert Shalom)의 글에서도 찾아볼 수 있다.[6] 샬롬은 하츠혼이 제안한 해결은 **일시적인 자아**(momentary self)라고 할 수 있는 이론적 구성물을 구축하고 이런 일시적 자아들을 단일한 묶음으로 묶어내는 결합자로서 기억의 고리를 제시하고 있으나, 이는 전도된 설명이라고 주장한다. 기억은 인격적 동일성을 전제로 하는 것이기에 인격적 동일성

---

5) P. A. Bertocci, "Hartshorne on Personal Identity: A Personalistic Critique," *Process Studies* Vol. 2(1972), pp.216-221.
6) Albert Shalom, "Hartshorne and the Problem of Personal Identity," *Process Studies* Vol. 8(1978), pp.169-176.

이 기억에 의해 설명될 수는 없다는 것이다.

필자가 보기에 이런 비판들은 상식의 논리를 충실하게 대변하고 있으며, 그런 한에서 상당한 설득력을 갖추고 있다고 생각된다. 그리고 또한 그렇기 때문에 일상의 심리적 용어인 **기억**과 같은 개념을 통해 인격적 동일성을 형이상학적으로 재구성하고 있는 하츠혼 류의 소박한 시도는 일단 결함을 지닌 것으로 평가될 수밖에 없을 것으로 보인다. 그러나 그렇기는 하지만 이런 소박한 지평의 구성적 논의가 안고 있는 결함 자체가 곧바로 과정철학의 한계로 이해되어서는 안된다는 것이 필자의 생각이다. 앞서 언급했듯이 인격적 동일성에 관한 과정철학의 논의가 정당하게 평가될 수 있으려면 **인격적 사회**(personal society) 내의 현실적 계기들 간의 관계에 대한 보다 세밀한 구성적 논의가 선행되어야 할 것이기 때문이다. 여기에는 인간 유기체와 관련된 다양한 생리학적 심리학적 정보가 동원되어야 할 것이며 또 이런 정보를 사변적으로 담아낼 수 있는 새로운 실험적 개념체계가 마련되어야 할 것이다.[7] 물론 실증적 정보에 대한 세심한 반성에 토대를 둔 이런 개념체계가 마련된다고 하더라도 그것이 과연 "현실적 계기들의 계기(succession)에 대한 경험" 가능성을 설명할 수 있는 성공적인 보완 작업으로 평가될 수 있을지는 미지수이다. 사실 비판적 논자들이 지적하듯이 현재의 계기가 그 직전의 계기만을 파악(prehension)하는 것이라면 "계기(succession)에 대한 경험"이 불가능할 것이다. 그러나 화이트

---

7) 화이트헤드는 자아의 지속성이나 의식적 경험의 연속성을 바로 획기적 계기들의 연쇄적 파악으로부터 파생되는 것으로 설명하고 있다. 그렇기 때문에 이런 자아와 의식적 경험의 기초가 되는 파악의 연쇄나 현실적 존재들의 계기는 의식적 경험에 포착될 수 없도록 되어 있다. 이것은 우리가 현실적 계기들 간의 파악과 연쇄를 기술하는 데에 기존의 심리학적 개념이나 생리학적 개념을 일의적으로 사용할 수 없는 이유가 된다.

헤드가 말하는 현실적 계기는 그에 선행하는 과거의 모든 현실적 계기들을 직접, 간접으로 파악한다. 과거의 현실적 계기들은 현재에 직접적, 간접적으로 파악되는 가운데 현재 속에 유기적으로 통합되어 공생한다(PR 226/411-412). 현재는 그 직전의 과거를 직접적으로 파악하고 이를 통해 그 과거의 과거, 그리고 다시 그 과거의 과거를 연쇄적으로 파악한다는 것이다. 따라서 인격적 동일성에 관한 과정철학의 사변적 논의를 보완하는 작업에서 해야 할 것은 연쇄적 파악을 통해 이루어지는 현재에서의 과거 전체의 통일과정을 세부적으로 구성해내는 일이다. 이런 보완적 논의가 지극히 빈약한 지금의 상황에서 우리가 할 수 있는 것은 그 대체적인 방향을 짐작해 보는 일 정도일 것이다. 하지만 여기서 분명하게 지적할 수 있는 것은 이런 구성적 작업에 대한 전망 자체를 상식적 직관이나 기성의 개념적 이해체계에 근거하여 미리 차단하는 것은 성급하다는 사실이다.

계기하는 자아에 대한 가설이 빚어내는 불합리한 결론에 비추어 비판을 한층 강화하고 있는 대표적 인물인 몰랜드(J. P. Moreland)에 대해서도 같은 말을 할 수 있다. 그는 인식론적 측면에서 과정철학의 인격적 동일성의 논의를 비판한다. 그는 루이스(H. D. Lewis)와 이윙(A. C. Ewing)에 의해 강조되어 온 논증을 택하여 접근하면서, **지속하는 나**(enduring I)에 대한 거부는 인식 그 자체의 가능성을 무너뜨린다고 주장한다.8) 현실적 계기들의 연쇄(the chain of occasions) 모델 위에서는 우리가 사유 속에서 일련의 추론을 거쳐 결론을 이끌어내는 식의 완전히 성숙된 인식 행위를 확보할 수 없다는 것이다. 그리고 이에 덧붙여 그는 연쇄모델이 옳다면, 우리가 아주 복잡한 명제에는 주의를

---

8) J. P. Moreland, "An Enduring Self: The Achilles'Heel of Process Philosophy," *Process Studies* Vol. 17(1989), pp.193-199.

기울일 수조차 없다고 말한다. 왜냐하면 그러한 행위는 동일한 자아가
그 과정의 처음과 끝에 현존하는 일정 길이의 시간을 필요로 하기 때
문이다. 그는 다음과 같이 단언한다.

> 자아가 복잡한 명제나 논증을 파악하기 위해서는 시간이 필요할
> 뿐만 아니라 명제에 주의를 기울이는 데에는 단 하나의 자아에
> 서의 의식의 통일된 행위가 요구된다. 그러한 행위는 인격의 단
> 계들이 주목하는 계기하는 시간적 순간들의 단순한 더미와 동일
> 한 것일 수 없다.9)

9) J. P. Moreland, 앞의 논문. 몰랜드는 인식론적 논증에 앞서 이와 유사한 구조
   를 지니고 있다고 생각하는 도덕적인 측면에서 반박사례를 들고 있다. 그에 따
   르면 "책임과 처벌에 관한 우리의 기본적인 직관은 존속하는 자아를 전제"로
   하고 있는 것처럼 보이며, 또 이와 유사하게, 연쇄 모델 위에서는 누군가가 미래
   를 두려워한다는 것이 정당화되기 어렵다고 한다. 그러면서도 몰랜드는 자신의
   이와 같은 이런 일련의 논증에 대해 어느 정도의 반론은 가능할 것이라고 말한
   다. 그에 따르면 우리는 처벌이라는 것을 사회를 보호하기 위한 것으로 정초할
   수 있고, 연쇄 모델과 양립가능한 보다 약한 종류의 책임성과 연속성을 그 근거
   로 제시할 수도 있을 것이다. 또 우리가 미래의 고통에 대한 합리적인 정당화에
   필요한 것은 오직 나의 현재의 기억을 갖게 될 누군가에게 고통이 유쾌하지 못
   한 것이라는 신념뿐이라고 반론할 수도 있을 것이다. 하지만 몰랜드는 이런 제
   안의 구체적인 내용이 무엇이건 간에, 연쇄모델은 이 문제에 관한 우리의 직관
   을 보다 약한 종류의 직관으로 대치하는 잘못을 범하고 있다는 것은 사실이라고
   주장한다.
   몰랜드의 이러한 지적은 실천적 지평에서 정당한 것처럼 보인다. 그러나 우리는
   여기서 화이트헤드가 현실적 존재들과 이들의 계기를 통해 보여주고자 하는 것
   이 우리가 자아에 대해 갖는 직관(의 내용) 그 자체가 아니라 직관(의 내용)에
   대한 합리적 기술이라는 점에 유의해야 한다. 우리의 의식적 직관을 통해 파악
   한다고 생각하는 동일자로서의 자아는 이미 현실적 계기의 차원을 넘어선 **사회**
   의 범주에 속한다. 이와 유사한 맥락에서 사회적 관습적 도덕적 가치의 근거나
   개념에 관한 논의라는 것도 사회적 전통과 관습에 속하는 논의, 따라서 인간의
   막연한 직관 자체를 토대로 하는 거시적(감각적) 지평의 논의이다. 따라서 이들
   또한 **사회**라는 범주를 매개로 하여 기술되고 해명되어야 하는 논제들이지, 미시
   적인 현실적 계기들에 근거하여 직접적으로 해명될 수 있는 논제들이 아닌 것이
   다.

몰랜드의 이런 지적도 직관적으로 명료한 것처럼 보인다. 그러나 인식 가능성을 위해 그가 필요하다고 주장하는 통일은 의식행위의 통일로 족하다고 할 수 있을 것 같다. 선행하는(과거의) 의식행위들이 후행하는 (현재의) 의식행위에서 계속해서 유기적으로 통일되는 데서 인식작용이 가능한 것으로 이해할 수 있다는 것이다. 몰랜드의 주장에서 보듯이 이 행위의 통일을 다시 하나의 동일적 자아에 근거지우려 하는 것은 실체론적 선입견에서 비롯되고 있는 것이 아닌가 여겨진다. 뿐만아니라 그는 자아에 대한 화이트헤드의 논의를 지나치게 피상적으로 단순화시켜 이해하고 있는 것처럼 보인다. 위 인용문의 마지막 문장이 이를 잘 보여준다. 화이트헤드의 우주 속에 들어 있는 과거에 대한 경험으로서의 계기들은 결코 과거의 단순한 더미나 집적이 아니다. 앞서 지적했듯이 그것은 유기적 종합의 과정이다. 더구나 이제 문제의 상황성을 바꾸어, 내적 직관에서 포착되는 주관적 사실로서의 인식 과정을 반성적 시각에서 검토하고 있는 것이 아니라, 누군가가 인식하는 동안 그의 인격체에서 일어날 것으로 추정되는 고도로 복잡한 생리적 심리적 작용들을 객관적 시각에서 들여다보고 있다고 생각해 보라. 이 과정을 어떻게 미시적으로 분석하고 또 구성하여 기술해낼 것인가 하는 것이 문제로 남는다는 점은 이미 앞에서 언급했다. 그러나 여러 정황을 놓고 보건대 누군가의 인식 과정을 이렇게 객관적 시각에서 미시적으로 접근할 경우, 거기서 일정 시간 동안 연속하는 어떤 동일자를 발견해낼 가망은 거의 없는 것 같다.

Ⅲ

그러나 몰랜드는 단순히 이런 귀류법적 비판에 그치지 않고 보다 적극적으로 동일적 주체를 역설하는 데로 나아간다. "경험의 계기하는 순간에 있어 나는 이들 계기하는 자아에 대한 인식을 갖게 될 뿐만 아니라, 각각 순간에서 동일하고 지금의 나의 자아와도 **동일한 나를 인식한다**[10]"는 것이다. 이 **인식의 동일적 주체가 되는 나**는 샬롬이 말하는 **기억의 전제가 되는 나**일 것이다. 자아에 대한 직관적 경험에서 주요 논거를 마련하고 있는 베르토치가 이 **나**를 가장 그럴듯하게 표현하고 있다. 그는 **계기에 대한 경험의 조건으로서의 나**는 **변화 가운데 있는 자기동일적인 통일-연속체**(a self-identifying unity-continuity in change)라고 말한다. 그렇다면 이때 **변화 속에서 자기동일성을 유지하면서 연속하고 있는 나**는 어떻게 분석적으로 이해될 수 있는 것인가?

베르토치는 **변화 가운데 있는 자기동일적인 통일-연속체**란 복합 개념이 **자기의식적 경험에서 드러나는 것**의 주요 골격을 명료하게 **기술**하고 있다고 생각하는 것 같다. 하지만 문제는 변화, 동일성, 통일성, 연속성과 같은 용어들은 부연없이 결합되기 어려운 개념이라는 데 있다. 이들 개념은, 적어도 단순히 나열되는 데 그치는 한, 상보적이라기보다 상충적이다. 베르토치 자신은 "인격체는 매순간마다 그의 환경과 상호작용하며, **자기동일적**(self-identifying)이라는 말과 **연속하는**(continuing)이라는 말에 의미를 주는 방식으로 그의 본성을 보존할 수 있는 복잡한 통일체"라고 덧붙이고 있다. 일견 이 진술은 직관적 경험

---

10) 강조는 필자의 것임.

에서 충분히 정당화될 수 있는 무엇인가를 전달하고 있는 것처럼 보이지만, 사실상 분석적인 기술내용이 없다. 오히려 이 주장은 무엇인가를 정합적으로 기술하거나 설명하고 있다기보다 설명되어야 할 사태를, 다분히 상충되는 개념들의 단순한 나열을 통해 지칭하고 있을 뿐이다. 그는 이와 유사한 주장을 그의 글 곳곳에서 반복 열거하고 있지만 이들 구절은 하나같이 동어반복의 수준에 머물러 있다.[11)

화이트헤드도 이런 진술들이 우리의 막연한 직관을 전달하고 있는 것으로 이해되는 한 잘못된 것이라고 보지 않을 것이다. 그럼에도 그가 이런 직관과 외견상 충돌하는 것처럼 보이는 현실적 존재들의 계기를 구상하게 된 것은 이렇게 직관되는 자아 연속체를 어떻게 합리적으로 기술할 것인가 하는 과제를 해결하기 위한 방편을 마련하기 위해서였다. 여기서 문제의 핵심은 변화와 동일성이 인격체 속에서 어떻게 공존할 수 있는 것인가이다. 현실적 계기의 **생성**, 사회의 **변화**(사회를 구성하는 현실적 계기들 간의 차이), **동일성**(사회의 한정특성) 등에 초점이 맞춰져 있는 화이트헤드의 사변적 기술은 바로 이처럼 자연언어의 논리나 개념으로는 함께 담아내기 어렵지만 상식적 직관에서는 명백히 공존하는 것으로 드러나는 사태를 미시적으로 분석하여 기술하려는, 요컨대 합리화하려는 시도이다. 따라서 이처럼 의식에 떠오르는 직접경험을 설명하기 위해 그런 경험 이전의 지평을 분석하는 데 사용되고

---

11) 예를 들면 다음과 같다. "내가 존재하는 한, 나는 나의 동시적인 환경 속에서 나의 활동과 조화되는 것을 선택하여 받아들이고는 종합하는 활동이다." "나의 인격적 동일성은 생성-존재의 선택적이고 창조적인 역사로서 내가 존속할 수 있다는 데, 즉 자신의 존재를 변화시키고 자신의 존재와 조화되는 방식으로 주변의 것들로부터 선택하고 변화시킬 수 있다는 데 있다." "나는 자신의 경험을 계기하는 것으로 인식하고 상기할 수 있는 자기동일적인 통일체이다"(P. A. Bertocci, 앞의 논문).

있는 형이상학적 존재 개념을 그대로 다시 의식의 직접적 경험과 대결
시켜 실증적으로 평가하려는 것은 명백히 빗나간 시도이다. 그렇기에
또한 비판적 논객들이 이구동성으로 말하고 있는 바와 같이12) "어떤
한 순간에서도 자아는 단위 사건들의 계기로 경험되지 않는다"는 따
위의 지적도 이런 자아의 구성원으로 상정되어 있는 **현실적 존재** 개념
에 대한 비판의 근거가 될 수 없다. 물론 화이트헤드가 인격적 경험을
모델로 하여 경험의 계기(occasion)로서의 현실적 존재를 구상하였다는
증거는 많다. 그러나 화이트헤드가 구상한 현실적 존재들은 인간이 갖
는 경험의 계기와 유비적 관계에 있을 뿐, 실증적 대응관계에 있는 것
이 아니다. 그렇기에 단순히 개념적 구상의 원천에 대한 언급을 근거
로, 존속하는(enduring) 자아를 구성하는 단위 존재들의 계기가 의식
속에 확연하게 직접적으로 경험되는 사태를 기술하고 있다고 보는 것
은 잘못이다. 결국 미시적이고 사변적인 지평의 존재를 투명한 의식적
경험에 비추어 실증적으로 검토하려는 처사는 화이트헤드의 추상적인
우주론 체계가 갖고 있는 기본 성격을 이해하지 못한 데서 비롯된 것
이다. 말하자면 그런 시도들은 모두 화이트헤드의 우주론에 들어있는
사변적 기술인 현실적 계기에 대한 규정과 상식적으로 직관되는 사태

---

12) 예를 들면 다음과 같다. "나의 인격적인 비순간적 직접적 경험에서 나는 내가 단
   위체들의 계기라는 것을 발견하지 못한다." "나 자신에 대한 경험 가운데는 내
   가 나 자신을 계기하는 모멘트들의 종합이라 부르는 것을 정당화해주는 것이 아
   무것도 없다. 나는 계기들의 종합 내지 집합이 아니다." 이것은 베르토치의 주장
   이다(앞의 논문). 샬롬도 "지금 이 10분의 1초에서 글을 쓰고 있는 **나**가 몇 시간
   전에 이글을 쓰기 시작한 **나**와는 어떤 의미에서 다른 **나**라고 주장할 어떠한 경
   험적 증거도 나로서는 갖고 있지 않은 것처럼 보인다"고 말한다. 반대로 "나는
   이 글을 쓰기 시작할 때의 나와 동일한 인격체임을 알고 있다. 또한 나는 그 때
   와 지금 사이에 감각, 느낌, 감정, 관념, 신체적인 과정 등에서 복잡하고 다양한
   변화를 겪어왔다는 것을 알고 있다"고 그는 주장한다(앞의 논문). 또 페츠의 글
   "In Critique of Whitehead"도 참조.

와의 관계에 대한 오해의 산물인 것이다.

다른 한편 **나**를 통일적인 연속체로서 인식한다고 할 때 내재되어 있는 논리적 문제를 지적해볼 수도 있을 것이다. 몰랜드가 확언하듯이, 우리는 과연 우리의 자아를 인식할 수 있는가? 논리적으로 나는 나를, 적어도 어떤 실재적 연속체로 간주되는 나인 한, 온전히 직관할 수 없다. 이런 직관적 인식은 인식하는 나를 항상 **이상한 타자**(a strange Other)13)로 머물게 한다. 이는 자기인식의 역설에 속하는 사태이다. 칸트는 통각의 통일로서의 주관, 인식의 기점이자 가능 조건으로서의 주관을 요청함으로써 이런 역설을 피해간다. 하지만 이 때의 주관은 칸트 자신이 인정하고 있다시피 텅 비어있는 논리적 주관일 뿐, 실체적 주관이 아니다. 따라서 실체적 자아에 대한 직접적이고 온전한 인식의 가능성을 논하는 모든 학설은 어떤 식으로든 이 역설에 답해야 한다. 화이트헤드는 직접적인 자기 인식의 가능성을 부정함으로써 이를 피해간다.14) 화이트헤드에 따르면 "어떤 현실적 존재도 그 자신의

---

13) Dean Wooldridge, *Mechanical Man: The Physical Basis of Intelligent life* (New York: McGraw-Hall, 1968), pp.84-86, 158-162.

14) 화이트헤드에게 있어서의 자기인식과 자기의식의 문제는 베넷(J. B. Bennet, "A Suggestion on 'Consciousness' in *Process and Reality*," *Process Studies* Vol. 3(1973), p.41)과 쉰들러(Stefan Schindler, "'Consciousness' in Satisfaction as the Prereflection Cogito," *Process Studies* Vol. 5(1975), p.187)에 의해 논의된 적이 있다. 화이트헤드에게 있어 의식은 느낌(feeling)이 갖는 주체적 형식(subjective form)이다. 느낌은 언제나 객체와 주체 사이의 관계로 정의된다. 그리고 객체는 언제나 과거의 것이다. 따라서 원칙적으로 주체는 현재의 자신에 대한 의식적 인식을 가질 수 없다. 그런데 베넷은 화이트헤드의 주장을 보완하여, 만족(satisfaction)을 의식적으로 경험되는 것으로 이해할 수 있다고 주장한다. 왜냐하면 의식은 합생(concrescence)의 일부 위상에서 어떤 느낌이 갖는 주체적 형식인데 합생의 초기 위상(phase)에서의 느낌의 주체적 형식들은 후기 위상에서 단적으로 배제될 수 없기 때문이라는 것이다. 이는 화이트헤드의 다음과 같은 언급에 의해 뒷받침된다. "임의의 느낌 내의 요소로서 발생하는 주체적 형식들은 궁극적으로 모든 느낌들의 통일성 내에 참여하는 만

만족(satisfaction)15)을 의식할 수 없다. 왜냐하면 그러한 인식은 과정의

족 속에 있게 된다. 모든 느낌은 조명의 몫을 의식에서 얻는다"(PR 267/476).
이런 맥락에서 그는 화이트헤드가 여기서 말하고자 하는 것은 만족이 동일한 합
생 내에 있는 의식적 느낌의 여건(data)일 수 없다는 것이라고 이해하는 한편,
그럼에도 불구하고 만족은 주체적 형식을 갖는 느낌이요 이 때의 주체적 형식은
의식을 포함하고 있을 수 있다고 이해하려는 것이다. 그래서 그에 따르면 궁극
적 결단에는 앎(awareness)이 있다. 물론 그것은 수반적 앎(awareness with)이
며 대상적 앎(awareness of)이 아니다. 그것은 자기 구성의 최종적 행위의 방식
(how)을 특징짓는 것, 즉 부사적인(adverbial) 것이요 대상적인(datal) 것이 아
니다.
    이런 베넷의 시각의 견해는 쉰들러에 의해 보완되고 있다. 쉰들러는 사르트르의
견해를 참고로 한다. 사르트르는 그의 『존재와 무』에서 Cogito 그자체(pour soi
as thetic consciousness of the world))와 전반성적(prereflective) 코기토를 구
별할 때 유사한 구별은 한다(Introduction, Part I Chap. 2, Section 1, 3, Part
II, Chap. 1, Section 1). 코기토 그 자체는 여건적인(datal) 것이다. 그것은 그
것의 대상을 정립적(positional) 또는 지향적(intentional) 앎의 여건(datum)을
정립한다(posit). 여건적 양태에서 의식은 그것이 의식하는 대상에 대한 정립적
(thetic), 지향적 관계에 있다. 그래서 그것이 의식하는 것은 앎의 대상으로서 그
것에 초월적이다. 반면에 전반성적 코기토는 부사적이다. 그것은 그것이 의식하
는 대상과 비정립적(nonthetic) 비지향적 관계에 있다. 그것이 의식하는 것은 코
기토 자신이다. 그것은 앎의 초월적 대상도 아니요 분리되어 구별되는 어떤 것
이 아니라 그것의 생생한 체험의 순간에 있는 그 자신이다. 여기서 쉰들러는 베
넷의 수반적 앎과 대상적 앎의 구별이 사르트르의 비정립적 앎과 정립적 앎 사
이의 구별과 일치한다고 이해한다. 화이트헤드가 현실적 존재는 자신의 만족을
의식할 수 없다고 했을 때 의식은 정립적 대상적 의식이다. 그러나 이들에 따르
면 현실적 존재는 또한 그 자신의 합생의 어떤 위상의 주체적 형식의 특징으로
서의 의식을 가지며 그 존재는 그 위상과 그 최종 만족에서 비정립적 자기앎을
갖는 것으로 이해될 수 있다는 것이다.
    하지만 화이트헤드는 의식이라는 말을 언제나 대상적 인식과 동의어로 사용한
다. 게다가 사르트르류의 비정립적 자기앎이라는 것이 화이트헤드의 논의로부터
구성적으로 추출될 수 있다 해도 지금 여기서 문제되고 있는 동일자로서의 자신
에 대한 의식적이고 직관적인 인식이 화이트헤드에게서도 가능한 것이라고 할
수 는 없을 것 같다. 왜냐하면 몰랜드가 말하는 자기인식은 아무래도 대상적 자
기앎에 속하는 것처럼 보이기 때문이다.
15) 현실적 존재의 만족이란 현실적 계기의 최종 위상(phase), 즉 결정체로 완결되
    는 마지막 국면을 일컫는 술어이다. 따라서 여기서 현실적 계기가 자신의 만족
    을 의식할 수 없다는 말은 현실적 계기가 자신을 온전한 전체로서는 의식할 수
    없다는 것, 그것이 의식하는 것은 언제나 타자, 즉 이미 완결된 과거의 현실적

구성요소가 될 것이고 그래서 그 만족을 변경시킬 것이기 때문이다"
(PR 85/185). 모든 인식은 현재의 행위이며 인식되는 것은 과거의 것이
다. 따라서 직접 인식되는 것으로서의 자기는 과거의 자기일 뿐, 지금
인식하고 있는 자기가 아닌 것이다.

IV

미시적으로 계기하는 현실적 존재만을 **참된 존재**(res vera)로 간주하
는 한, 인격적 동일성과 관련된 문제에 성공적으로 답할 수 없다는 일
련의 비판은 인격을 또 다른 의미의 **참된 존재**, 즉 미시적인 현실적 존
재와 구별되는 **현실적 존재**로 간주하려는 시각16)의 배경이 된다. 역사
적으로 볼 때, 인격체를 **하나의** 현실적 존재로 이해하려는 시도는 현
실적 존재의 시공간적 규모와 관련된 논란으로 이어져왔다. 특히 월럭
(F. Bradford Wallack)과 부클러(Justus Buchler)는 이런 논란의 한 축을
이루고 있다. 이 양자는 인격체뿐만 아니라 시간과 공간의 다양한 규
모에 놓여 있는 거의 모든 사물이 다 현실적 존재로 간주되어야 한다
고 역설한다.17) 야누츠(Sharon Janusz)와 웹스터(Glenn Webster)는 이

계기와 연관된 것, 또는 달리 말해서 자기 자신의 구성부분이 되고 있는 것일 뿐
이라는 의미로 새길 수 있다.

16) Edward Pols, "Human Agents as Actual Beings," *Process Studies* Vol.
8(1978), p.103-113, Sharon Janusz and Glenn Webster, "The Problem of
Persons," Process Studies Vol. 20(1991), p.151-161.

17) 그러나 필자의 개인적인 견해로는 이들의 주장은 고전적인 실체철학이 풀지 못
했던 난제, 즉 변화와 동일성을 조화시켜야 하는 문제 또는 달리 표현하자면 제
논의 패러독스에 말려들기 쉽다. 이에 대해서는 이 책 제5장 「아리스토텔레스의
실체와 화이트헤드의 획기성 이론」에서 검토한 바 있다.

런 견해의 연장선상에서 인격적 동일성의 문제에 대처한다. 그 두 사람은 공동으로 작성한 한 소논문18)에서 과정철학의 기술은 인격에 해당하는 모종의 새로운 현실적 존재를 인정하지 않으면 안된다고 주장한다. 이들은 시간철학과 물리학에 대한 통찰을 이용하여, 현실적 계기(actual occasion)와 미시물리적인 양자사건(quantum event)을 동일시하는 한편, 폴(Edward Pols)이 논증하고 있듯이19) 거시적 지평의 인격체는 진정한 의미의 행위주체이기에, 그것 또한 현실적 존재, 즉 **참된 존재**로 간주되지 않으면 안된다고 주장한다.

우선 야누스와 웹스터는 양자 사건이 현실적 계기의 구체적인 사례가 될 수 있다고 생각한다. 현실적 계기와 양자 사건은 시공간적 규모에서 비슷하다. 그리고 양자 사건들은 우리가 시공간과 관련하여 현실적 계기에 대해 기대하고 있는 특징들을 가지고 있다. 그 중에서도 특히 이 두 존재 모두 전반부와 후반부의 계기(succession)로서가 아니라 일거에 생성한다(come to be at once)는 데서 일치한다. 화이트헤드도 『과정과 실재』의 여러 곳에서 우리의 우주시대를 **전자기적 사회**(electromagnetic society)라 부르고 있을 뿐만 아니라 곳곳에서 이런 해석을 충분히 뒷받침하는 것으로 읽어낼 수 있는 표현들을 사용하고 있다. 그러나 필자가 보기에 이들 두 사람의 이해는, 결정적으로 잘못되었다고는 할 수 없다 해도, 화이트헤드의 본래적인 의도와는 상당한 거리가 있다. 화이트헤드는 그의 저술 어디에서도 이들 사이의 1:1 대응이나 현실적 계기의 실증적인 사례를 명시적으로 언급하고 있지 않다. 양자(quantum)와 현실적 계기 사이의 관계는 언제나 추정적 가설적이다.20) 이는 필자가 앞 절의 논의에서 밝혔듯이 현실적 계기가 일

---

18) Sharon Janusz and Glenn Webster, 앞의 논문.
19) Edward Pols, 앞의 논문.

상적인 경험에서 발견되는 존재가 아니라 이런 경험과 존재를 사변적 분석적으로 기술하기 위한 범주적 존재로 상정되어 있다는 사실의 연장선상에 있다.

어쨌든 야누츠와 웹스터는 현실적 계기와 양자사건 사이의 대응성을 천명하고 나서, **현실적 계기들만으로 인격을 설명할 수 없다**고 추론한다. 우선 이들은 "개별적인 계기(occasion)가 아니라 전체로서의 인간이 행위한다는 것은 분명해 보인다"고 일단 전제한다.21) 그런데 화이트헤드에 따르면 궁극적으로 실재하는 것만이 자기 창조라는 의미에서의 주체적 활동성(subjective activity)을 가질 수 있으며, 주체적 활동성을 갖는 것만이 근원적 의미에서 **현실적**이다(PR 222/340). 그러나 이러한 현실성을, 양자사건에 상응하는 것으로 여겨지는 미시적 지평의 현실적 계기만이 지닐 수 있는 것이라면 인간의 주체적 행위는 설명할 수 없게 된다.22) 왜냐하면 인격체와 양자사건 사이에 존재하는

---

20) 이는 그가 현실적 계기를 어떤 방식의 의식적 경험으로도 확인하기 어려운 존재로 간주하고 있었다는 것을 시사한다. 의식적 실증적으로 확인되는 것, 즉 인간의 의식적 지각의 대상은 **사회**의 수준으로 넘어가야 한다. 이는 화이트헤드가 **변환**(transmutation)의 범주를 통해 인간의 의식적 지각을 설명하고 있다는 데서 간접적으로 확인할 수 있다. 그러나 **현실적 계기**와 **사회**는 인식론적인 범주가 아니다. 따라서 야누츠와 웹스터가 우려하듯이 그것은 단순히 전통적 의미의 현상과 실재에 대응하는 범주가 아니다. 물론 화이트헤드가 사회를 현실적 사물이라 할 때(AI 262), 그 의미는 결코 근원적 존재임을 의미하는 것이 아니다. 그러나 또한 이것이 사회가 전통적 의미의 현상임을 의미하는 것도 아니다. 사회는 주관에 의존하는 객체가 아니라 그 자신의 근거를 갖는 객관적 실재이다(PR 89/192).

21) 이들은 행위자(agency)에 대한 폴의 논의(*Process Studies* Vol. 8[1978], pp.103-114)를 이 전제의 논거로 삼고 있다.

22) 브랙큰(Joseph A. Bracken, S.J.)은 그의 논문 "Energy-Events and Fields" (*Process Studies* Vol. 18(1989), p.153)에서 인격이 그를 구성하고 있는 계기와 똑같이 실재적이라는 점을 인정함이 없이, **집합적 행위자**(collective agency) 라는 관념을 통해 이 문제를 해결하려 한다. 그러나 야누츠와 웹스터는 **장**(field) 의 개념을 사용하려는 브랙큰의 시도는 시사적이지만 성공적인 것으로 보기 어

현격한 규모의 차이23)에 비추어 볼 때 인격체는 결코 **하나의** 현실적 계기일 수 없기 때문이다. 따라서 우리가 인간이 주체적으로 행위할 수 있다는 것을 인정한다면 우리는 또한 인간이 현실적임을 인정해야 한다고 야누츠와 웹스터는 주장한다. **행위 주체로서의 인간**은 현실적 존재, 즉 **참된 사물**이어야 한다는 것이다. 그리고 이로부터 그들은 화이트헤드의 형이상학에 대한 이해에서 어떤 근본적인 변화없이는 인격의 문제가 해결될 수 없다고 결론한다.

그러나 우리는 다시 물어볼 수 있다. 인격체가 진정한 현실적 존재로 간주될 경우 이 현실적 존재는 어떻게 합리적으로 특징지울 수 있는 것인가? 야누츠는 "무지개가 어느 특정한 물방울 속에 있는 것이 아닌 것과 마찬가지로 인격체는 어떤 현실적 계기 속에 있는 것이 아니며 그 구성요소가 되고 있는 어떤 특정의 사회에 있는 것도 아니"라고 주장한다. 그는 "시간의 한 순간에는 자연이 존재하지 않는다"는 화이트헤드의 기본 신념(SMW 53-54/64-65)에 편승하여, "하나의 현실적 계기나 구성요소가 되는 하나의 사회에는 인격체가 없다"고 결론한다. 하지만 이런 주장이 옳다 해도 이것은 문제의 시작이지 문제의 종결이 아니다. 인간을 구성하고 있는 여러 현실적 존재나 사회들 밖에 있는

렵다고 말한다. 그들에 따르면 우선 집합적 행위자는 인격에다 충분한 통일성과 현실성을 제공하지 못한다. 마찬가지로 브렉큰의 **장**이라는 관념은 통일성의 문제를 해결하기보다는 오히려 더 어려운 것으로 만드는 결과를 낳는다고 주장한다. 왜냐하면 장은 인격이라는 개념보다 훨씬 더 현혹스럽고 무정형적인 개념이기 때문이라는 것이다.

23) "물리학에 따르면 양자 사건은 10조분의 1초 정도 지속한다. 반대로 인격이 현재로서 경험하는 순간은 훨씬 더 오래 지속된다. 나아가 인간과 현실적 계기 사이에는 시간에서 현저하게 다를 뿐만 아니라 공간에서도 상당한 괴리가 있다. 양자역학은 양자 사건의 크기를 10조분의 1 입방 센티미터 정도라고 생각하고 있다. 이 양자 사건의 크기와 인간 존재가 점유하는 1입방미터 정도의 크기를 비교해보라."(Sharon Janusz and Glenn Webster, 앞의 논문)

것으로 추정되고 또 그런 것으로 요청되는 인격체가 어떻게 분석적으로 기술될 수 있는 것인가 하는 문제는 여전히 남기 때문이다. 이것은 사실상 이들이 말하는 대안이라는 것이 공허한 개념놀이로 끝나고 있음을 의미한다. 야누츠와 웹스터는 "인격체는 다양한 지평에서 상호작용하고 있는, 주체적으로 실재하는 다수의 유기적 통일체들로 구성되어 있다"고 덧붙여 말하고 있기는 하다. 그러나 이런 진술은 베르토치의 **연속체**와 마찬가지로 지극히 상식적이면서도 선언적인 언명에 불과하다. 뿐만 아니라 이런 거시적 규모의 인격체가 **참된 존재**라면 그것은 고전 실체철학의 난제, 즉 실체에 있어 변화와 동일성을 조화시키는 문제에 또 다시 말려들 것이다.[24] 여기서도 물론 우리의 제안은 잠정적일 수밖에 없다. 그러나 적어도 하츠혼의 다음과 같은 언급은 시사적이다.

> 사건들이 개체들보다 더 결정적이라고 할 수 있다. 다시 말해 나의 정신물리적 역사를 구성하는 현실적 사건들의 총체가 이런 정신물리적 사건들이 연관될 수 있는 어떤 단일한 '나'보다 더 결정적이라고 보는 것이다. 따라서 '나'가 행위의 경로에 관한 결정을 내리는 어떤 것처럼 보인다 해도 이 결정행위는 '나'에 귀속되지 않는다. 그것은 사건들 자체에 귀속되어야 하는 것이다. 이런 의미에서의 결정행위는 일상적인 의미에서의 결정행위로 이해될 수 없다. 그것은 '나'라는 역사적 사건을 구성하는, 심리적으로 혼합되어 있는 시공간적 사건들에 의해 내려지는 무수한 하부결정의 누적된 결과로 이해되어야 한다.[25]

---

24) 앞의 주 18 참조.
25) C. Hartshorne, 앞의 논문.

하지만 샬롬이나 야누츠와 웹스터는 자연언어의 논리에 비추어, 하츠혼의 이런 구성적 이해를 받아들이려 하지 않는다. 샬롬은 이것이 사실이라면 인간의 의도(intention)와 관련된 모든 술어들은 자의적인 철학적 관심 하에서, 사실상 그것들이 속하지 않은 영역에 귀속됨으로써 그들의 특수한 의미를 박탈당하고 있는 셈이 될 것이라고 말한다. 야누츠과 웹스터도 인격체와 행위와의 관계를 논하면서 이와 유사한 성격의 문제점을 지적한다. 그들은 인격체가 그 구성요소들에 영향력을 행사할 수 있는 힘을 갖고 있다는 사실은 "행위와 의도에 관한 인간의 언어에 의해 전제되고 있는 것"이라고 말한다.

　사실상 하츠혼의 진술만 놓고 본다면 이렇게 해석될 소지가 있다. 그러나 우리는 여기서 다시 화이트헤드의 본래 의도에 주목할 필요가 있다. 우선 인간의 일상언어는 의식되는 세계의 존재들을 전제로 하는 것이며 이 거시적 지평에 관한 한, 화이트헤드에게서 달라지는 것이 아무것도 없다는 점을 지적할 수 있겠다. 화이트헤드도 일상적 삶의 공간에서 행위 주체가 인간이라거나 인간의 의도에 관련된 자연언어가 이런 인간에 토대를 둔 것이라는 데에는 전적으로 동의하리라는 것이다. 그러나 화이트헤드에 따르면 바로 그렇기 때문에 인간의 자연언어는 **사건**보다는 **개체**의 세계, 미시적 생성의 실재 세계보다는 명석판명한 감각의 세계, 따라서 구체적 실재의 세계보다는 **이미 추상된 세계**를 전제로 하고 또 이를 강화할 뿐이다. 그것은 실천적 감각적 지평에서의 삶에는 유용하다. 그러나 그것은 실용적 가치를 가질 뿐, 실재에 대한 기술적(descriptive) 가치를 갖지 못한다. 달리 말하자면 인간의 자연 언어는 **참된 사물**에 토대를 둔 것이 아니라 인간 의식의 산물인 추상의 세계에 근거를 둔 것이다. 따라서 자연 언어의 전제는 사변적 기술을 토대로 하여 설명되어야 할 추상인 것이다. 그렇기에 또한 자연 언어를 실재 그 자체의 구조에 근거지우려 하거나 반대로 자연 언어의 전제라는 미명하에 그 논리를 따라 실재 자체를 재단하려 하는 것은 잘못이다.

나아가 하츠혼의 언급 속에 들어있는 **사건**들과 이들이 갖는 **결정성**이란 자연언어가 간과하고 있는 보다 근본적이고 보편적인 실재의 특성을 말한다. 이들은 자연언어의 범주 밖에 있는 것이다. 따라서 이들은 자연언어와는 구별되는 언어로 기술되어야 한다. 화이트헤드가 상당 수의 개념들을 인위적으로 만들어 사용하는 이유도 바로 여기에 있다. 설령 화이트헤드가 인간의 의도나 행위를 떠받치고 있는 것으로 가정되는 미시적 세계를 사변적으로 분석하고 기술하면서 빈번하게 사용하고 있는 용어들이 심리학적, 생리학적, 물리학적 함축을 지니고 있다 해도 이들 용어들은 사실상 이미 감각적 지평에서의 특수한 의미가 상당 부분 사상된 보편적인 구조적 특성만을 물려받고 있는 것이다. 요컨대 화이트헤드의 사변적 용어들은 그 어느 것도 감각적 의식적 지평의 존재나 규정성과 구체적 직접적 연관을 갖지 않는다는 것이다. 그리고 화이트헤드는 이런 용어들에 의한 사변적 기술을 통해 거시적 일상적 지평의 인간과 세계를 미시적 보편적인 모습으로 환원시켜 보여주며, 또 이를 통해 자연언어의 전제, 즉 자연인이 무비판적으로 받아들여온 신념이 감각적 추상에 근거한 것임을 보여준다. 바꿔 말하자면 화이트헤드는 일상언어와 의식적 인식이 공통으로 갖는 추상성을 드러내 보이고, 우리가 이들을 활용하는 가운데 부지부식간에 궁극적인 것으로 전제하고 있는 관념들을 형이상학적 지평에서 해체시키고 있는 것이다. 따라서 과정철학의 기술에서는 인간의 의도와 관련된 술어들이 그 특수한 의미를 박탈당한다는 샬롬의 지적은 부분적으로 옳지만, 그렇기 때문에 화이트헤드의 사변적 기술을 받아들이기 어렵다는 그의 지적은 역시 화이트헤드의 사변적 기술의 지위와 기능에 대한 오해에서 비롯된 것이다. 화이트헤드가 과정철학에서 목표로 하고 있는 것 가운데 하나가 바로 사변적 기술을 통해 전통 철학의 개념이나 자연언어의 추상성과 모호성을 비판하고 설명하는 데 있었기 때문이다.

그런데 **행위 주체로서의 인격체**에 관한 과정철학의 기술이 어떻게 평가되든 간에, 기본적으로 야누츠와 웹스터가 주장하듯이 인격체를 설명하기 위해서는 현실적 존재를 두 종류로 구별하여야 한다고 보는 시각에는 심각한 비일관성이 도사리고 있는 것처럼 보인다. 어째서 그들은 자연사태에 대한 기술에서는 물리학적으로 논의되는 가설적 이론적 존재, 즉 양자사건으로 간주되는 현실적 계기의 역할을 인정하면서 인간 유기체에 대한 기술에서는 이를 거부하는 것인가? 직관적 경험 때문인가? 그러나 감각적 직관적 경험을 통해 발견되는 것에만 주목하자면 우리는 인간에서보다도 자연물에서 오히려 순간 존재들의 계기를 포착하기가 어렵지 않은가? 자연물에 대한 직관적 경험은 대개의 경우 인격에 대한 자기의식적 경험보다 훨씬 더 안정되어 있다. 적어도 필자가 보기에 자연사태가 미시적 존재의 이론적 구성을 통해 기술되고 또 이를 토대로 감각적 사태가 설명될 수 있는 것이라는 점을 인정하는 한, 인간에 대한 미시적인 가설적 기술의 가능성과 이에 근거한 인간 행태(behavior)의 설명가능성 역시 인정하는 것이 일관된 태도라 할 수 있을 것 같다.

V

화이트헤드의 우주론이 노리고 있는 것은 막연하게 직관되는 사태를 합리적으로 기술해내는 일이다. 이때의 기술은 인간의 모든 경험현상에 보편적으로 적용될 수 있어야 한다. 이는 우주론의 체계가 경험현상에 대한 보편적 구제가능성을 지니고 있어야 한다는 화이트헤드의 기본 신념에 따른 것이다. 그래서 화이트헤드는 계속되는 변화 속에서도 동일성을 유지하고 있는 것으로 보이는 자아, 요컨대 흔히 직관적으로 파악되는 것으로 간주되는 자아를 결코 부정하려 하지 않는다. 오히려 화이트헤드는 현실적 계기와 사회라는 두 범주를 활용하여, 자아가 갖는 변화와 동일성을 사변적 지평에서의 기술을 통해 합리적으로 매개하려 한다. 이 기술에서, 의식에 동일적인 것으로 경험되는 것인 한에 있어 자아는 **한정특성**에 주목하여 바라다본 **사회**이며, 가변성을 지닌 것으로 경험되는 한에 있어 그것은 계기(succession)하고 있는 것으로 간주되는 현실적 계기들이다. 이것은 화이트헤드의 과정철학에서 **직관되는 자아**가 완전히 부정되고 있다는 비판에 대해 우리가 할 수 있는 답변이다.

나아가 인격적 동일성의 내적 구조를 현실적 계기들의 계기(succession)로 규정하고 있는 과정철학의 기술은 의식 속에 직관되는 자아와 충돌한다는 지적에 대해서도 우리는 다음과 같이 답할 수 있을 것이다. 과정철학의 우주론 체계에 근원적인 존재로 등장하고 있는 현실적 계기는 사실상 인간의 경험 일체를 구제하기 위한 기본적인 기술적 장치이며, 다른 모든 범주적 언명들은 이 기술적 장치를 규정짓기 위해 정합적으로 얽혀있다. 그래서 **체계 내적**으로 볼 때, 현실적 계기는 가장 추상적인 개념으로 나타나 있다.26) 의식에 포착되는 거시적 규모의 세계는 이 미시적이고 추상적인 존재 기술을 바탕으로 하여 구성적으로 설명된다. 여기서 구성되는 일차적 존재는 **사회**이며, 이 사회는 감각적 의식적 경험에서 예증사례를 갖는다. 따라서 사회는, 비록 모두가 그렇다고 할 수는 없지만, 그에 상응하는 것으로 간주되는 경험적 사물이나 현상에 의거하여 그 의미가 검토될 수 있다. 그러나 사회의 토대가 되는 실재로서의 현실적 계기에 대한 의미확정은 실증적인 인식의 차원에서 이루어질 수 없다. 현실적 계기 하나하나는 의식에 있는 그대로 떠오르지 않기 때문이다. 화이트헤드는 의식이란 실재의 단순한 수용이나 재현의 능력이 아니라 실재로부터의 추상능력 (MT 123/144), 또는 실재에 대한 선별적인 배제라는 의미의 부정 능력 (PR 5/52, 254/455)이라고 특징지움으로써 이 점을 분명히 하고 있다. 화이트헤드는 의식적 인식이 실재, 즉 현실적 계기들의 미시적 생성 과정으로서의 실재를 있는 그대로 부여잡을 수 없는 것임을 천명해두고 있는 것이다.27) 따라서 화이트헤드가 스스로 인정하고 있듯이 그의 우

---

26) 화이트헤드의 우주론 체계 내에서 현실적 계기는 가장 구체적인 실재를 대변하고 있는 것으로 상정되어 있다. 그래서 그 체계 내의 다른 모든 범주들과 개념들은 이 개념을 규정하기 위해 합종연횡하고 있다. 그리고 바로 이 점에서 현실적 계기라는 개념은 **체계 내적**으로는 가장 추상적인 개념이 된다. 바꿔 말하자면 그 개념은 화이트헤드의 『과학과 근대세계』에 개진되어 있는 **가능태로부터의 추상**의 극단점에 위치한다. 화이트헤드가 말하는 추상의 의미에 대해서는, 필자가 「화이트헤드 철학과 추상의 역리」(『과학과 형이상학』, 서울: 자유사상사, 1993)에서 다룬 바 있다. 그리고 이 글은 이 책 제1장에 「"관념의 모험"으로서의 사변철학」으로 수정되어 실려있다

27) 화이트헤드에 따르면 의식적 인식은 존재를 있는 그대로 파악하지 못한다. 그에게 있어 의식은 인간 정신이 갖는 선택, 추상, 부정 등의 기능을 대변하는 것으로 분석된다(PR 243/439, 273/485). 이런 맥락에서 우리는 다음과 같은 화이트헤드의 주장을 보다 잘 이해할 수 있을 것이다.

주론 체계는 그것이 소화할 수 없는 경험 현상과 충돌할 경우 마땅히 수정되어야 하겠지만, 이 때의 충돌이란 것이 적어도 현실적 계기와 의식적 경험에 떠오르는 어떤 사물과의 직접적인 충돌일 수는 없다. 현실적 계기라는 범주적 존재가 갖는 의미는 의식적 실증적 경험에서 확보될 수 있는 것이 아니다. 그것의 의미는 그것이 우주론 전체에서 차지하는 체계내적인 지위와 성격을 통해 이해되어야 한다. 그렇기에 또한 그것의 적절성 내지 정당성에 대한 평가도 실증적 지평에서가 아니라 그것이 갖는 설명력에 비추어 이루어져야 한다. 자아를 구성하는 것으로 간주되는 현실적 계기들의 경우도 마찬가지다.

"철학의 임무는 그러한(의식의) 선택으로 말미암아 불분명하게 되어버린 전체를 회복하는 데 있다. 철학은 높은 차원의 감성적 경험에서 가라앉아버리는 것, 그리고 의식 그 자체의 최초의 작용에 의해 더욱 깊숙이 가라앉아버리게 되는 것을 합리적 경험 속에다 복원시킨다"(PR 15/68-69).

WHITEHEAD

창조성과 궁극자의 범주

7. 창조성과 궁극자의 범주

I

어째서 세계는 연속적 과정으로 존재하는 것인가? 어째서 세계는 하나로 통일되어 있는가? 이 두 물음은 화이트헤드의 우주론에 나타나 있는 우주의 시간적 진행성(temporal ongoingness)과 연대성(solidarity, connectedness)이 어떻게 설명될 수 있는지를 묻는 물음들이다. 이들은 화이트헤드의 체계 내적인 용어로 다음과 같이 각각 번역된다. 어째서 새로운 현실적 존재들(actual entities)이 계속해서 생성하는가? 어째서 현실적 존재들은 다른 현실적 존재들을 파악하는가?

근래 유력한 몇몇 논자들은 창조성(creativity)이 이들 물음에 궁극적으로 답하고 있는 것으로 해석될 수 있고 또 그렇게 해석되어야 한다고 주장한다. 창조성은 이와 같은 궁극적인 물음에 답하는 궁극적인 설명의 원리라는 것이다. 이런 주장은 창조성에 대한 크리스천(W. A. Christian)이나 레클럭(Ivor Leclerc)의 보다 고전적인 해석에 대한 대안으로 등장한 것이다. 그것은 크리스천이나 레클럭의 창조성 해석은 이와 같은 궁극적인 물음들에 적절하게 대처하기 어렵게 만들기 때문에 거부되어야 한다는 판단에서 출발하고 있다. 이들 고전적 해석에 따르면 글자 그대로 창조성은 현실적 존재들의 보편적 특성, 따라서 **보편자들의 보편자**(PR 21/78)일 뿐이다. 그것은 현실적 존재들의 일반적 특성을 표현할 뿐, 별개로 존립하는 실재도 아니고 독자적인 근거를 갖춘 원리도 아니다. 창조성이 현실적 존재의 근거가 되는 것이 아니라 오히려 현실적 존재가 창조성의 근거가 된다는 것이 이들의 주장이다. 이들은 창조성이 그 자체로는 실재성을 갖지 않는, 현실적 존재의 내재적 특성이라고 이해함으로써 그것을 유명론적으로 해석하고 있었던 것이다. 그러나 이런 해석은 과거의 현실적 세계가 새로운 존재의 탄생에 기여하게 되는 근거, 즉 계기하는(successive) 현실적 존재들 사이의 내적인 관계의 근거를 확보하기 어렵게 만들었다. 그럼에도 크리스천이나 레클럭이 이런 해석을 견지했던 데는 그들 나름의 이유가 있었다. 그것은 그들이, 우주의 특성에 모든 설명은 현실태에 근거해야 한다는 **존재론적 원리**(ontological principle, PR 19/73, 24/83)에 충실하고자 했다는 사실이다.

창조성을 궁극적 설명의 원리로 보려는 최근의 논의는 우선 창조성의 체계 내적 지위를 약화시켰던 존재론적 원리의 적용영역을 제한한다. 이들에 따르면 존재론적 원리는 임의의 현실적 존재의 특수성에 대한 설명만을 규제한다. 현실적 존재들의 생성의 궁극적인 근거나 이들 사이의 연대의 궁극적 근거는 현실적 존재들 밖에서 찾아야 한다. 창조성이 그것이다. 따라서 창조성은 현실적 존재의 내적인 생성으로 환원되는 것으로 이해되어서는 안된다. 창조성은 존재론적 원리를 넘어서는 궁극적인 원리로 해석되어야 한다.

우리는 이 새로운 해석의 타당성이나 설득력을 검토하기에 앞서, 논점을 보다 분명히 하기 위해 저 물음 자체의 의미를 보다 엄밀하게 진술할 필요가 있겠다. 화이트헤드의 우주론 체계의 문맥에서 볼 때, 어째서(why) 세계는 과정으로서 존재하는 것인가라는 물음은 어떻게(how) 과정으로서의 세계가 가능한 것인가라는 물음이다. 화이트헤드의 우주론에는 궁극적인 원인자나 원리로부터의 연역을 의미하는 엄밀한 의미의 설명이 없다.[1] 그는 왜 세계가 일단 존재하는 것인가라는 존재론적 물음을 묻지 않는다.[2] 이는 답할 수 없는 물음, 따라서 사이비 물음(pseudo problem)이라고 보았기 때문이다. 그렇기 때문에 화이트헤드가 말하는 창조성은 무로부터의 창조와는 무관하다. 그것은 신

---

[1] 화이트헤드는 초월적인 궁극적인 작인이나 원리에 의한 설명을 배격한다. 그것은 추상적인 것, 즉 **공허한 현실태**에 의해 구체적인 것, 즉 현실태를 설명하는 전도된 시도이다. 철학은 현실태를 통해 추상을 설명해야 한다(PR 20/76, cf. xiii/42, 29/91, 167/317).

[2] 네빌(Robert. C. Neville)은 화이트헤드에게서 존재론적 물음과 이에 대한 답변이 시도되고 있다고 생각한다("Whitehead on the One and the Many" in *Explorations in Whitehead's Philosophy*, ed. Lewis S. Ford and G. L. Kline[New York: Fordham University Press, 1983], pp.257-271). 그에 따르면 두 가지 원인에 의한 두 가지 설명이 화이트헤드의 우주론에 나타나 있다. 존재론적 원리와 창조성의 원리가 그것이다. 전자는 우주론적 물음에 답하기 위한 것이고 후자는 존재론적 물음에 답하기 위해 마련된 것이다. 하지만 그는 창조성은 궁극적 원리로서 기능하지 못하고 있다고 결론한다. 그것은 존재론적 문제의 사태에 대한 진술일 뿐, 답변을 담고 있지 않다는 것이다. 그리고 나아가 만약 화이트헤드가 이 물음을 답할 수 없는 것으로 단순히 전제했다면 화이트헤드의 합리주의는 일관성이 없는 것으로 비판되어야 할 것이라고 주장한다. 그러나 이것은 포드(Lewis S. Ford)가 적절히 지적했듯이("Neville's Interpretation of Creativity" in *Explorations in Whitehead's Philosophy*, ed. Lewis S. Ford and G. L. Kline[New York: Fordham University Press, 1983], pp.272-279) 철학에 대한 양자의 견해 차이에 속하는 문제이다. 화이트헤드는 비록 체계를 추구하긴 했지만 이를 개방된 지평에 남겨두고자 했던 것이다.

학적 존재론적 개념이 아니라 **혁신**(innovation)을 의미하는 인간학적 개념에 가깝다.3) 이것은 화이트헤드가 우주론에서 추구하는 것이 기본적으로 기술의 체계이며 설명의 체계가 아니라는 사실과 직결된다. 그의 우주론은 기본적으로 **어떻게 가능한가**라는 우주론적 물음에 대한 기술적인(descriptive) 답변이다. 그리고 이 기술을 위한 수단은 경험으로부터의 일반화를 통해 구상한 여러 범주들이 된다. 이 때의 범주들은 다양한 경험으로부터 추상화되고 일반화된 보편적 특성들을 대변하며, 따라서 그 연원이 되는 경험들을 기본적인 예증 사례로 갖는다. 그렇기에 이제 화이트헤드에게 설명이 있다면 어디까지나 그것은 범주적 체계를 통해, 문제의 사태에 내재한 보편적 특성을 드러내어 보여준다는 것을 의미하는 범주적 해명(categoreal elucidation)으로서의 설명이 있을 뿐이다.4) 이 때의 설명은 존재론적 함축을 지닌 **왜 그러한가**라는 물음에 답한다기보다는 **어떻게 그러한가**라는 물음에 답하는 것이다. 이 물음은 문제되는 사태의 초월적인 작인(agent)을 구하는 물음이 아니라 내재적인 작인과 그 작동 구조를 구하는 물음이다.

그런데 창조성의 원리가 우주의 시간적 진행성과 통일성을 설명한다고 주장하는 최근의 논의에서 창조성은 하나의 보편적인 작인(universal agent) 또는 포괄적인 실재로 해석된다. 그것은 선시간적 실재(pretemporal reality)로서 시간적인 현실태의 기저에 놓여 있으면서 우주를 전진시키고 있는 보편적인 작인이라는 것이다. 그렇기에 우주

---

3) Reto Luzius Fetz, "Creativity: A New Transcendental?"(*Whitehead's of Metaphysics of Creativity*, ed. Friedrich Rapp and Reiner Wiehl. Albany: State University of New York Press, 1990, pp.189-208) 참조.

4) 예를 들어, 화이트헤드는 다음과 같이 말한다. "철학은 보편적인 개념을 공급함으로써 자연의 모태 속에서 실현되지 않은 채로 있는, 무한히 다양한 특수 사례들을 보다 손쉽게 파악할 수 있도록 해 주어야 한다"(PR 17/71).

의 시간적 진행성과 연대성은 창조성의 영속적 활동성과 통일성 등에 의해 효과적으로 뒷받침될 수 있다는 것이다.

필자는 창조성이 현실적 존재들의 내재적인 생성으로 완전히 환원되지 않는 실재성, 정확히 말하자면 가능태로서의 실재성을 갖는다는 데 동의한다. 무엇보다도 창조성이 현실적 존재들의 내재적인 특성을 일반화한 것에 불과한 것이라 할 때, 화이트헤드의 체계에서 특정한 현실 세계의 우연성, 즉 특정한 생성의 우연성을 궁극적으로 설명할 범주적 장치가 사라지는 것처럼 보이기 때문이다. 그러나 필자는 창조성이 현실적 존재들의 생성으로 환원되지 않는 보편적 실재로 이해된다고 해서 그것이 그대로 우주의 시간적 진행성과 연대성을 설명하는 원리로 간주될 수 있다는 데에는 동의할 수 없다. 이것은 이 글에서 필자가 논증하고자 하는 두 가지 논제 가운데 하나이다(Ⅲ).

순수 활동성으로 이해되는 창조성은 모든 규정을 초월하는 것이다. 그것은 다만 영원적인 활동성(eternal activity), 선시간적인 실재(pretemproal reality)라고 밖에 말 할 수 없는 것이다. 그것은 우주의 연속적인 진행 과정에서 작동하고 있는 실재적인 힘으로 이해될 수 있다. 그러나 화이트헤드의 문맥에서 우주의 시간적 진행성과 연대성은 모두 존재와 존재 사이의 내적인 관계에 기초하는 특성이다. 따라서 무엇인가가 우주의 이런 특성들을 범주적으로 해명할 수 있으려면 그것은 피설명항의 구조에 상응하는 최소한의 내적인 규정성을 갖고 있어야 한다. 그것은 피설명항의 내재적 구조를 드러내어 보여줄 수 있어야 하기 때문이다. 그런데 창조성은 순순한 활동성일 뿐, 관계적 특성 지니고 있지 않다. 따라서 창조성만으로는 불충분하다. 필자는 우주의 시간적 진행성과 통일성, 즉 현실적 존재들의 계속적인 생성과 이들의 연대성을 설명하는 원리는 창조성이 아니라 **궁극자의 범주**(the category of ultimate)라는 점을 논증할 것이다(Ⅳ). 이제 논점을 보다 용이하게 기술하기 위해 필자는 창조성이 우주의 계속성과 연대성을 설명하는 궁극적 원리라고 보는 사례 논의들을 개괄적으로 살펴보는 데 다음 소절을 할애하겠다.

II

창조성의 원리는 존재론적 원리와 구별될 뿐만 아니라 이를 능가하는 궁극적인 설명 원리로 이해되어야 한다는 주장을 처음 제기한 사람은 갈랜드(W. J. Garland)[5]이다. 그의 논의는 크리스천의 창조성 해석[6]에 대한 비판에 기점을 두고 있다. 크리스천의 기본 주장에 따르면 창조성은 **설명의 범주**도 아니고 존재론적 근거로 기능할 수 있는 현실적 존재도 아니다. 창조성은 **선체계적 용어**(presystematic term)이다. 여기서 **선체계적**이라는 말은 단지 화이트헤드의 형이상학적 체계가 해석하고 설명하려 하는 현상적 자료를 특징짓는 개념이다. 요컨대 창조성은 체계 외적인 술어(術語)라는 것이다. 따라서 창조성이라는 개념은 우주의 특성을 설명하는 데 사용할 수 없다. 오히려 그것 자체가

---

5) William J. Garland, "The Ultimacy of Creativity" in *Explorations in Whitehead's Philosophy*, ed. Lewis S. Ford and G. L. Kline (New York: Fordham University Press, 1983), pp.212-238.

6) W. A. Christian, "The Concept of God as a Derivative Notion" in *Process and Divinity*, ed. William L. Reese & Eugene Freeman (La Salle, Illonois: Open Court Publishing Company, 1964), pp.181-203. 또 그의 책, *An Interpretation of Whitehead's Metaphysics*(New Haven: Yale University Press, 1959), p.3.

체계적 술어에 의해 해명되어야 하는 것이다. 그리고 크리스천은 실제로 화이트헤드의 논의를 통해 그것이 체계적 술어로 대치되고 있다고, 또는 적어도 해명될 수 있다고 생각한다.[7] 창조성에 관해 말할 수 있는 모든 것은 현실적 존재의 합생(concrescence)에 관한 체계적인 진술로 해명된다는 것이다.

갈랜드는 이러한 크리스천의 견해가 창조성에 관한 진술을 현실적 존재에 관한 진술로 아무런 의미 상실 없이 번역할 수 있다는 것을 함의한다고 이해하는 한편, 이러한 견해는 여러 가지 이유 때문에 창조적 전진에 관한 화이트헤드의 학설을 적절히 담아내지 못한다고 주장한다. 화이트헤드에 따르면 개별적인 현실적 존재들은 창조적 기능에 참여한다. 그것들은 **자기 창조**로서만 존재하는 것이 아니라 **타자 창조**(AI 248)에도 관여한다. 현실적 존재의 자기 창조와 타자 창조는 단일한 원리인 창조성의 두 사례인 것이다. 창조성을 현실적 존재의 자기 창조에만 국한된 것으로 해석하는 견해는 모든 현실적 존재들을 상호 연결시키는 **하나의 창조적 과정**이 있다는 화이트헤드의 함축적인 주장을 불가피하게 희생시킨다. 바꿔 말해서 창조성의 개념 없이는 우주의 모든 창조적 작용들의 통일성에 관한 화이트헤드의 학설을 표현할 수 없다는 것이다. 게다가 이런 해석은 시간의 전진성에 관한 화이트헤드의 학설도 불가능하지는 않더라도 표현하기 어렵게 만든다고 갈랜드는 생각한다. 따라서 창조성에 관한 모든 진술을 현실적 존재에 관한 진술로 번역될 수 있다는 크리스천의 견해는 거부되어야 한다고

---

7) 크리스천(W. A. Christian)은 소멸한 과거의 현실적 존재가 새로이 출현하는 존재에 여건으로 주어질 수 있는 것은 과거의 현실 세계를 온전히 파악하는 신이 매개자로서 개입하기 때문이라고 보고, 화이트헤드의 체계에서 이것이 어떻게 가능한지를 추적하고 있다(앞의 책, pp.319-336).

갈랜드는 주장한다.

그런데 크리스천은 사실상 화이트헤드의 우주론 체계에서 존재론적 원리가 갖는 지위에 대한 확고한 신념을 배경으로 갖고 있었다. 존재론적 원리는 현실적 존재들만이 세계의 특성의 근거일 수 있다고 천명한다. 모든 설명은 현실적 존재의 특성에 근거하고 있어야 한다는 것이다. 창조성도 예외가 아니다. 그것은 근거를 가져야 하는 세계의 보편적인 특성이며, 따라서 그것 역시 현실적 존재에 근거하고 있어야 한다는 것이다. 그러나 갈랜드는 존재론적 원리에 의거해서는 답할 수 없는 물음이 있다고 주장하는 가운데 그것의 지배 영역을 제한함으로써 창조성이 원리로 기능할 수 있는 공간을 열어놓는다. 존재론적 원리는 임의의 현실적 존재의 특수성, 즉 어째서 임의의 현실적 존재가 그런 저런 특성을 지니게 되었는가 하는 것을 설명한다. 말하자면 그것은 종적인 특성을 설명한다. 그러나 모든 현실적 존재들이 지닌 특성, 즉 유적인 특성은 특정한 현실적 존재에 의거할 수 없다. 이런 실재의 포괄적인 특성은 궁극적 설명을 필요로 하며, 이 설명은 창조성의 원리에 의해 주어진다.

갈랜드에 따르면 이제 이 창조성의 원리는 우리가 이 글에서 화두로 삼았던 물음에 답한다. 어째서 새로운 현실적 존재들이 계속적으로 생성하는가? 어째서 각각의 새로운 현실적 존재는 그에 선행하는 존재들을 파악하는가? 창조성의 원리가 이에 단적으로 답할 수 있는 이유는 개개의 현실적 존재들이 단일한 창조성의 개별적인 사례들로 간주된다는 데 있다. "모든 현실적 존재들이 생겨 나오고 또 그들이 기여하게 될 하나의 창조적 전진이 있기 때문에 개개의 현실적 존재들은 그들의 선행자와 관련을 맺는다"는 것이다. 특히 여기서 갈랜드는 현실적 존재들은 자기 창조적일 뿐만 아니라 후속하는 존재에 대해 타자 창조적이기 때문에 창조성은 과거의 현실적 존재들의 능동적인 수용자로 간주되어야 한다고 생각한다. 그러므로 화이트헤드의 우주에는 다수의 연관된 창조적 전진들이 있는 것이 아니라 하나의 계기하는 보편적인 창조적 전진이 있을 뿐이며, 이 창조성은 과거의 완결된 현실적 존재들을 수용하여 이들을 현재의 새로운 현실적 존재들의 생성에 여건으로 넘겨준다는 것이다.

갈랜드와 유사한 견해를 보이고 있는 노보(J. L. Nobo)는 갈랜드의 주장에서 모호하게 남아있던 창조성의 존재론적 지위를 명확히 규정함으로써 창조성의 역할을 보다 선명하게 부각시키고 있다.[8] 그는 창조성이 **가능태로서의 실재성**을 갖는다고 명시적으로 말한다. 그것은 "상호연관된 다수의 현실태들로 끊임없이 개별화하고 있는 형이상학적 에네르기의 영원적 기체(substratum)"[9]로서, "합생(concrescence)의 소우주적 과정과 이행(transition)의 대우주적 과정 양자 모두에 현현한다."[10] 그것은 "모든 현실적 존재의 생성에 의해 전제되고 또 그 속에 현현하는 영원적인 실재"[11]이다. 임의의 현실적 존재가 어째서 이런 저런 특성을 갖게 되었는지는 존재론적 원리에 따라, 과거의 완결된 현실태들과 자신의 자기 완결을 주도하는 주체적 지향(subjective aim)에 의거하여 설명되어야 한다. 그러나 현실적 존재들이 일단 생성한다

---

8) Jorge Louis Nobo, *Whitehead's Metaphysics of Extension and Solidarity* (New York: State University of New York Press, 1986), pp.107-164. 노보도 현실적 존재들의 연대성을 설명하는 데에 비시간적 실재로서의 창조성이 요구된다고 주장한다(p.165).
9) 앞의 책, p.168.
10) 앞의 책, p.167.
11) 앞의 책, p.175.

는 것은 우주의 창조적인 요소와의 관련에 의해 설명되어야 하며 또 이런 관련을 필요로 한다. 노보는 다음과 같이 단언한다. "창조성이 없다면 과거의 계기도 이상적인 지향도 원인으로 기능할 수 없다. 그 계기의 과거의 현실태들과 그 계기의 주체적 지향은 그 계기의 궁극적 구조의 수동적인 결정자이다. 이에 반해 창조성은 이 수동적인 결정자들을 효과적으로 가동시키는 능동적인 작인이다."[12]

창조성을 독자적인 작인으로 보는 또 한 사람 반 더 베켄(Jan Van der Veken)[13]은 창조성을 보다 적극적으로 확대 해석하고 있다. 그는 『과정과 실재』(*Process and Reality*)를 화이트헤드 사상의 완결판으로 보지 않으려 한다. 특히 그는 『과학과 근대세계』(*Science and the Modern World*)의 **실체적 활동성**(substantial activity)에 주목하여 창조성을 보편적인 활동성을 갖는 실재, 그래서 무엇인가를 수행한다는 의미에서 무엇인가를 행하는 능동적 실재로 해석함으로써, 하이데거의 존재신학(onto-theology)에 대한 비판의 굴레로부터 화이트헤드를 해방시킬 수 있는 길을 모색하고자 한다. 그에 따르면 화이트헤드의 체계에서 하이데거가 사용하는 **존재**(Being)와 유사한 것은 창조성이다. 창조성은 하이데거에서 존재와 마찬가지로 전체를 포괄하는 과정으로서 그 자체는 결코 드러나지 않지만 실제로 발생하는 모든 것에서 자신을 드러내는 것이다. 창조성에 대한 화이트헤드의 생각과 일어남(Ereignis)으로서의 존재에 대한 하이데거의 이해 사이의 유사성은 분명히 이런 방향에서 일치할 것이다. 그래서 반 더 베켄은 1925년 『과

---

12) 앞의 책, pp.130-131.
13) Jan Van der Veken, "Creativity as Universal Activity" in *Whitehead's of Metaphysics of Creativity,* ed. Friedrich Rapp and Reiner Wiehl (Albany: State University of New York Press, 1990), pp.178-188.

학과 근대세계』이후, 『종교의 형성』(*Religion in the Making*)과 『과정과 실재』에 나타나 있는 **아무런 특성이 없는** 창조성을 수정하여, 창조성에 단순히 형식적인 의미가 아니라 보다 풍부한 의미를 부여할 필요가 있다고 생각한다. 창조성이 적극적인 것으로 규정될 수 있다면 후기 하이데거와의 대화는 훨씬 더 쉬워질 것이라는 생각에서이다. 그리고 나아가 그는 창조성이 이렇게 규정된다면 왜 현실적 존재들이 있는가, 왜 계속해서 현실적 존재들이 생겨나는가, 그리고 이들이 왜 서로 연결되는가 하는 물음은 자연스럽게 해결되는 것이라고 보았다.

윌콕스(J. R. Wilcox)[14]는 갈랜드와 노보 및 반 더 베켄의 이런 해석을 창조성에 대한 일원론적(monistic) 해석으로, 크리스천과 레클럭의 해석을 다원론적(pluralistic) 해석으로 각기 특징짓고 후자는 특히 창조성에 대한 극단적인 유명론적 해석이라고 말한다. 윌콕스 역시 이들과 마찬가지로 창조성이 궁극적 설명의 원리로서, 해야 할 보편적 과제가 있는 것으로 보고 있다. 그것은 과거의 현실태들을 현재의 현실태들에게 제공하고 그럼으로써 우주를 전진시킨다. 이 역동적인 창조적 활동성은 모든 현실적 존재들 위에 존재하며 결코 이들 존재들 가운데 임의의 조합으로 환원될 수 없다. 창조성은 아리스토텔레스의 제일 질료(prime matter)와 달리, 순수한 활동성이기 때문에 그것은 변화의 밑에 놓이는 역할을 하는 것이 아니라 변화를 추진시키는 역할을 한다. 그런데 다원론적 해석에 따르면 창조성은 현실적 존재들을 떠나 어떠한 절대적 지위도 갖지 않는다. 이런 해석이 옳다면, 즉 창조성이 다수의 현실적 존재들 내에 다원적으로만 존재한다면, 각각의 현실적 존재가 소멸할 때 그것의 창조성도 그와 함께 소멸할 것이다. 그렇다면 그 다

---

14) J. R. Wilcox, "A Monistic Interpretation of Whitehead's Creativity," *Process Studie*s Vol. 19(1990), pp.162-174.

음의 현실적 존재를 추진시키는 창조성은 어디에 존재하는가? 과거가 현재에 영향을 미치는 것이고, 또 과거가 진정으로 소멸하는 것이라면 그 과거는, 그 본성 상 현재에까지 연장되는 그런 무엇인가의 작용에 의해서만 그러한 기능을 할 수 있는 것이다. 이 무엇인가가 바로 창조성이다. 그런데 창조성이 이처럼 우주의 계속성을 설명해주는 보편적인 작인이라면, 그것은 과거에서 미래로 연장되는 하나의 창조성이어야 하며 결코 다자(the many)일 수 없다. 그것은 선시간적인 보편적 작인으로서 하나의 연속하는 통일체여야 한다. 요컨대 창조성이 우주를 추진시키는 것이라면 그것이 어떤 의미에서든 다수성에 선행하는 것, 따라서 일원적인 것이어야 한다는 것이다.15)

III

창조성을 궁극적 설명의 원리로 제시하는 몇몇 논자들에게서 창조성은 과거에서 미래로 뻗어나가는 **하나의 보편적인 작인**으로 해석되고 있음을 살펴보았다. 그들은 창조성이 이렇게 해석되기만 한다면 화이트헤드의 체계에서 어째서 시간적인 진행성과 연대성이 우주를 특징짓고 있는가 하는 물음이 적절하게 답변될 수 있다고 보았다. 현실적 존재들의 계기적(successive) 생성들이 궁극적으로 하나의 실재인 창조성의 개별적인 현현(manifestations)으로 이해된다면, 어째서 현실적

---

15) 윌콕스는 창조성이 일자로 간주될 수 있다는 것이 지나치게 강조되어서는 안된다고 말한다. 창조성은 그 자체로는 현실적인 존재가 아니기 때문에 그것에 귀속될 수 있는 유일한 통일적 존재성은 우리가 그것은 설명적인 역할을 지닌 것으로서 그것을 지칭할 수 있기 위해 필요한 한에서라는 것이다(앞의 논문 참조).

존재들의 생성이 계속되는가, 어째서 현실적 존재는 다른 현실적 존재를 파악하는가 하는 문제는 곧바로 풀린다는 것이다.

그러나 창조성이 일원적인 실재로 해석되기만 하면 과연 이들 물음이 충족적으로 답변될 수 있는 것인가? 창조성은 그 자체로 무규정적 실재, 개념적으로 단순히 순수한 활동성이라고밖에 말할 수 없는 실재인 반면, 우주의 창조적 전진과 연대는 명백히 개별 존재들 사이의 내적 관계를 함의하고 있다.16) 창조성이 이런 내적 관계의 가능성을 해명해 줄 수 있는가? 그것이 현실적 존재들 사이의 외적 관계의 가능성, 말하자면 과거, 현재, 미래의 존재들이 단순히 계기(繼起)하는 관계의 가능성은 설명하는 것처럼 보인다. 따라서 현실적 존재들의 계속되는 생성이 단순 계기에 그치는 것이라면 창조성은 계속적인 생성의 근거를 제시한다고 할 수 있을 것이다. 그러나 화이트헤드가 말하는 현실적 존재의 생성은 고립된 사태가 아니다. 그것은 과거의 것을 파악하면서 생성한다. 창조성은 개별자들 사이의 이런 내적인 관계를 설명하지 못한다. 그것은 기껏해야 과거의 것을 전달한다는 의미에서 과거의 존재에 대한 파악 가능성의 토대가 될 수 있을 뿐, 실제로 **어떻게 그러한가**라는 물음에 답하지는 못한다는 것이다. 그리고 이것은 창조성이 어떻게 우주의 창조적 전진이나 연대가 가능한 것인지를 설명하지 못

---

16) 화이트헤드가 종종 사용하는 물리학의 용어로 한다면 **순수한 활동성으로 이해되는 창조성**은 스칼라(scalar)이고 **관계를 함의한 창조성**은 벡터(vector)라고 할 수 있을 것이다. 현대물리학에서 스칼라량은 벡터량에서 파생되는 구성물, 즉 추상으로 간주된다(PR 212/390). 이렇게 이해할 때 창조성은 우주의 창조적인 전진으로부터의 추상이다. 그리고 이런 문맥에서 보자면 우주의 시간적 진행성과 연대성을 범주적으로 해명한다는 것은, 아래에서 보겠지만, 스칼라를 벡터로 구체화하는 근원적인 규정, 즉 원리를 찾아내는 일이 된다. 달리 말하자면 그것은 벡터량의 내적 구조를 드러내어 보여주는 궁극적 범주를 찾는 일이라고 할 수 있다.

한다는 것을 의미한다.

나아가 단순히 일원적 실재로서의 창조성을 통해 개별자들 간의 관계성, 즉 우주의 시간적 진행성과 연대성을 설명하려는 시도는 자칫 화이트헤드의 체계를 전도시켜 일원론적 구도로 떨어뜨릴 위험이 있다. 이것은 화이트헤드가 스피노자의 구도를 비판할 때 지적했던 점이다. 스피노자에 대한 화이트헤드의 비판(PR 6-7/55)은 스피노자가 일원적인 접근을 통해 통일성을 추구했다는 것이 아니라 그가 일자로서의 실체를 상정을 때, 그것을 다수성과 정합적으로 체계화하지 못했다는 것이다. 하나의 실체에 대한 스피노자의 처음의 주장은 정합성에 대한 이론적인 요구를 충족시킨다. 그러나 이론들은 또한 경험을 충족적으로 설명해야 한다(PR 3/49). 경험은 다양성을 보여준다. 그래서 그는 다수의 양태들을 도입했다. 그러나 스피노자가 주장하듯이 실재 내지 자연이 본질적으로 하나의 실체라면 어째서 그것은 다양한 양태를 동반하는가? 스피노자가 양태들의 존재론적 지위에 관해 말할 수 있는 것은 기껏해야 그것들이 하나의 실재적인 실체의 우연적인 속성이라는 것이었다. 그러나 일자가 다양한 양태를 동반해야 할 체계 내적인 이유는 없다. 그렇기에 다수의 양태의 도입은 그 체계 가운데 자의적인 또는 비정합적인 간극(PR 7/55)을 낳고 있는 것이다.

창조성을 일원적인 것으로 봐야 한다는 윌콕스의 주장은 이런 위험성을 동반하고 있는 구체적인 사례이다. 특히 그는 일원적 창조성이 우주의 계속적 진행성과 연대성을 설명하기 위해 갖추어야 할 조건을 다음과 같이 말하고 있다. "그것은 과거로부터 현재에 이르는 연속적인 통일체로서 연장되어야 한다. 그것은 미래로 뻗어나가야 한다. 그것은 무진장하고 소멸 불가능해야 한다. 그것은 변화의 기저에 놓여있지 않고 그것을 추진시키는 것이어야 한다. 그래서 그것은 항상 능동적이어야 한다. 마지막으로 그것은 그것이 개별화되는 자기 창조적인 다수의 현실적 존재들과 구별되면서도 이들과 어떤 의미에서 동일해야 한다." 필자가 보기에 **선시간적인 실재**17)로서의 창조성이 **연속적인 통일체**로서 **연장되어, 미래로 뻗어나가야 한다**거나 **무진장하고 소멸불가능한 것이어야 한다**는 주장은 무의미한(nonsensical) 주장이다. 영원적인 실재가 시간적 특성을 갖는다는 것은 불합리하기 때문이다. 더구나 이런 무의미성은 접어둔다 하더라도, 그런 규정성을 지닌 실재가 **능동적이어야 한다**거나 **현실적 존재들과 구별되면서도 동일해야 한다**는 주장은 스피노자의 실체 규정을 대변하고 있다는 인상을 지우기 어렵다.

그러나 보다 문제가 되는 것은 우리가 이런 해석을 받아들인다 하더라도 우리에게 물어야 할 물음이 여전히 남아 있게 된다는 사실이다. 우리는 다시 물어야 한다. 왜 그렇게 이해되는 일원적인 창조성이 개별적인 생성들로 현현(顯現)해야 하는 것인가? 또 어떻게 그럴 수 있는 것인가? 화이트헤드가 스피노자를 읽으면서 가졌던 물음은 아마 이런 물음이었을 것이다. 윌콕스는 일원적인 직관이 일단 실체가 아니라 활동성을 가리키는 것이기에, 일자(the one)와 다자(the many) 간의 자의적인 관계 문제는 곧바로 사라지는 것으로 볼 수 있을 것이라고 말한다. 왜냐하면 활동성인 "창조성은 필연적으로(necessarily) 다수의 단계 내지 사건들을 불러일으키는 것," 역으로 말해서 시간과 공간을 통해 뻗어나가는 다수의 단계들을 떠나서는 창조적 활동성으로서 존재할 수 없는 것이라 할 수 있기 때문이라는 것이다. 이때 이들 개별적

---

17) J. R. Wilcox, 앞의 논문.

인 단계들은 일자의 단계들 내지 사건들이다. 이들은 일원적 창조성으로부터 도출되며 일자의 역동적 성질의 현실적 현현들이다. 일원적 창조성은 존재론적으로 역동적으로 존재하는 동일한 실재로서의 일자이며, 창조성은 그것의 역동적인 추진적 과정을 특징짓는 방식으로 발생하는 분화된 단계 내지 사건들이다. 따라서 이러한 단계나 사건들이 없이는, 즉 "이러한 다수의 현현이 없다면 일원적인 창조성 자체는 이미 창조성일 수 없다." 일원적 창조성은 과정의 창조적 활동성이고 그 자체로서 다자로의 분화를 필요로 한다는 점에서 일원적인 창조성과 다수의 단계 내지 사건들은 분리 불가능하게 연관되어 있다는 것이다.

윌콕스는 활동성의 개념을 분석함으로써 창조성은 필연적으로 다자로 분화될 수밖에 없다고 말하고 있다. 그러나 이 주장은 그다지 분명치 않다. 활동성이라는 개념이 다자성(multiplicity)을 이미 함의하는 개념이라는 말인가? 아니면 활동성로서의 창조성이 현실화하기 위해서는 다자로 개별화할 수밖에 없다는 것인가? 만일 전자의 경우라면 다자성을 함의하는 일자로서의 창조성이라는 개념은 자기 모순적 개념이 되거나 아니면 적어도 그 일자성(oneness)이 다자성과 심각한 갈등 상태에 놓이게 될 것이다. 아마도 이것은 윌콕스의 선택이 아니었을 것이다. 따라서 가능한 선택지는 후자이겠다. 후자의 경우라면 직관적으로 자연스런 주장인 것처럼 보인다. 그러나 그것은 여전히 해명이 아니라 해명되어야 할 사태를 다른 형태로 표현하고 있는 진술의 차원에 머물고 있다. 왜냐하면 창조성이 현실화되기 위해서는 개별화될 수밖에 없는 것이라는 점을 인정한다고 하더라도, 왜 가능태로서의 창조성이 일단 현실화되어야 하는 것인지, 또 어떻게 개별화되는 것인지 하는 문제가 여전히 남아있기 때문이다. 화이트헤드의 용어로 하자면,

이는 창조성이 영원한 객체들(eternal objects)를 규정하고 그래서 그 자체가 규정되는 사태는 왜, 어떻게 가능한 것인가 하는 물음이다. 혹자는 이것이 신의 매개를 통해서 가능한 것이라고 말할는지 모른다. 화이트헤드에게서 신은 구체화의 원리(the principle of concreation)로서, 창조성을 원초적으로 제한하는 존재로 간주되고 있기 때문이다(PR 225/410). 하지만 이는 최종적인 답변일 수 없다. 왜냐하면 우리는 신이라는 존재의 가능 근거가 범주적으로 어떻게 해명될 수 있는지를 다시 물어야 할 것이 때문이다. 신이 창조성을 제약하는 통로는 그의 원초적 본성(primordial nature)이다. 그렇다면 신의 원초적 본성의 가능성, 즉 신이 영원한 객체들을 파악하는 것은 어떻게 가능한 것인가? 이것은 신이 순수한 이접적(disjunctive) 가능태들인 영원한 객체들을 연접적인(conjunctive) 가능태로, 즉 하나의 영역이라는 의미에서의 일자로 묶어내는 것이 어떻게 가능한가 하는 물음이다.[18]

사실 윌콕스가 제시한 해결책은 이미 반 더 베켄에게서, 비록 다른 구도 위에서이긴 하지만, 부분적으로 시사되어 있다.[19] 반 더 베켄은 순수한 개념적 분석보다는 창조성이 처음부터 어떤 방식으로 제한된 것, 즉 어떤 궁극적 규정성을 갖고 작동하는 것으로 보고자 한다. 그래서 다자로 개별화되는 까닭도 그 체계 내에서 창조성이 "필연적으로

---

18) 화이트헤드에게서 신은 창조성을 일방적으로 제약하는 작인이 아니다. 화이트헤드의 체계에서 신은 다른 한편으로 창조성의 원초적 피조물로 규정된다. 그래서 화이트헤드에게서 신과 창조성은 서로를 원초적으로 제약하는 것으로 나타나 있다. 그렇다면 어떻게, 어떤 방식으로 이들은 서로를 제약하는가? 화이트헤드의 문맥에서 이 물음에 답한다는 것은 이 **어떻게**의 원초적 예증 사례인 신의 가능 근거, 특히 신의 원초적 본성의 가능 근거를 범주적으로 해명한다는 것이다. 그런데 이런 해명은 **다자에 대한 파악으로부터의 일자의 생성**으로 규정되고 있는 현실적 존재 일반에 대한 궁극적인 범주적 해명 바로 그것이다. 신 또한 다자를 일자로 통일시키는 가운데 존립하는 현실적 존재이기 때문이다.

19) Jan Van Der Veken, 앞의 논문.

제한된(어떤 특정한 **어떻게**가 필요한) 보편적인 활동성"이라는 데서 찾고 있다. 그는 이때 창조성의 제한(determination)을 창조성 그 자체와 마찬가지로 궁극적인 것으로 간주한다. 그리고 그는 창조성의 이러한 최초의 제한이 신으로 이해될 수 있는가 어떤가 하는 것은 또 다른 문제라고 본다. 그러나 그의 해석에서도 창조성과 내재적 규정성 사이의 관계의 **어떻게**는 해명되고 있지 않다. 단순히 가정되고 있을 뿐이다. 게다가 그의 이원적 구도는 창조성을 영원한 객체의 영역과 엄격히 대비시키면서 그 매개의 현실적 작인으로서 신을 말하고 있는 화이트헤드의 삼원적 구도와 근본적으로 다르다. 우리가 여기서 문제삼는 것은 화이트헤드의 기본 구도를 수정함이 없이 창조성과 영원한 객체들, 또는 영원한 객체들과 신 사이의 관계의 **어떻게**를 해명하는 일이다. 그리고 우리가 궁극적인 설명의 원리를 창조성에서가 아니라 **궁극자의 범주**에서 찾아야 한다고 보는 것도 바로 이런 반성을 실마리로 해서이다.

IV

우리의 주장은 창조성에 대한 일원론적 해석이 그 자체로 잘못되었다는 것이 아니라, 그렇게 해석된 창조성조차도 우리의 물음에 적절히 답변하지 못하고 있다는 것이다. 창조성이 일원적인 것으로 해석된다고 해서 시간적 진행성과 연대성이 설명되는 것이 아니기 때문이다. 해명되어야 할 사태로서의 우주의 창조적 전진이나 연대성은 생성의 단순한 계속성, 병치로 구성되는 것이 아니라 현실적 존재들 간의 잇

따르는 파악, 과거의 존재들을 객체적 여건(objective data)으로 하는 내적 통일의 연속으로 이루어지는 것이다. 우주의 전진성과 연대성을 해명하는 원리란 바로 이 내적인 통일의 역동적 구조를 궁극적으로 지배하는 원리이다. 그런데 창조성은 이 원리에 필요한 역동성을 대변하고 있을 뿐, 구조적 요인을 갖추고 있지 않다. 이런 의미에서 창조성은 필요조건일 뿐, 충분조건이 아닌 것이다. 그것이 시간 축을 따라 발생하는 존재들 간의 내적인 관계를 지니는 생성의 계기적(繼起的) 연속을 설명하기 위해서는 구조적 특성을 함의하는 개념적인 보완이 필요하다.

물론 일원적 창조성이 그 자체로 궁극의 설명원리로 기능할 수 있는 사태가 있다. 순수한 활동성으로 이해되는 창조성은 모든 현실적 존재들의 현실성, 즉 있음의 근거가 된다고 할 수 있다. 창조성은 "우연적인 것들에 힘입어 현실적인 것이 되는 어떤 궁극자"(PR 7/56)라는 화이트헤드의 언급에 비추어 볼 때, 창조성은 현실적 존재들의 우연적 존재성을 설명하고 있다고 할 수 있는 것이다. 이렇게 이해되는 창조성은 현실태가 아니지만 "현실태의 근저에 있는 최고의 일반성을 지닌 궁극적 개념"(PR 47), 따라서 현실적 존재라는 개념의 궁극적 조건이라 할 수 있다. 이것은 아리스토텔레스의 제일 질료가 개별적인 존재들의 있음의 근거일 수 있고, 그래서 이들의 우연적 존재성을 설명한다고 할 수 있다는 것과 동일한 의미에 그렇다.[20]

그러나 이런 의미의 창조성은 그 자체로 단순히 궁극자일 뿐, 우주의 구조적 특성, 즉 시간적 진행성과 연대성을 설명하지 못한다. 창조성 때문에 창조적 전진이 있다는 설명은 기껏해야 순환적 설명이며,

---

20) David L. Hall, *The Civilization of Experience: A Whiteheadian Theory of Culture*(New York: Fordham University Press, 1973), p.26 참조.

그래서 어떤 의미에서는 동어 반복적인 기술에 지나지 않는다고 할 수 있다.21) 그것은 시간적 전진이나 연대성의 **있음**의 근거일 수는 있으나, 이들의 **어떻게**를 설명하지는 못한다. 그것은 일자(the one)로서의 창조성이 어떻게 다수의 생성으로 개별화하는가 하는 물음의 **어떻게**이다. 이 물음은 궁극자의 범주에 함의된 규정, 즉 창조적 전진이 다름 아닌 "다자(the many)에서 일자에로 과정"이라는 규정에 근거하여 풀려나간다. 궁극자의 범주는 창조적 전진의 내재적인 작인과 그것의 기본적인 작동 패턴을 함께 표현하고 있다. 여기서 창조성은 내재적인 순수 작인으로, 그리고 그것의 작동 패턴은 **다자에서 일자로**의 과정으로 각각 규정된다. 궁극적인 설명의 원리는 **다에서 일로의 창조적 전진**으로 요약될 수 있는 궁극자의 범주라고 보아야 한다는 것은 바로 이런 의미에서이다.

그러므로 우주의 시간적 진행성과 연대성을 가능케 하는 작인을 굳이 말하라면 그것은 초월적 실재로서의 창조성 그 자체가 아니라 **궁극자의 범주에 구속된 창조성**이라고 해야 할 것이다. 여기서 **구속된**이라는 말은 궁극자의 범주에서 창조성이 **다에서 일로**라는 구조에 의해 제약되어 있음을 의미한다. 이 창조성은 동등하게 궁극적인 다 및 일과의 관계성 속에 있는 창조성인 것이다.22) 창조성은 독자적 자율적으로

---

21) 네빌은 이런 시각에서 창조성의 원리가 원리일 수 없으며, 따라서 화이트헤드에게서 존재론적 물음은 성공적으로 답변되지 못하고 있다고 비판한다(각주 2 참조).

22) 궁극자의 범주에서 창조성과 다와 일이라는 세 관념은 상호 전제하는 관념들이다. 이들 세 관념은 동등하게 궁극적인 것들로서 하나의 범주의 구성요소들이다. 이것은 창조성, 일, 다가 각기 독립한 범주들이 아니라는 것(PR 21/77), 또 창조성이 궁극자의 범주이고 일과 다는 그것에 부속하는 관념도 아니라는 것을 의미한다. 네빌(R. C. Neville)이 지적하고 있듯이 이들 관념들도 **고립될 경우 무의미해진다**(PR 3/59)는 정합성의 이상을 반영하고 있다고 보아야 한다. 일반적으로 일과 다가 상호 전제하는 개념이라는 것은 널리 용인된다. 그러나 화이트헤

가 아니라 이 관계성 속에 연루됨으로써 그 과제를 수행할 조건을 갖추게 된다. 이는 화이트헤드의 다음과 같은 언급에서 시사되어 있다. "신(일)과 세계(다)는 대립자이며, 이 대립자에 의해서 창조성은 대립 속에서 다양성을 갖는 이접적인 다수성을 대비 속에 다양성을 갖는 합생적인 통일(concrescent unity)로 변형시키는 그 최상의 임무를 수행한다"(PR 348/598). 결국 궁극자의 범주는 이처럼 무차별적인 활동성으로서의 창조성을 **다에서 일로**라는 구조로 제약함으로써 현실적 존재의 관계적인 존립 근거, 즉 생성의 **어떻게**를 근원적으로 해명한다는 그 본래의 역할을 다하고 있는 셈이다.

생성은 다수의 여건들을 수용하여 하나의 통일자로 태어나는 과정이다. 현실적 존재의 생성은 이행(transition)과 합생(concrescence)이라는 두 종류의 과정을 포함한다(PR 28-215/382-395). 전자의 과정은 달성된 현실태로부터 달성중인 현실태로의 과정이고 후자는 달성중인 현실태로부터 달성된 현실태로의 과정이다. 여기서 전자는 최초의 소여(initial data)에서 객체화(objectification)까지이며 후자는 객체화로부터 만족(satisfaction)까지이다. 최초의 소여는 실재적 가능태로서 이접적 다자로 주어진다. 생성은 이 순수한 다자에서 출발한다. 그리고 이들을 수용하여 일정한 전망(PR 236/429) 하에 놓는 과정인 객체화를 거친다. 합생의 과정이 시작된다. 그런데 객체화는 다자의 다자성을 부분적으로 사상하는 추상의 과정이다(PR. 101/210, 160/307). 이것은 현실적 다자에서 **가능적 일자**로의 과정이라 할 수 있다. 이 과정을 통해 이접적인 다자는 가능적인 일자의 토대가 형성된다. 합생의 과정은 가능적

드에게 있어 특징적인 것은 창조성이 일과 다의 관념에 전제되어 있으면서 동시에 이들 관념을 전제로 한다고 보고 있다는 점이다(R. C. Nevile, 앞의 논문 참조).

통일 속에 놓인 다수의 내적인 소여를 주체적 지향(subjective aim)에 의거하여 현실적인 일자로 이끌어가는 과정이다. 따라서 현실적 존재의 생성은 철저하게 과거의 **현실적 다자**로부터 현재의 **현실적 일자**로의 과정인 것이다. 그리고 이 과정의 완결은 새로움의 탄생이다. 그것은 그 자신이 종합하는 많은 존재들 가운데 이접적으로 자리하게 되는 새로운 존재이다. 다자는 일자가 되며 그래서 다자는 하나만큼 증가한다. 따라서 창조적 전진은 이행과 합생이라는 두 종류의 과정을 통해 이루어지는 것이며, 이 두 종류의 과정은 다에서 일로의 전진이라는 하나의 생성의 내적 구조에 종속된다. 이렇게 생성된 존재는 새로움의 출현을 구현하면서 또 다른 창조적 전진을 위한 조건이 되는 다자 가운데 하나가 된다. 이처럼 우주의 창조적 전진은 창조성과 일과 다의 상관적이고 역동적인 구조를 지니는 것이며, 이를 궁극적으로 해명하는 것은 궁극자의 범주이다. 궁극자의 범주는 과거의 다자로부터 새로운 일자의 탄생을 구조적으로 설명하며, 동시에 과거로부터 현재로의 연대성을 해명하고 있다.

이제 우리의 주장을 요약하자면 이렇다. 창조성이라는 개념으로부터는 그것이 현실화되어야 하는 까닭이나 현실화되는 방식을 연역할 수 없다. 순수한 활동성으로서의 창조성이 그 필연적 본성에 따라 어떻게든 현실적 다자로 개별화되고 있다는 것은 문제의 사태에 대한 단순 기술일 뿐, 범주적 해명이 아니다. 어째서 일원적 창조성이 다원화될 수밖에 없는가, 또 어떻게 다원화되는가 하는 것이 구조적으로 해명되어야 한다. 이를 해명하고 있는 궁극적 원리는 궁극자의 범주이다. 궁극자의 범주는 창조성을 일, 다와 상호 제약 하에 두는 가운데 그것에 **다에서 일로**라는 역동적인 구조를 부여하고 있다. 그럼으로써 그것은 "왜 그리고 어떻게 현실적 존재들이 과거의 존재들을 파악하면서 계속적으로 생성하는가"에 답하는 명실상부한 궁극적 설명 원리로서의 그 체계 내적인 역할을 하고 있다고 할 수 있는 것이다.

물론 이러한 우리의 해석은 어디까지나 가능한 하나의 해석일 뿐이다. 이는 우리의 주장이 화이트헤드의 명시적인 진술에만 전적으로 의거하여 구성한 것이 아니라는 것을 의미한다. 우선 우리는 궁극자의 범주에서 창조성, 일, 다를 각기 별개의 관념으로 간주하지 않고 이들 간의 상호 제약에 각별히 주목함으로써 유기적인 통일체로 이해하였다. 그러나 **관계성**을 우주의 근원적인 구조적 특성으로 보는 화이트헤드의 패러다임에 비추어 볼 때, 이런 이해가 순전히 견강부회인 것만은 아닐 것이다. 게다가 궁극자의 범주에 관한 화이트헤드의 논의에 들어 있는 다음과 같은 구절은 우리의 해석 방식을 어느 정도 뒷받침한다. **"궁극적인 형이상학적 원리**는 이접적으로 주어진 존재들과는 다른 또 하나의 새로운 존재를 창출해내는, **이접에서 연접으로의 전진**이다"(PR 21/78).23)

다음으로 문제가 되는 것은 우리의 해석과 달리, 화이트헤드는 이 궁극자의 범주로 규정된 **궁극적인 형이상학적 원리**와 **창조성**, 또는 **창조성의 원리** 등과 같은 표현을 엄격하게 구별하지 않고 있을 뿐만 아니라 심지어는 대치 가능한 동일한 용어인 것처럼 종종 사용하고 있다는 점이다. 용어의 엄밀성에 누구보다도 세심한 주의를 기울이는 화이트헤드의 평소 태도에 비추어 볼 때, 아마도 이것은 우리가 문제삼고 있는 논제에 그가 그다지 신경을 쓰지 않았음을 시사한다고 할 수 있을 것이다. 따라서 우리의 해석이 일단 설득력이 있다고 한다면 우리

---

23) 강조는 필자의 것임.

는 문맥에 따라 양자를 주의 깊게 구별할 필요가 있고, 또 그렇게 한다면 지금의 문제는 해결될 수 있을 것이다.

이런 전제에서 출발할 때, 다음과 같은 구절에서는 창조성이 궁극자의 범주에 연루된 의미로 사용되고 있는 것으로 이해할 수 있고 또 마땅히 그래야 할 것으로 보인다. "그것(창조성)은 이접적인 방식의 우주인 다자를, 연접적인 방식의 우주인 하나의 현실적 계기로 만드는 궁극적 원리이다"(PR 21/78). "창조성은 새로움의 원리이다"(PR 21/78). "피할 수 없는 근본적인 사실은 창조성이며, 창조성에 의해 궁극적인 통일성에 종속되지 않는 **다수의 사물들**이란 있을 수 없다"(PR 211/387). "창조적 전진이란 창조성의 궁극적 원리가 그 창조성이 만들어 내는 각각의 새로운 상황에 적용되는 것을 말한다"(PR 21/78). 적어도 이들 진술에서 우리는 창조성이나 창조성의 원리라는 표현을 궁극자의 범주에 구속된 창조성으로 이해하거나 아니면 이들 각 진술이 궁극자의 범주의 다양한 번역으로 이해해야 할 것처럼 보인다. 이는 화이트헤드 자신이 『과정과 실재』의 범주적 도식을 논하는 부분(PR 21-22/77-79) 이외의 곳에서는 **궁극자의 범주**라는 명시적인 표현을 사용하고 있지 않다는 점에서 부분적으로 뒷받침된다고 할 수 있다. 만일 궁극자의 범주가 창조성의 원리로 완전히 환원될 수 있는 것이라면, 화이트헤드의 체계에서 창조성과 일과 다를 구성요소로 하는 **궁극자의 범주**라는 규정 자체가 거의 유명무실해질 것이다. 다른 한편 궁극자의 범주를 대신하고 있는 창조성과는 구별되는 순수활동성으로서의 창조성은 대표적으로 다음과 같은 구절에서 찾아볼 수 있다. **현실태를 초월하는 창조성**(PR 43/117), **우연적인 것에 힘입어 현실적인 것이 되는 어떤 궁극자**(PR 7/56). **모든 형상들의 배후에 있는 궁극자**(PR 20/76).

현실태의 근저에 있는 최고의 일반성을 지닌 궁극적 관념(PR 31/96). 이
들 구절에서의 창조성은 순수한 활동성 내지 순수가능태(PR 220/401)로
서의 창조성, 또는 모든 현실적 존재들을 관통하고 있는 보편적 특성
으로서의 창조성(PR 164/313)임에 틀림없다.

  필자가 보기에, 다원론적 해석은 이런 구별을 도외시하고 순수가능
태로서의 창조성에만 주목하면서 그것을 일의적으로 해석하였다. 다
원론적 해석은 궁극자로서의 창조성을 단순히 보편적 특성으로 이해
하는 한편, 궁극자의 범주에 제약된 창조성이 설명적 기능을 갖는다는
점을 간과했던 것이다. 그 결과 그들은 화이트헤드가 말하는 우주의
시간적 전진성과 연대성을 궁극적 보편적으로 해명할 마땅한 범주적
장치를 확보할 수 없었다. 다른 한편 일원론적 해석은 다원론적 해석
이 주목한 창조성만을 하나의 실재로 회복시키면 우주의 시간적 전진
성과 연대성이 설명될 수 있을 것이라고 성급하게 가정하였다. 그러나
이들이 회복시켜야 했던 것은 화이트헤드의 체계에서 **창조성**이 갖는
체계 내적인 위상이나 기능이 아니라 **궁극자의 범주**가 갖는 본래적인
위상과 기능이었다. 적어도 필자가 보기에 궁극자의 범주는 관계성과
역동성을 두 축으로 하고 있는 화이트헤드의 우주론적 이념을 가장 포
괄적 궁극적으로 구현하고 있다.

예측명제의 합리성: 흄과 화이트헤드의 경우

8. 예측명제의 합리성: 흄과 화이트헤드의 경우

I

"내일도 태양이 뜨는가?" 이 물음은 귀납추리에 의거한 예측명제가 합리적으로 정당화되지 않는다는 점을 보여주기 위한 상투적 사례로 흔히 거론된다. 흄이 원자론적 인식론을 토대로 예측명제가 합리적으로 정당화될 수 없음을 천명한 후 철학은 세계에 대한 합리적 예측가능성을 포기하였다. 강한 어조를 즐기는 논자들은 귀납추리가 논리적 오류의 일종이라고 단언하기까지 한다. 그렇다면 화이트헤드의 관계론적 우주론에서는 어떤가?

화이트헤드는 "칸트 이전의 철학으로"라는 선언을 통해 그의 철학적 구성의 원천을 시사한다. 이는 그의 우주론이 이성적 주체가 현상 세계의 패권을 차지하기 이전의 철학에 뿌리내리고 있다는 것을 의미한다. 그의 철학은 근대 이성론과 경험론에 대한 회귀적 반성에서 다양한 형이상학적 통찰을 얻고 있다. 그러나 동시에 이 근대 철학은 오늘에 이르기까지 분분한 논의를 불러일으키고 있는 여러 난제를 유산으로 남겨놓았다. 화이트헤드는 이들 난제의 해결을 위해 먼저 근대철학이 묵시적 또는 명시적으로 공유하고 있던 인식론적, 형이상학적 전제들을 해체한다. 그리고 적어도 명목상 이 해체의 핵심에 흄의 철학이 있다. 우선 무엇보다도 화이트헤드는 흄에게서 구현되어 칸트를 각성케 했던 고전 경험론의 최종 이념은 **경험론**의 진수를 표현한 것이 아니라고 이해한다. 그는 고전 경험론을 칸트적 시각 밖에서 다시 읽는다. 그는 특히 로크와 버클리를 정독하는 가운데 버클리와 흄이 로크에게서 간과했던 논점, 그리고 흄이 버클리에게서 간과했던 논점에 주목한다.1) 논리실증주의가 고전 경험론의 이념을 마무리지었던 흄의 철학에서 자신들의 실증성 우위의 경향을 확인하여 공개적으로 그의 후예임을 자처했던 데 반해, 동일한 전통에로의 회귀를 선언했음에도 화이트헤드가 당대의 실증주의자들과는 전혀 다른 길을 갔던 것은 바로 이 때문이다. 실증주의는 흄의 명시적 언명에서 형이상학의 불가능성을 확인하였다면 화이트헤드는 흄의 묵시적 전제에서 형이상학이 불가능했던 이유를 발견하였다. 그는 이 전제를 해체하는 한편 로크에서 버클리를 거쳐 흄에 이르는 가운데 일관성 확보라는 미명 하에 탈색되어간 경험 내의 형이상학적 요인을 부활시켜 새로운 전제, 즉 우주론을 구축한다. 그리고 그는 이 우주론 체계를 바탕으로, 근대철학이 현대에 넘겨준 난제들에 대한 해결을 모색한다. 이런 난제들 가운데는 정신과 신체의 문제, 인격적 동일성의 문제, 귀납추리의 문제, 사실과 가치의 문제, 작용인과 목적인의 문제 등이 있다.

이 글에서 필자는 흄에게서 파산선고 당했던 귀납추리의 합리성을

---

1) 예컨대 로크가 말하는 실체의 실재적 본질로서의 **힘**, 버클리가 논파한 존재근거로서의 **지각**이 그것이다.

화이트헤드가 어떻게 복구하고 있는가하는 문제, 보다 정확히 말해서 예측명제를 어떻게 합리화하고 있는가 물음을 검토한다. 이 물음은 오래 전에 있었던 논쟁, 그러나 필자가 아는 한, 단 한 차례의 공방으로 끝나버린 논쟁에서 검토된 바 있다.2) 여기서 필자가 이를 다시 재론하는 것은 이들의 논쟁이 미진한 구석이 있다는 생각 때문이다. 그 논쟁에서 롭슨은 예측명제와 관련하여 화이트헤드가 흄 철학의 인식론적 귀결을 넘어서지 못했다고 주장한 반면 그로스는 롭슨의 평가를 비판하면서 화이트헤드가 흄과는 다른 맥락에서 이 문제를 깔끔하게 해결했다고 주장하고 있다. 필자는 롭슨의 분석과 평가가 결정적으로 충분한 것은 아니지만 그로스의 비판적 지적이 보여주는 것처럼 터무니없는 것은 아니며, 오히려 그로스가 대안으로 제시하고 있는 화이트헤드의 예측명제에 대한 해석, 즉 그로스 자신의 구성적 이해는 화이트헤드의 우주론을 완전히 닫힌 체계로 몰고 갈 위험이 있다는 점을 지적할 것이다. 그리고 나아가 화이트헤드는 귀납추리에 단순한 믿음 이상의 우주론적 기반을 제공하고 있다는 의미에서 합리화하고 있다고 할 수 있으나 그의 우주론에 기술된 "지금의 우주" 자체는 여전히 형이상학적으로 우연적인 것이라는 점에서 화이트헤드는 귀납 및 예측과 관련한 흄의 최종 이념을 받아들이고 있음을 보여줄 것이다.

우리는 고전 경험론의 **경험** 개념을 비판하면서 화이트헤드가 대안

---

2) 이 논쟁은 롭슨이 먼저 화이트헤드의 견해를 비판하고 그로스가 이에 대해 반론하면서 자신의 해석을 제시하는 형식으로 되어 있다. J. W. Robson, "Whitehead's Answer to Hume" in *A. N. Whitehead: Essays on His Philosophy*(Prentice-Hall, Inc.: Englewood Cliffs, N.J), 1963, pp.53-62; M. W. Gross, "Whitehead's Answer to Hume: Reply" in *A. N. Whitehead: Essays on His Philosophy*(Prentice-Hall, Inc.: Englewood Cliffs, N.J), 1963, pp.63-69.

으로 제시하고 있는 그 자신의 경험 개념, 그리고 이에 기초한 우주론의 기본 구도를 간략히 요약함으로써, 화이트헤드가 예측명제의 합리성을 확보하기 위해 제시한 배경의 성격을 개략적으로 살펴볼 것이다. 그리고 이 배경적 이해를 바탕으로, 우리는 화이트헤드의 해결책에 관한 그로스의 이해를 비판적으로 검토하고 롭슨의 견해를 수정 보완할 것이다. 이 일련의 논의를 통해 우리는 화이트헤드가 흄의 철학을 바라보는 애증에 찬 독특한 시각을 엿볼 수 있을 것이다.

Ⅱ

화이트헤드와 흄은 철학에서 궁극적으로 호소할 것은 경험이며, 세계에 대한 경험은 분석명제로 표현할 수 없다고 보았던 점에서 일치한다.3) 이들 두 사람의 차이는 **분석명제로 표현할 수 없는 것**을 취급하는 방식에 있다. 그리고 이런 차이는 결국 그들 두 사람이 경험을 해석하는 방식의 차이로 나타나고 급기야는 형이상학에 대한 상반된 태도로 이어진다. 화이트헤드는 흄과 달리 심층의 다양한 인간 경험을 증거 삼아 형이상학적 우주론을 구축하였기 때문이다.

흄에 따르면 인간의 지각은 두 가지 판이한 요소, 즉 인상과 관념으

---

3) 화이트헤드는 경험에서 인정해야 하는 명증성에 관한 형이상학적 규칙으로 다음과 같이 말하고 있다. "우리는 비판에도 불구하고 우리의 삶을 통제하기 위해 사용하는 그런 여러 가정들에 복종하지 않으며 안된다. 그러한 가정들은 경험에서 피할 수 없는 것들이다"(PR 151/292). 비슷한 정신성은 흄에게서도 발견된다. "자연은 완강하다. 그것은 아무리 이성에 의해 강력하게 파고들더라도 그 영향력을 포기하지 않는다"(*A Treatise of Human Nature*, ed. L. A. Selby-Bigge. Oxford: The Clarendon Press, 1978. p.215 <이하에서는 Treatise로 약칭함>).

로 분석된다. "우리의 모든 단순 관념은 단순 인상에서 처음 출현한다. 이들 단순 인상은 단순 관념에 상응하며 이 단순 관념들은 정확히 단순 인상을 재현한다"(Treatise 4). 나아가 흄은 다음과 같이 단언하고 있다. "인상과 관념 이외에 아무것도 정신에 주어지지 않으며 외부의 대상들은 오직 그것들이 일으키는 지각을 통해서만 우리에게 알려진다는 것은 철학자들이 널리 인정하는 것일 뿐 아니라 그 자체로 아주 명백하다"(Treatise 67). 그러나 화이트헤드가 보기에 단순 관념은 단순 인상의 복사물이라는 주장, 그리고 인상과 관념이 경험 주체에 주어지는 전부라는 흄의 주장은 궁극적인 철학적 원리로 간주될 수 없다. 기본적으로 화이트헤드는 경험의 모든 요소가 쉽게 검토될 수 있도록 드러나 있다는 **경험의 투명성** 학설을 거부한다. 그에 따르면 "경험의 모호한 배후는 분석하기에 매우 어렵다"(FR 77). "우리는 직접 경험을 그 한정성을 구성하는 다양한 요소에 의해 명료하게 분석하여 의식하지 못한다"(PR 4/51). 화이트헤드는 경험에 대한 흄의 설명이 피상적일 뿐만 아니라 무비판적으로 수용된 두 가지 철학사적 편견, 고대 그리스에 그 연원을 두고 있는 그런 편견에 물들어 있다고 보았다.[4] 하나는 인식론적인 것이고 다른 하나는 존재론적인 것으로 근대 철학의 장에다 이를 각인시킨 사람은 데카르트였다.

흄이 묵시적으로 받아들이고 있는 인식론적 편견은 데카르트가 명시적으로 선언했던 손쉬운 가정, 즉 우리는 직접경험에서 명석하고 판명한 인식이 가능하다는 가정이다. 물론 이것은 당시의 전통 내에서는 자연스런 가정이었고 흄을 넘어서서 거의 모든 철학적 담론에서 지배

---

4) 이런 의미에서 흄의 경험 개념에 대한 화이트헤드의 비판은 궁극적으로 서구 정통 철학 전체를 겨냥하고 있었으며, 따라서 흄은 그 상징적 타겟이 되고 있었다고 할 수 있다.

적인 요인으로 기능하여 왔을 뿐 아니라 **현전**(presence) 운운하는 논의가 계속되고 있는 것을 보면 오늘날에도 온전히 극복되었다고 보기 어렵다. 그러나 이런 가정은 편견이다. 그것은 플라톤 이후의 서구 철학 전반에 유령처럼 따라다녔던 편견, 즉 명석하고 판명한 것이 기본적인 것이라는 근거없는 믿음에 기원을 두고 있는 편견이다. 그러나 화이트헤드가 보기에 이런 편견이 수학에서는 정당성을 갖는다 해도 철학에서는 아니다. 철학에서 줄기차게 주목해온, **명확히 한정된 대상들에 대한 분명한 의식**은 경험의 최종 산물이며 그 근원적 양태가 아니다. 불행하게도 인간 경험의 전형으로 간주되는 시각에서는 경험의 근원적인 요소들이 명석 판명한 요소들 밑에 가라앉는다. 이에 반해 촉각이나 미각에서는 근원적 요소들이 보다 분명하게 떠오른다. 그러나 우리는 실용적 측면에서 명석하고 판명한 것에 현혹된 나머지 그런 근원적 요소들을 이차적인 것으로, 또는 관련이 없는 것으로 간주하는 경향이 있다. 흄의 인식론은 이런 경향성의 근대적 정점에 있다. 흄이 주목한 경험은 인간에게 가능한 경험의 전체가 아니다. 결국 흄은 우리 경험의 일부분을 취하여 그것을 우리 경험 전체로 간주했다. 이것은 **잘못 놓인 구체성의 오류**이다. 추상의 외피 밖에서 다가오는 직접 경험 그 자체에 주목해야 한다. 이 지평에서 경험은 구별되는 독립적 사건들간의 단순 계기 이상의 것으로 나타난다. 흄의 철학은 서구 전통 인식론 철학이 유산으로 물려준 경험 개념을 답습함으로써 추상의 세계로 빠져들어 해결 불가능한 것으로 보이는 난제들을 양산하였다.

흄의 철학에 회의의 그림자를 드리우는 데 일조한 다른 하나의 편견은 아리스토텔레스 철학에 그 뿌리가 닿아 있는 데카르트의 실체 개념 속에 구현되어 있었다. 흄은 "존재하기 위해 그 자신 이외의 아무것도 필요로 하지 않은 것"이라는 데카르트의 실체 개념을 수용하여 이를 각각의 인상에다 명시적으로 적용함으로써 경험의 구성 요소들 사이에 오로지 외적인 관계만을 인정하였다. 따라서 그러한 구성 요소 가운데 어느 하나의 관점에서 보자면 다른 구성요소에 어떤 일이 벌어지는가 하는 것은 아무런 관련이 없는 문제가 된다. 이런 가정은 과거 현재 미래가 아무런 내적인 연관이 없다는 귀결을 낳고 그 결과 자연의 제일성은 자연 외적인 것으로 전락한다.

결국 우리의 경험이 분명하고 명확하게 의식에 주어지는 것과 동일시된다면, 또 우리의 경험이, 존재하기 위해 그 자신 이외의 아무것도 필요로 하지 않는 판명한 인상들의 복합으로 온전히 환원된다면, 흄이 유산으로 물려준 근대철학의 난제들은 해결 가능성이 사라지고, 귀납에 관한 흄의 논증은 극복될 수 없다. 따라서 흄의 회의적 논의에 답하기 위해서는 무엇보다도 흄의 철학을 지배하고 있는 편견에서 벗어난 자유로운 의식에서 경험을 분석해야 한다. 그리고 이런 시도는 흄이 경험에 대한 자신의 최초 분석이 충분하다는 것을 논증하지 않았다는 사실에서 일단 설득력을 확보한다.

화이트헤드는 경험에 대한 분석이 무엇보다도 우리의 다양한 직관적 체험들을 담아낼 수 있어야 한다고 생각한다. 이를 위해 그는 단순히 순간적으로 펼쳐지는 감각성질들에서 눈을 돌려 "우리가 실제로 경험하는 것에 대한 일반적 의식"(PR 17/71)에 주목한다. 왜냐하면 그는 "임의 한 순간에 있어서의 직접적 의식에 대한 단순한 고려가 우리에게 그다지 많은 것을 알려주지 않는다"(FR 77)고 보았기 때문이다. 이 일반의식에서 그는 우리의 감각 지각이 우리의 신체가 어떻게 기능하는가에 전적으로 달려있다는 사실, 그리고 감각지각의 근원적 양태는 정서적이고 인과적이라는 사실을 확인한다. 이 양태의 지각이 비록 모호하기는 하지만 우리는 그것을 통해 우리 자신의 신체와 이에 연속되어 있는 환경을 식별하고, 이들 간의 인과적 상호연관을 포착한다. 또 이 양태의 지각에서 우리는 과거로부터 도출되고 현재에서 향유되며 미래를 조건짓는 모호한 느낌들을 얻는다. 화이트헤드는 이런 사실에 대한 통찰을 토대로 우리의 경험을, 과거로부터 성장해 나오고 미래를 예기하면서 우리의 주변환경과 본질적인 관련을 동반하고 있는 하나의 과정이자 활동으로 해석해낸다. 이렇게 해석된 활동으로서의 경험 속에는 자족적인 것으로 보이는 것이라고는 아무것도 없다. 모든 것은 유기적인 상호의존성을 시사한다.

화이트헤드의 관계론적 우주론은 이렇게 재해석된 경험 자체의 역동적인 인식론적 구조를 존재 일반의 존재론적 구조로 전환시켜 일반화하는데서 발아한다. 그래서 경험의 사건은 존재론적 사건이 된다. 현재의 사건은 그것이 순응해야 하는 정착된 과거의 사건들로부터 출현하고 다시 그것에 순응해야 하는 미래의 사건들을 예비하는 그런 단위 활동이다. 그가 현실적 존재(또는 계기)라 부르고 있는 이 단위 활동은 과거의 존재 전체를 자기화하고 미래의 존재 전체를 예기하고 있는 미시적인 과정이다. 따라서 그것은 과거, 현재, 미래라는 환경으로부터 자유로울 수 없다. 부분적 자율만을 허용하는 인과의 고리가 있는 것이다. 그것은 특정한 질서와 색깔을 지니고 있는 환경에서 태어나고 또 그 환경의 특성을 재현하고 자신의 색채를 첨가하여 미래에 넘겨주는 가운데 일정 부분 미래를 제약하여 결정한다. 이런 역사적 제약과 피제약에서 환경은 거시적 지평의 동일성을 구현하는 **사회**가 된다. 따라서 현실적 존재와 그 환경, 즉 사회는 서로 상호 제약의 관계 속에 있는 셈이다. 현실적 존재는 **사회** 속에서 태어나는 동시에 그 사회를 지탱하고 미래에 전달하고 있기 때문이다. 화이트헤드의 내적 관계의 학설은 현실적 존재와 사회 간의 상호제약에 기반하고 있다. 내적 관계에 주목할 때 현실적 존재는 철두철미 **사회적**이다. 현실적 존재는 우주의 다른 모든 존재와 일정한 관계를 맺고 있으며, 그것이 지금의 그것인 까닭은 바로 이런 관계에 의해서이기 때문이다. 그리고 이런 내적 관계의 논리는 거시적 지평으로 확대된다. 사회 또한 **사회적**이다. 어떤 유형의 사회가 존속하기 위해서는 그 환경이 되는 사회가 그것의 존재를 가능하게 하는 그런 유형의 질서를 계속해서 제공해야 한다. 이것이 불가능할 경우 그 사회는 더 이상 존립할 수 없다. 그리고 임의의 시기에 지배적인 자연의 법칙들은 사실상, 그 시기에 지배적인 사회의 유형들을 구성하는 내적인 관계의 특성을 표현하기 때문에 그런 사회의 유형이 바뀌면 자연의 법칙도 변하게 될 것이며, 그 역도 마찬가지다. 우리의 우주 자체도 다양한 층차의 질서와 법칙을 머금고 있는, 따라서 강력한 안정성과 연속성을 지닌 하나의 사회이다. 그러나 이들 다양한 층차의 모든 사회는 역사적인 존재이다. 이들은 모두 그 구성원인 현실적 존재들의 자율성에 연원하는 점차적인 변이를 겪는다. 우리의 우주시대 또한 예외가 아니다. 그것은 먼 훗날 더 이상 존립하지 않게 될 하나의 유기체이다. 이것이 화이트헤드가 직접경험에 호소하여 구상한 관계론적 우주론의 밑그림이다. 그는 이 밑그림으로 근대의 철학적 난제들의 원천이 되었던 데카르트-뉴턴적 우주론을 대체하는 한편 근대의 여러 난제들에 대한 해결방안을 제시 또는 시사하고 있다.

III

그렇다면 화이트헤드의 우주론은 예측명제를 어떻게 합리화하고 있는가? 이에 대한 한 가지 가능한 답변은 그로스에게서 찾아볼 수 있다. 화이트헤드의 우주론이 내적 관계를 본질로 하는 현실적 존재를 축으로 하는 우주론이라는 데 주목했던 그로스는 예측명제의 합리성이 그의 일반적 우주론으로부터, 특히 그의 우주시대에 관한 이론으로부터 직접적으로 도출될 수 있다고 주장한다. 실체와 외적 관계를 근간으로 하는 데카르트적 우주론에서와는 달리 이런 내적 관계의 우주론에서는 예측명제 자체가 직접적으로 합리화된다는 것이다. 그가 제시하고 있는 분석은 대략 다음과 같다. 화이트헤드에게서 모든 명제는 궁극적으로 어떤 속성들로 확인되는 현실적 존재나 현실적 존재들(의 사회)을 지시한다. 예컨대 태양에 관한 명제는 "구형의," "불타는," "빛을 발산하는," "하늘에 떠 있는" 등과 같은 속성들에 의해 특정 유형에 속하는 것으로 간주되는, 현실적 존재들의 특정한 사회를 그 논리적 주어로 지시한다. 이 사회는 내일 아침 특정 시간에 이 사회가 지구와 특정한 관계에 있게 될 것이라고 말하는 예측명제의 주어이다. 따라서 모든 예측명제는 정확히 그 논리적 주어를 가리키고 그 다음에 그것에 관한 진술을 한다. 그런데 이처럼 논리적 주어를 지시할 경우 우리는 현실적 존재와 사회의 **사회적** 특성에 의해 자동적으로 그 환경의 지배적인 특성을 전제로 하고 있는 셈이 된다. 우리가 현재의 환경에서 발견할 수 있는 태양과 유사한 존재를 지시한다면 우리는 사실상 유사한 자연법칙에 의해 지배되는 현재의 환경과 유사한 환경을 전제로 하고 있다는 것이다. 그렇기 때문에 예측의 대상이 되는 사건은 바로 그 예측 행위 자체에 의해 개연성이 판단될 수 있는 사건들의 유에 속한 것으로 전제되고 있는 것이다. 그러므로 화이트헤드에게서 예측명제의 정당성은 논리적 주어의 지시가능성이라는 가정의 필연적인 결과로 나타난다. 그렇기에 또한 예측명제의 정당성은 단순히 우리가 그것을 믿을 어떤 훌륭한 근거를 갖고 있는 그런 귀납적 원리에 토대를 두고 있는 것이 아니다. 화이트헤드는 이 원리를 믿을 것을 우리에게 호소하고 있는 것도 아니요 흄처럼 그것을 믿는 강력한 성향이 있다고 주장하고 있는 것도 아니다. 그가 주장하고 있는 것은 우리가 우리의 예측이 의미 있다고 가정하고 있다면 우리는 논리적 주어를 지칭할 수 있다고 가정하고 있는 것이며, 논리적 주어가 지칭될 수 있다고 가정한다면 또한 우리는 바로 그 사실에 의해, 그 주어의 존속을 가능케 하는 자연의 법칙도 존속할 것이라고 가정하고 있다는 것이다. 논리적 주어를 지시할 수 없다면 예측은 무의미한 것이 된다. 왜냐하면 그 논리적 주어를 지시할 수 없는 명제는 무의미할 수밖에 없기 때문이다. 화이트헤드의 표현으로 하자면 "불특정한 임의의 환경 속에서 불특정한 임의의 존재에 무슨 일이 일어날 것인가라는 물음에는 아무런 답변도 있을 수 없다"(PR 205/377). 결국 화이트헤드의 우주에서는 지금의 태양과 지금의 자연법칙은 공동 운명체로 함께 존속하고 있다. 따라서 예측명제는 일정한 합리적 정당성이 있던가 아니면 예측은 아무런 내용도 없던가 둘 중의 하나일 가능성밖에 없다.

그로스는 이런 일련의 구성적 이해를 바탕으로 다음과 같이 결론한다. "예측명제에 대한 화이트헤드와 흄의 답변 사이의 차이는 경험 일반에 대한 그들의 분석에서의 차이에 기인한다. 흄의 외적인 관계 이론에서는 그 논리적 주어와 다른 사물과의 관계에 대한 인식이 불가능하기에 예측명제는 합리화될 수 없다. 그러나 화이트헤드의 내적 관계 이론에서는 자동적으로 우리는 관계에 대한 인식을 갖고 있는 것이며 따라서 예견을 위한 합리적 기초를 갖는다."

  필자가 보기에 그로스의 분석에서 예측명제가 단순히 귀납추리에 의해 근거지워지는 것이 아니라는 지적은 옳다. 왜냐하면 화이트헤드에게 있어 예측은 비록 그것이 담고 있는 술어적 정보에서 귀납에 의존한다 하더라도 예측 그 자체의 전제가 되는 자연의 제일성은 귀납추리에 의해 주어지는 것 아니라 상상적 일반화의 산물인 우주론에서 확보되는 것이기 때문이다. 그러나 예측명제가 그 자체의 논리적 구조에 의해 합리화되고 있다는 그로스의 주장은 화이트헤드 철학의 이념에 비추어볼 때 받아들이기 어렵다. 만일 우리가 그로스의 주장을 액면그대로 받아들인다면 예측명제는 일종의 분석명제가 되고 만다. 이것은 라이프니츠의 모나드에 관한 명제를 상기시킨다. 모나드에 관한 모든 참된 명제는 그 논리적 주어인 모나드 속에 내장되어 있는 속성에 대한 진술이며, 따라서 분석명제이다. 흄과 더불어 분석명제의 한계를 명확히 했던 화이트헤드가 이런 해결책을 의도했다고 보기는 어렵다. 더욱이 이런 해결책은 "내일도 태양이 뜨는가"라는 물음에 함축된 의미를 분석하고 보면 그 난점이 드러난다. 사실 "내일도 태양이 뜨는가"하는 물음은 단순히 논리적 주어인 태양과 그것을 둘러싼 지금의 환경에 관련된 물음에 그치는 것이 아니다. 그것은 궁극적으로 특정 질서를 향유하고 있는 지금의 우주가 미래에도 계속해서 존속할 것인가, 또는 보다 강하게 말해서 지금의 우주가 유일 필연의 우주인가라는 물음을 함축하고 있다. 그러나 그로스의 해석은 지금의 우주시대를 단순 전제로 삼아 논의하는 가운데 이 우주시대 자체를 논리적 주어로 하는 형이상학적인 물음의 자리를 허용하지 않고 있다. 그러나 화이트 헤드는 그의 저술 곳곳에서 이 우주시대의 형이상학적 우연성을 명시 적으로 선언하고 있다. 결국 그로스는 화이트헤드에게서 예측명제의 궁극적 합리성이 단순히 귀납추리에서 마련되는 것이 아니라 내적 관 계의 우주론과의 연관에서 확보되는 것이라고 본 점에서는 옳았지만, 우주시대 내의 특정 사회를 논리적 주어로 하는 예측명제를 일종의 분 석명제로 해석하는 한편 지금의 우주시대를 단순 전제로 취급함으로 써 우주시대 자체를 논리적 주어로 하는 형이상학적 예측명제의 가능 성을 도외시하였고 그 결과 화이트헤드의 우주론이 갖는 형이상학적 개방성을 질식시키고 있다.

그렇다면 그로스에 의해 난타당한 롭슨의 평가는 어떤가? 그는 흄 의 가르침대로 예측명제가 귀납추리에 근거하는 것으로 보는 한편 다 시 귀납의 문제는, 미래의 사건을 예측하기 위해 과거와 현재의 경험 을 사용하는 것이 정당할 수 있는가라는 문제로 이해한다. 흄은 귀납 을 합리화하는 문제와 관련하여 자연의 일반적 제일성(즉 관찰되지 않 은 사례가 관찰된 사례와 유사하고 미래가 과거와 유사하다는 원리)과 특수 한 제일성(얼음과 차가움 사이의 연관성이나 불과 뜨거움 사이의 연관성)을 구별하였다. 특수한 제일성은 적절한 습관이 형성되면 상상을 통해 미 래로 확장된다. 그리고 우리는 일반적 제일성에 대한 믿음에 의지하여 그런 특수한 제일성에 대한 기대를 합리화하는 경향이 있다. 그러나 흄은 일반적 제일성이 독자적인 가정으로 적절하게 합리화되지 않는 다고 주장한다. 왜냐하면 이때 우리는 미래가 과거와 유사할 것이라는 원리를 과거로부터 미래를 논증하는 토대로 사용하기 때문에 논점을 선취하지 않고서는 그 원리 자체를 과거 경험으로부터 논증할 수는 없다. 따라서 일반적 제일성에 대한 가정은 우리가 참이기를 희망할 수는 있으나 경험에 호소함으로써 정당화할 수는 없는 어떤 것으로 머문다. 이것이 자연의 일반적 제일성에 대한 우리의 믿음은 습관의 산물이며, 따라서 귀납추리는 예측명제를 합리화할 수 없다고 라고 보게된 흄의 논리이다.

롭슨은 이런 흄의 결론과 대비시켜 화이트헤드의 우주론이 이러한 일반적 제일성을 합리화하는 데 성공하고 있는지를 묻고 그렇지 않다고 답한다. 물론 롭슨은 일반적 환경의 동일성을 화이트헤드가 시사하고 있는 것으로 이해한다. 그는 자연의 제일성에 관련한 화이트헤드의 견해(PR 199-207/369-381)를 다음과 같이 요약한다. "우선 우리는 우리의 환경의 일반적인 패턴과 그 속에서 사물들이 전개되는 방식에 대해 무엇인가를 알고 있다. 둘째로 우리는 발생하는 것은 환경의 특성에 의존한다 것과 그 특성을 변화시키는 데 참여한다는 것을 알고 있다. 따라서 어떤 특정한 사건이든 간에 그것에 어울리는 환경을 필요로 하며 동시에 환경의 일반적 특성은 그 속에 포함되어 지배적인 역할을 하는 사건들의 종류에 의해 결정된다는 것도 알고 있다. 셋째로 우리는 우리의 경험에서 식별되는 환경의 일반적 패턴이 미래에 계속될 것이라고 믿을 근거를 갖고 있다. 왜냐하면 우리의 직접 경험은 사건들이 과거로부터 그 특성을 계승하고 동일한 과정의 일반적 패턴을 유지한 채 이를 다시 미래에 전달하는 사건들을 보여주기 때문이다. 넷째로 우리는 이런 환경의 지속하는 유형을, 우리의 경험 내에 들어오는 사건들과 유사한 미래의 사건들에 관해 판단할 기초로 사용할 수 있다." 롭슨은 화이트헤드의 주장을 이렇게 요약하고 이런 일련의 구절들이 화이트헤드가 귀납추리를 합리화하는 논거를 시사한다고 보았다. 그러나 롭슨은 이처럼 직접 경험의 증거들로부터 귀납추리와 예측명제를 합리화하는 화이트헤드의 해결책이 설득력이 없다고 주장한다. 우선 무엇보다도 흄이 제일성 원리에 대해 제기했던 물음은 화이트헤드의 가정, 즉 환경의 지속적 유형에 대한 가정에 대해서도 똑같이 제기될 수 있다. 즉 이런 가정이 참이라고 믿을 어떤 근거가 경험 속에 있는가? 롭슨은 화이트헤드가 현재의 경험 속에는 어떤 종류의 미래를 필연적인 것으로 만들고 있는 무엇인가가 있다고 답하는 것처럼 보인다고 말한다. 화이트헤드는 "현재에 내재한 미래"에 대해 말하고 있기 때문이다. 화이트헤드는 "미래가 그에 선행하는 세계 속에 적극적으로 작용하고 있으며," 그것은 현재 속에 "객관적 존재성"을 갖는다고 말한다. 또 각 경험의 현재 계기의 구조는 "미래가 있다는 것을 필연적인 것으로 만든다"고 말한다(AI 247-250). 그러나 이때 미래가 현재에 내재한다는 것은 예기의 양태를 통해서이다. 아직 일어나지 않은 것은 지금 예기되고 있는 대상일 수 있다는 것이다. 그러나 이것이 사실이라면 여기서 미래 또는 미래의 계기라는 표현이 사용되더라도, 그것은 현재가 구성하고 있는 미래, 현재 의존적 미래일 뿐이며, 현재를 구성하는 데 현실적 작인으로 참여하고 있는 미래수일 수 없다. 요컨대 미래 예측 속에는 현재가 만들어내고 있는 작인으로서의 미래가 있을 뿐이며, 따라서 엄밀하게 말해서 지금 일어나고 있는 것을 제외하고는 아무것도 없다는 것이다. 화이트헤드는 우리가 흔히 특정한 미래를 예상하면서 생각하고 행동한다고 말하지만, 이런 사실은 "미래를 제거하면 현재가 붕괴되고 그 내용이 사라질 것이다"라는 주장을 보증하지 않는다. 우리는 다음과 같이 말할 수 있을 뿐이다. 즉 "미래에 대한 우리의 현재의 예상을 제거하라. 그러면 현재는 붕괴되고 그 내용은 사라질 것이다". 결국 예기의 양태 속의 미래는 어디까지나 현재 속의 미래일 뿐이다.

현재 속의 미래가 반드시 예측대로 실현되는 것이라고 말할 수 있으려면 예측이 현재와 미래의 사건들을 포함하는 내적인 관계적 속성에 대한 직관에서 성립하는 것이어야 한다. 우리가 현재의 사건을 고찰함으로써, 그것이 지금의 그것일 수 있는 것은 현재 부분적으로 관찰되는 과정의 일반적 패턴과 관련되어 있는 미래 사건과의 관계 때문이라는 것을 발견할 수 있다면 우리는 환경의 일반적 유형이 지속될 것이라는 믿음을 위한 근거를 지금 갖고 있는 셈이 될 것이다. 화이트헤드의 진술들을 보면 우리가 이런 근거를 갖고 있음을 시사한다. 경험하는 주체의 구조는 그 자신의 자기 형성 활동이 타자 형성의 활동 속으로 이행해 가는 것임을 포함한다. 그래서 "미래가 현재의 주체를 구현하게 될 것이며 그 활동의 패턴을 재연하게 되리라는 것은 현재의 주체의 구조에 근거한다"(AI 248). "현재는 그것이 미래에 대해서 갖게 될 관계를 그 본질 속에 포함하고 있다. …미래는 현재 속에 일반적 사실로서 존재한다. …미래는 현재가 그것에 부과할, 현재의 본성 속에 있는 일반적 결정성을 가지고 현재 속에 있다"(AI 250). 이런 구절들은 미래의 사건들을 그 구성요소로 필요로 하는 내적인 관계적 속성들은 현재의 사건에 속한다는 것을 의미하는 것으로 해석될 수 있다.

그러나 롭슨은 미래를 예측할 때 우리가 미래의 사건들을 포함하는 내적인 관계적 속성들을 인식한다고 하는 이런 주장은 거부되어야 한다고 주장한다. 그는 미래와의 내적인 관계적 속성이 가능하다는 가정

자체가 중대한 난점을 지니고 있다고 보았기 때문이다. 내적인 관계적 속성은 둘 중의 하나가 지금의 그것이 아니라면 다른 하나도 지금의 그것일 수 없는 그런 관계이다. 이제 시간적 관계, 특히 인과관계나 파생의 관계를 고찰 해보자. 화이트헤드의 진술들을 보면 이들은 단순한 시간적 계기 이상을 포함하는 것으로 되어 있다. 그래서 예컨대 시간적 순서로 일어나는 두 사건 a와 b가 있다고 할 경우 화이트헤드는 가끔 이 관계가 a와 b와 관련하여 양자 모두에 내적인 관계라고 생각하는 것처럼 보인다. 그러나 이 관계는 b에서는 내적인 관계이지만 a에서는 내적인 관계가 아니다. b의 발생은 a에 어떤 차이도 만들지 않는다. 가설상 a는 b가 발생하기 전에 마무리되었기 때문이다. 따라서 어떤 사건도 그에 후속하는 사건과 내적인 관계를 갖는다고 할 수 없다.

이런 일련의 비판적 논의로부터 롭슨은 흄의 다음과 같은 결론은 여전히 흔들리지 않는 것처럼 보인다고 말한다. "그러므로 삶을 이끄는 것은 이성이 아니라 습관이다. 정신은 오직 습관에 힘입어 과거와 닮은 미래를 생각할 수 있다. 이것이 아무리 간단한 것처럼 보여도 이성은 결코 영원히 그렇게 할 수 없다"(An Abstract of a Treatise of Human Nature, 16).

롭슨의 이와 같은 평가가 옳다면 화이트헤드가 그의 철학에서 보여준 것은 과연 무엇인가? 우주론에서 예측과 관련된 그의 모든 언급은 공염불에 지나지 않는가? 필자가 보기에 롭슨의 분석은 그로스의 경우와 달리 화이트헤드에게서 우주시대 자체를 논리적 주어로 하는 형이상학적 예측명제의 합리화 불가능성을 설명한다. 그가 예로 든 계기하는 사건 a와 b의 관계는 계기하는 두 우주시대 사이의 관계에 적용될 수 있다. 그러나 지금의 우주시대를 전제로 하는 예측명제는 이런 분석과 무관하다. 왜냐하면 화이트헤드에게 있어 우주론적 예측명제의 합리성은 귀납추리에 의해 확보되는 제일성에 의존하는 것이 아니라 우주론이 그리고 있는 우주질서에 의존하기 때문이다. 그는 그로스와 달리 화이트헤드가 우주론적 예측명제를 귀납추리에 의해 합리화하고 귀납추리는 환경의 일반적 패턴에 대한 직접경험에서 정당화하려했다고 본 점에서 길을 잘못 들었다. 그 결과 귀납과 예측에 관련된 화이트헤드의 공과를 적절히 평가하지 못했다. 화이트헤드는 흄이 제기한 귀납과 예측명제의 문제가 서양철학의 근거없는 우주론적 가정들을 전제로 했던 근대 인식론 철학이 만들어낸 여러 난제들 가운데 하나로 이해하는 한편 근본적으로 다른 인식론을 함의한 다른 우주론을 통해 이들 난제들을 해소하고자 하였다. 흄에게 있어 귀납의 토대가 되는 자연의 제일성은 원자론적 여건들 위에 덧붙여진 믿음의 산물이다. 화이트헤드는 이런 제일성을 존재론적 지위의 것으로 돌려보낸다. 그래서 예컨대 흄에 따르면 질서에 대한 믿음은 반복에 근거한다. 그렇다면 반복은 어디에 근거하는가? 흄은 답하지 않는다. 화이트헤드는 반복이 안정된 우주 질서에 근거한다고 이해한다. 그리고 귀납추리와 예측명제를 뒷받침하는 것은 바로 이런 우주 질서이다. 그렇기에 자연의 제일성이 우리의 믿음에 근거하고 있는 것이 아니라 우리의 믿음이 제일성의 산물이다. 물론 이 우주는 초역사적 동일성을 향유하지 않는다. 이는 우주가 유일 필연의 것이 아니라 우연적인 존재라는 것을 의미한다. 그러나 이 우주에는 급격한 변화가 불가능하다. 과거 전체가 현재와 미래를 향해 강력한 인과적 영향력을 행사하기 때문이다. 그리고 우리는 이런 존재론적 근거를 바탕으로 이 우주시대에서 과거와 현재의 경험 사용하여 미래를 내다볼 수 있는 것이다. 말하자면 이 우주시대 내에서 귀납추리는 정당화되며 이렇게 정당화된 귀납추리는 예측명제를 합리화한다. 결국 화이트헤드에게 있어 예측명제의 합리성을 보장하는 것은 지금의 우주시대를 그리고 있는 우주론이다.

IV

하지만 우리는 다시 물어보아야 한다. 화이트헤드가 말하는 이 **우주**는 합리적으로 정당화될 수 있는가? 이것은 사실 롭슨이 검토하고 성급하게 부정적으로 답했던 물음이다. 그러나 우리는 이에 대한 긍정적 답변의 실마리를 화이트헤드 자신의 논의에서 찾아볼 수 있다. 이 논의는 화이트헤드가 이성에 대한 흄의 평가를 넘어서는 데서 출발한다. 화이트헤드는 분명 경험론자였음에도 흄과는 달리 이성과 그것의 폭넓은 기능을 강하게 신뢰하고 있었다. 화이트헤드가 보기에 이성의 사용과 관련하여 흄에게는 문제가 있었다. 흄은 인간 지성의 대상을 논하면서 명시적으로는 이성의 기능을 **관념들의 관계** 문제에 묶어 놓았으나 부지중에 **사실의 문제**에 개입시키고 있다. 흄은 이성이라는 말을 이중으로 사용하고 있었던 셈이다.[5] 모순율을 활용하는 것으로서의 좁은 의미의 이성과 경험의 가르침을 활용하는 것으로서의 넓은 의미의 이성이 그것이다. 그는 이성과 경험이 상호 배타적인 것처럼 말하지만 어떤 신념(기적 같은 것)을 불합리한(unreasonable) 것으로 기술할 때 그는 암암리에 이 넓은 의미의 이성을 사용하고 있다. 왜냐하면 신

---

5) K. R. Merill, "Hume, Whitehead, and Philosophic Method" in *David Hume: Critical Assessments*, ed. Stanley Tweyman(London: Routeledge), 1995, pp.327-51.

념들은 합리적이어야 한다(논리적으로 일관되고 과거의 경험과 정합해야 한다 등등)는 신념은 일종의 메타신념(second-order belief)인데, 이는 이미 관념들의 관계에만 관여하는 좁은 의미의 이성의 산물일 수 없다. 메타신념은 분석명제로 이루어진 것이 아니기 때문이다.

그런데 사실 우리가 합리성에 대한 메타적 신념을 선행시키지 않는다면 하나의 신념을 선택하는 것은 개인적 선호 이상의 근거가 없는 것이 된다. 하나의 어떤 신념이 다른 신념들보다 우선되어야 한다고 주장하는 것은 그러한 선택에 비자의적인 근거가 있다는 것을 적어도 묵시적으로 인정하는 것이며 이는 다시 다른 어떤 것이 아니라 임의의 어떤 것을 믿는 데에는 합리적인 근거가 있다는 것을 인정하는 것이다. 좁고 엄격한 의미에서라면 내가 알몸으로 한동안 불 속에 들어가 있더라도 전혀 화상을 입지 않는다고 믿는 것은 불합리한 일이 아니다. 그러나 넓은 의미에서 과거의 경험과 상반되는 무엇인가를 믿는 것은 불합리할 것이다. 따라서 어느 쪽 의미를 택하는가에 따라 기적이 일어났다고 믿는 것은 불합리할 수도 있고 그렇지 않을 수도 있다. 모든 신념이 다 건전하고 똑 같은 힘을 갖지는 않으며, 따라서 신념들에 대한 비판이 가능하다는 확신은 넓은 의미의 이성에 대한 묵시적인 동의를 전제로 한다. 그러나 흄은 자신의 철학적 선택에서 이처럼 넓은 의미의 이성을 활용하면서도 그런 원리들을 자신의 철학에 끌어들이지 못하고 삶을 주도하는 것은 이성이 아니라 습관이라고 성급하게 결론하였다. 습관은 왜 사람들이 어떤 방식으로 행동하고 어떤 것을 믿는지를 설명한다. 그러나 그것은 어떤 관습을 침해하면 불합리하고 어떤 관습의 침해는 그렇지 않은지를 설명하지는 못한다. 그럼에도 흄은 자신의 체계가 참이며 다른 체계가 그렇지 못하다고 보았다는 것은 의심의 여지가 없다. 그는 자연인식에서 결코 상대주의적 발언을 한 적이 없기 때문이다.

화이트헤드가 보기에 이처럼 흄은 넓은 의미의 이성을 활용하고 있으면서도 이를 의식하지 못하고 인간에게 좁은 의미의 이성만이 가능한 것으로 생각했던 탓에 자신의 철학적 신념과 실천을 위해 필요한 신념들을 조정할 수단을 제공하지 못했다. 화이트헤드가 우주론에서 일차적으로 추구하는 것은 이런 신념들을 하나의 체계 속에 정합적으로 화해시키기 일이었다. 그리고 그는 이런 신념들간의 정합성을 추구하는 것이야말로 합리주의의 기본 과제라고 생각했다(PR 151/292). 그에게 있어 합리성은 기본적으로 이런 의미의 **정합성과 논리적 무모순성**이다. 그래서 그의 우주론은 귀납의 문제뿐만 아니라 인격적 동일성의 문제, 정신과 신체의 문제, 사실과 가치의 문제에 관련된 상이한 믿음들을 하나의 정합적인 개념체계 속에 조화시킬 것을 목표로 하고 있다. 그러나 이런 의미에서의 합리성은 그 자체로 볼 때 선험적인 것이다. 이런 합리성은 다양한 체계의 가능성을 열어놓는다. 따라서 상대주의적 귀결을 피하려면 이런 합리성에는 일정한 제약이 가해져야 한다. 화이트헤드는 정합성의 제약자로 인간에게 가능한 다양한 유형으로 다양한 층차에서 확보되는 경험 전체를 제시한다. 화이트헤드는 그의 우주론이 인간에게 가능한 다양한 층차의 모든 경험을 충족적으로 구제하는 한 정당화된다고 보았던 것이다. 그러나 그렇다면 화이트헤드 우주론의 정당성은 선험적으로 확보되는 것이 아니라 계속해서 다양한 경험을 통해 수렴되어야 할 가치로 우리 앞에 던져져 있는 것이라고 할 수 있다. 이 점은 화이트헤드가 그의 우주론을 참 또는 거짓으로 평가될 대상으로서보다는 하나의 "유혹"으로 제시하고 있다는 사실과 정합한다.6) 여기서 단순한 유혹이라고는 하지만 우리가 이 유혹과 관련하여 더 이상 아무 말도 할 수 없는 것은 아니다. 적어도 우리는 다음과 같이 말할 수 있다. 즉 현재의 시점에서 화이트헤드의 유혹이 우리가 갖고 있는 다양한 문제들을 설득력 있게 해소 내지 해결하고 있는 한, 그리고 동시에 어떠한 구체적 경험과도 충돌하지 않는 한,7) 그 유혹은 수용할 만한 합리적 근거를 갖는다는 것이다. 그리고 이는 결국 우리가 화이트헤드의 우주론을 하나의 전제로 받아들이는 것이 단지 우리의 자의적인 선택의 문제에 불과하다고 할 수는 없다는 것을 의미한다. 그리고 또 그렇다면 지금 우리가 자연인식에서 구사하는 예측명제는 단순한 믿음을 넘어서는 모종의 합리적 근거를 갖는다고 할 수 있다.

그러나 롭슨의 견해를 검토하면서 이미 지적했듯이 귀납추리와 예측명제의 이런 합리성은 우리의 우주시대 밖으로 눈을 돌릴 때 사라진다. 이 우주시대는 역사적 존재이다. 그것은 유일 필연의 존재가 아니다. 형이상학적으로 보자면 그것은 철저하게 우연적이다. 따라서 이렇게 형이상학적 지평에서 구성하는 예측명제, 예컨대 이 우주시대 자체의 미래 운명에 관한 예측명제는 합리화할 수 없다. 이런 점에서 화이트헤드는 롭슨이 정리하고 있는 흄의 방법적 이념을 자신의 형이상학에 수용하고 있음에 분명하다. 그러나 여기에 논점선취의 오류가 있는

---

6) 그에 따르면. "이론의 일차적인 기능은 느낌을 위한 유혹이다. 이를 통해 그것은 향유와 목적의 직접성을 제공한다. 이론은 그것이 참과 거짓을 판단하기 위한 소재가 된다고 보는 논리학자들에 맡겨져 왔다는 것은 불행한 일이다"(PR 184/345).

7) 화이트헤드의 우주론이 제시하고 있는, 근대의 난제들 가운데 중요한 몇 가지에 대한 해결책, 예컨대 작용인과 목적인의 문제, 인격적 동일성의 문제, 정신과 신체의 문제 같은 것에 대한 해결책은 상당한 설득력을 지닌 것으로 평가된다.

것은 아니다. 왜냐하면 화이트헤드의 우주론은 소박한 귀납적 일반화의 산물이 아니라 **상상적 일반화**의 산물이기 때문이다. 흄이 자연의 일반적 제일성에 아무런 합리성도 부여하지 못했던 것은 귀납추리의 전제가 되는 일반적 제일성을 귀납추리로 합리화하려 했기 때문이다. 그러나 화이트헤드는 귀납추리의 전제를 철학적 상상에 의해 합리화함으로써 이런 논리적 난점을 피해가고 있다. **경험**과 **상상**은 흄에게 있어 이미 중요한 두 가지 방법적 기제였다. 그런데 이 경험과 상상이 화이트헤드에게서는 한 층 더 강력한 방법으로 부활하고 있다. 그리고 적어도 이런 점에서 화이트헤드가 자신의 철학을 구상한 정서적 토대는 고전 경험론, 그 중에서도 특히 흄의 철학에 대한 애증 바로 그것이었다고 할 수 있을 것이다.

WHITEHEAD

화이트헤드의 자연철학과
물리과학의 환원주의

....

9. 화이트헤드의 자연철학과 물리과학의
환원주의

I

1. 자연철학이라는 탐구 분야가 있었다. 그리고 그것은 아주 돌연히 사라졌다. 그것은 17세기 초 자연에 대한 새로운 이해방식을 도입하면서 자멸의 길을 걸었다. 바쏘(Sebastian Basso)는 그의 『자연철학』(*Philosophia Naturalis*)에서 이 새로운 자연 이해방식을 최초로 완벽하게 다듬어놓았다. 그 이전의 사유에서 실체 내의 형상의 상관자에 지나지 않았던 물질은 그에게 이르러 그 자체로 실체로 등장하였다. 그리고 이는 형이상학적 이원론을 결과하였다. 이 이원론은 바쏘와 갈릴레오에 의해 명시적으로 수용되었고, 후일 데카르트에 의해 명료하게 체계적으로 전개되었다. 뉴턴 이후 새로운 자연과학의 가공할 성공으로 말미암아 이러한 이원론은, 비록 라이프니츠가 그에 대해 격하게 저항했음에도 불구하고 저지될 수 없었다. 18세기 이후 이 이원론은

사상계를 완전히 평정하였다. 우주는 두 부분으로 분할되었다. 한 쪽에는 자연을 구성하는 물질계가 있고 다른 한 쪽에는 정신을 본질로 하는 인간이 있었다. 이에 따라 탐구의 영역도 양분되었다. 자연의 영역은 자연과학이 지배하였고 정신의 영역은 철학이 지배하였다. 이 때 이후 철학과 과학은 결별하여 제각기 자기의 길을 갔고 자연철학은 자취를 감추었다.

이제 철학에는 자연과 교섭할 언어가 없다. 철학은 자연과학의 개념들을 매개로 해서만 자연과 가까스로 접촉한다. 철학자들은 방향과 초점거리가 상이한 과학자들의 눈을 통해서 단편적으로 자연을 곁눈질할 뿐이다. 그나마 자연에 미련을 가진 일부 철학자들만이. 그리고 이들은 자신들의 작업에서 과학자도 무엇인가 얻을 수 있을 것이라는 소박한 희망을 안고서 과학적 탐구와 판단의 과정을, 다분히 과학자적인 눈으로 점검하는 데 몰두하고 있다. 그 결과 사변적인 지혜의 눈은 퇴화하였다. 어떤 이는 이것이 착각이며 지혜는 애당초 없었다고 한다. 또 어떤 이는 진정한 지혜는 자연에 대한 온갖 총체적 사변을 포기하는 데 있는 것이라고 한다. 어찌되었든 총체적인 세계 운운하는 거대 이론은 이제 신화이다.

2. 화이트헤드에 의해 부활한 자연철학1)은 『과정과 실재』(*Process and Reality*)에서 우주론으로 구현되었다. 이 우주론은 거대 담론에 대한 비판적 시각에 동참하기를 거부하는 인간 영혼에 뿌리내리고 있다.

---

1) 레클럭(I. Leclerc)은 자연철학의 위대한 전통이 복구되어야 한다고 주장하는 가운데 화이트헤드의 작업이 20세기에 있어 그러한 복구의 뛰어난 사례였다고 말한다("The Necessity Today of the Philosophy of Nature," *Process Studies* Vol. 3[1973], pp.158-68).

적어도 화이트헤드는 이런 영혼의 소유자였다. 그는 우주가 원리상 합리적·가지적이라고 믿었다(PR 4/50-51). 화이트헤드는 신화적 믿음을 갖고 있던 셈이다. 하지만 그는 인간 경험의 다양한 영역과 층위의 경험을 속속들이 답사하면서 이 신화를 썼다. 그런 까닭일까 그의 우주는 현실적으로 조작 가능하고 예견가능하며 철두철미 이해될 수 있는 것으로 나타나 있지 않다. 그는 인간이 지닌 허약한 통찰력, 관념의 추상성과 언어의 모호성을 운명처럼 받아들이고 있다(PR 13/65). 그러나 그런 한계 인식은 원리상 알 수 없다는 불가지론적 믿음과는 구별된다. 그는 끊임없이 북돋우어야 할 지혜가 있다고 믿고 있었다. 그가 인식아(knower)를 괄호 속에 놓고서 작업했던 『자연의 개념』(*The Concept of Nature*)과 『자연인식의 원리』(*An Enquiry Concerning the Principles of Natural Knowledge*)의 자연철학으로부터, 인식아를 포함하는 자연철학, 즉 『과학과 근대세계』(*Science and the Modern World*)에서 탄생하고 『과정과 실재』를 통해 만개한 자연철학으로 옮아갔던 것은 바로 그의 이런 믿음 때문이었다. 그리고 이 믿음에 따른 그의 시각 확대는 자연 개념 자체의 확대로 나타났다. 이 자연은 우리가 내적·외적 감각이나 특수과학의 이론들을 통해 경험하는 자연은 물론이요, 예술이나 종교에서 구현되는 가치 경험에 연관된 자연까지 포함한다. 그렇기에 그의 자연철학은 흔히 생각하는 자연철학보다 훨씬 더 넓은 주제영역을 포함한다.

　탐구되는 자연에 탐구하는 인식아(knower)가 포함된다는 것은 인간이 갖는 경험과 사유의 과정이 온전히 자연의 부분이 된다는 것이다. 인간의 경험은 나머지 자연과 연속적이다. 인식아와 인식 대상 사이에 가로놓인 존재론적 간극은 없다. 그리고 경험 사건의 이와 같은 자연 존재화는 이 사건의 본성이 물리적 자연존재의 본성에 관한 중요한 정보들을 제공하리라는 가정을 가능케 한다. 경험사건과 자연존재는 자연사건으로서 동류에 속하기 때문이다. 시각확대에 뒤이은 이러한 시각전환은 감각경험의 존재론적 지위를 근본적으로 변화시킨다. 감각경험은 단순히 실재에 대한 인식의 통로가 아니라 그 자체가 실재이다. 따라서 실재의 궁극적 특성은 감각경험이 전달해주는 것에서가 아니라 감각경험 그 자체에 예시되어 있는 것이다.

3. 화이트헤드의 자연철학은 이처럼 인간의 경험 사건 자체를 자연 전체의 특성에 관한 증거로 채택하면서 탄생한 하나의 포괄적인 체계이다. 이 체계에서는 과거의 지적인 활동에 수반되어온 모든 인식론적 범주들이 존재론적 범주로 탈바꿈된다. 따라서 화이트헤드는 인식론 철학이 몰두했던 많은 문제들을 직접적으로 언급하지 않는다. 화이트헤드를 따라갈 때 우리는 낡은 문제들에 대한 새로운 답변을 별로 듣지 못한다. 그는 이 문제들의 전제를 해체, 재구성함으로써 인류의 지적인 에너지를 전혀 다른 방향으로 이끌어가려 한다. 그래서 그가 서양의 전통 철학을 향해 던지는 비판은 결코 **침묵**을 요청하는 비판이 아니다. 오히려 그는 말하기 위해 **말**을 비판하고 또 고쳐만든다(PR 11/62).

그러나 화이트헤드의 과격한 반(反)전통적·반시대적 성향은 그를 철학적 이방인으로 만들었다. 그 결과 그의 자연철학의 근본적인 제안들은 온전히 이해되지도 못한 채, 외면 당해왔다. 그것들은 우리의 과학적 이성을 둘러싸고 있는 사유 습관과 개념, 방법적 절차 등을 지나치게 전면적으로 수정·거부할 것을 요구하고 있다는 것이 주된 이유였다. 그러나 정녕 그런가? 그의 패러다임은 현대 과학의 지배적인 일반적인 이념, 개념, 방법과 화해할 수 없는 것인가? 그가 자연철학에서 드러내 보여주고 있는 우주의 실상은 자연과학, 특히 물리과학이 기대하는 우주와 충돌하는가? 이 글에서 필자는 이 두 가지 물음을 놓고 **부정 형식**의 답변을 모색할 것이다.

화이트헤드의 자연철학이 과학적 사유 일반과 조화되기 어려운 것으로 흔히 평가되는 주된 이유 가운데 하나는 무엇보다도 그것이 물리과학이 일반적으로 구사하는 전략, 즉 **환원적 분석과 설명**을 명백히 거부하고 있는 것으로 간주되는 데 있다고 할 수 있다. 이런 이해는 화이트헤드가 자신의 철학을 **유기체**(organism)의 철학이라고 특징짓고 있다는 점에서 일견 당연한 것처럼 보인다. 그러나 이런 통속적인 시각에서 화이트헤드의 자연철학을 자연과학, 특히 물리과학과 대비시키는 것은 그의 철학에 대한 정당한 평가라 할 수 없을 뿐만 아니라 심지어 일부 환원주의자들의 반대 논리에 휘말려들 위험마저 있다. 화이트헤드가 사용하는 **유기체**라는 말이 일반적인 의미의 무기물이라는 말과의 대비에서 그 본래적인 의미를 확보하고 있는 것은 사실이지만, 그는 유비적 일반화를 통해 그 말의 의미를 확대하여 무기물의 세계까지 포섭하고 있다. 그래서 그의 자연 철학은 환원적 분석과 설명이라는 과학적 전략을 일정한 한계 내에서 수용하는 복잡한 중층 구조를 지닌다.[2] 물리과학의 기본 전략이나 방법이 화이트헤드의 자연철학에

---

2) 일반적으로 형식주의적 전통(또는 논리실증주의적 전통)의 과학철학자들이 문제 삼는 환원이라는 말에는 두 가지 의미가 있다. 하나의 과학을 다른 과학으로, 또는 한 과학의 특정 분야의 한 이론을 다른 이론으로 환원하는 것(C. G. Hempel, *Philosophy of Natural Science*[Englewood Cliffs, N. J.: Prentice, 1966], chap. 8; E. Nagel, *The Structure of Science*[New York: Harcourt, Brace, and World, Inc., 1966], pp.336-66)과 위계적(hierarchical) 구조를 지

내재된 근본이념과 대립 충돌한다고 보고, 특이한 기질을 가진 소수의 현대 물리과학자나 과학철학자들의 견해에 의지하여 화이트헤드 자연 철학의 현재적 의의를 찾아보려는 유혹이 있을 수 있다.3) 그러나 필자 가 보기에 이런 시도는 그의 철학에서 국외자적 특성을 제거하기보다 는 자칫 심화시킬 우려가 있다. 화이트헤드의 자연철학은 특이한 기질 을 지닌 소수 과학자들의 전략이나 그들의 연구 방향에 접목시킴으로 써 그 **의미**를 구걸해야 할 만큼 단순하지 않다. 그의 자연철학은 정통 물리과학의 일반적 전략과 성과를 끌어안으면서 넘어서고 있다. 그것은 심층에서 자연과 인간간의 연대 가능성을 모색하면서 동시에 피층에서

닌 전체 내에서 보다 높은 계층에 있는 조직체의 속성들을 보다 낮은 계층에 있 는 속성들로부터 예견하는 것(predictability: C. G. Hempel and P. Oppenheim, "The Logic of Explanation" in *Readings in The Philosophy of Science,* ed. Herbert Feigl and May Brodbeck[New York: Appleton-Century-Crofts, Inc., 1953], pp.319-352; E. Nagel, 앞의 책, pp.366-74, pp.380-97)이 그것이다. 하지만 화이트헤드의 자연철학에서 보자면 이 두 가지 종류의 환원, 즉 이론간의 환원과 수직적 위계체계에서의 환원이 근 본적으로 구별되지 않는다고 할 수 있다. 왜냐하면 그에 따를 때, 모든 과학은 동일한 종류의 대상, 즉 유기체를 연구하기 때문이다. 예컨대 그는 "생물학은 비 교적 큰 유기체를 다루는 반면 물리학은 비교적 작은 유기체를 취급한다"(SMW 150/161)고 말한다. 따라서 생물학을 물리학으로 환원할 수 있는가 문제는 보다 높은 계층에 속한 유기체의 속성들을 그 유기체를 구성하는 보다 낮은 계층에 있는 유기체의 속성들로부터 연역할 수 있는가 하는 문제에 귀속된다.

3) 예를 들어 정통 화이트헤드학자 가운데 한 사람인 캅(J. B. Cobb)은 그의 논문, "Whitehead and Natural Philosophy"(*Whitehead and The Idea of Process,* ed. Harold Holz and Ernest Wolf-Gazo[Munchen: Verlag Karl Albert Freiburg, 1984], pp.137-53)에서 카프라(Fritjof Capra)(*The Tao of Physics,* London: Wilwood House, 1975), 니콜리스(G. Nicolis), 프리고진 (L. Pripogine)(*Self-Organization in Non-Equilibrium Systems: From Dissipative Structures to Order Through Fluctuations,* New York: John Wily & Sons, 1977), David Bohm(*Wholeness and The Implicate Order,* London: Routledge & Kegan Paul, 1980) 등의 물리학적 통찰들을 매개로 하여 화이트헤드의 자연철학과 현대 물리학의 연계가능성을 찾고 있다.

현대의 과학적 담론과 전략을 비판적으로 수용하고 있기 때문이다.

II

　1. 물리과학이 시사하는 미시 세계의 물리적 존재 구조와 인간의 경험 사건 자체를 놓고 화이트헤드가 벌인 **철학적 일반화**(PR 5-6/52-55)의 결실은 **현실적 계기**(actual occasion)이다. 그것은 기본적으로 자신의 입각점에서 타자 전체를 자기화하고 있는 사건이며, 따라서 관계적 존재이다. 그러나 또한 그것은 이 관계의 그물 속에서 선택적인 강조를 통해 타자를 고려하는 가운데 자신을 만들어간다는 의미에서 자율적 · 자기 창조적 존재이다. 모든 존재와 사건의 뿌리에는 이 관계적이고 자기 창조적 존재가 있다. 모든 시점에 있어 인간의 경험 사건 그 자체도 현실적 계기이고 이 사건과 부딪치는 자연 존재도 궁극적으로 현실적 계기이다. 그것은 우리가 일상적으로 유기체라 부르는 것들뿐만 아니라 무기물 덩어리들까지도 구성해내는 미시적 유기체이다. 그리고 우리가 감각에서 흔히 만나는 거시적인 존재들, 즉 "시간적인 존속성을 지니고 있는 일상적인 자연물(physical object)"(PR 35/102)은 **사회** (society)로 범주화된다. 사회가 갖는 상대적 동일성과 안정성은 그것을 구성하는 계기들이 계승하여 반복하면서 공유하는 **형상**(form) 즉 **한정특성**(defining characteristic)에 근거한다(PR 34/100-102, 89/192-93). 사회의 이런 한정 특성은 문제의 사회를 포함하는 보다 넓은 환경 사회를 배경으로 그 동일성이 유지되며, 후자의 환경 사회는 그 속에 들어있는 사회들의 동일성과 밀접한 상호 연관을 통해 존속한다. 그리고

사회들 간의 이런 위계적 관계는 우주 전체로 확대될 수 있다. 현실적 계기들 간에, 현실적 계기와 사회간에, 그리고 사회와 사회간에는 이런 상호 제약의 내적 관계가 존재한다. 이런 내적 관계의 그물망을 떠난 고립된 존재는 없다. 일견하자면 화이트헤드의 우주가 정통 물리과학의 일반적 절차와는 어떤 방식으로도 화해하기 어려운 것처럼 보이는 이유는 여기에 있다고 할 수 있을지 모른다. 특히 유기체론자들에게는 그럴 것이다. 그들이 환원적 분석을 거부하는 주된 논거가 바로 유기체들 간의 이런 내적 관계에 있기 때문이다.

화이트헤드의 학설이 유기체론자들의 견해를 강력하게 뒷받침하고 있다고 보는 대표적인 논의는 캅(J. B. Cobb)에게서 찾아볼 수 있다.4) 그는 우리가 다루는 모든 존재들이 그 본성상 근본적으로 관계적인 것이라면 환원주의적 이상은 거부되어야 한다고 주장한다. 화이트헤드의 자연철학을 단순히 명목론적으로 바라보아 유기체론의 한 형태로

---

4) 캅의 논의는 대략 다음과 같이 요약될 수 있다. 예컨대 아원자적(sub-atomic) 존재들은 결합하여 사건들의 장을 구성한다. 그렇지만 장의 속성들은 장 밖에 있는 아원자적 사건들을 탐구하여 얻을 수 없다. 이들 아원자적 계기들은 장의 부분으로서만 그들의 특성과 존재를 갖기 때문이다. 하지만 이것은 흔히 생각하듯이 유기체가 그 부분들의 총화 이상의 것이라고 주장하는 것이 아니다. 그것은 다만 부분들의 체계로서의 전체는 체계 밖에서 나타날 수 있는 그 부분들의 특성의 총화 이상의 것이라고 주장하는 것일 뿐이다. 그러나 또한 이것은 전체 속에 있는 부분들에 불가사이한 무엇인가가 덧붙여진다는 것을 의미하지 않는다. 그것은 모든 부분들은 그 전체의 부분으로서만 지금의 그것들일 수 있다는 것을 의미할 뿐이다. 따라서 비록 우리가 특정 부분의 기능 가운데 배경에서 비교적 독립적인 측면들을 통해 그 부분을 규정할 수 있다 하더라도 그것은 전체의 부분으로서의 그것과 동일할 수 없다. 뿐만 아니라 부분들의 비교적 독립적인 측면들이, 명백하게 전체 의존적인 측면들보다 더 실재적이라거나 전자가 후자를 설명할 것이라는 가정도 정당화될 수 없다(그의 논문, "Whitehead and Natural Philosophy" in *Witehead and The Idea of Process*, eds. Harold Holz and Ernest Wolf-Gazo (Munchen:Verlag Karl Albert Freiburg, 1984), pp.137-153).

간주하고 환원주의의 가능성을 부정하는 캅의 이런 주장은 부분적으로만 정당하다. 특히 자기 창조적인 현실적 계기들 하나 하나와 이들로 구성된 거시적 존재 즉 사회가 각기 부분과 전체의 관계로 등장할 때 정당하다. 그러나 화이트헤드의 자연철학 전체를 놓고 볼 때 캅의 주장은 온전히 정당한 것이라 할 수 없다. 캅의 해석은 우리가 화이트헤드에게서 읽어낼 수 있는 환원주의자들과의 화해 가능성을 완전히 차단하기 때문이다. 더구나 전체와 부분간의 내적 관계만을 역설함으로써 환원불가를 외치는 것은, 외적 관계에서 출발하여 환원 가능성을 내세우는 환원주의자들의 논리에 말려드는 역설적 결과를 초래한다. 실제로 형식주의적 신념을 가진 일부 과학철학자들5)은 내적 관계를 외적 관계에 근거하는 이론 체계로 환원할 수 있다고 주장한 적이 있다. 이들은 전체가 부분들의 총체 이상이라는 명제에 함축된 의미들을 기계론적 환원에서도 충분히 살려낼 수 있다고 생각한다.6)

---

5) C. G, Hempel, 앞의 책, chap. 8; E. Nagel, 앞의 책, Chaps. 11 & 12.

6) 유기체론자들은 "유기체가 물리화학적 부분들의 총화 이상의 것"이라는 주장의 근거로, 그런 부분들이 고립되어 있을 때는, 그들이 특정한 복합체를 참여하고 있을 때와 달리 움직일 수 있다는 사실을 내세운다[E. Laszlo, *The Systems View of the World*(New York: George Braziller, 1972), p.3]. 이는 부분들이 종종 복합체 속에서 "새로운 특성", 즉 고립된 상태에서는 결코 예견될 수 없었던 특성을 보여준다는 것을 의미한다고 할 수 있다. 그런데 여기서 "새로운 특성"이라는 말이 문제된다. 그것이 고립된 상태에서는 원리상으로도 예견될 수 없는 그런 특성을 의미하는 것으로 이해된다면 복합체는 결코 부분으로 환원될 수 없는 것이 된다. 그러나 "새로운 특성"이 고립된 부분에서 발견될 수 있는 잠재적 특성, 그래서 그 부분들이 복합체를 구성하게 될 때 현실화되는 것으로 예견할 수 있는 그런 특성이라고 볼 경우 환원가능성은 열린다. 이와 관련하여 "총화"라는 말의 의미에 대한 네이글(E. Nagel)의 논의는 시사적이다[E. Nagel, *The Structure of Science*(New York: Hartcourt, Brace & World, Inc.), p.390]. 그에 따르면 유기체를 부분들의 총화라고 말하는 것은 고립된 부분들을 설명하는 이론이 복합체에 있는 부분들을 온전히 설명할 수 있다고 말하는 것이다. 다시 말해 우리가 고립된 부분들로부터 복합체 속에 있는 부분들을 설명하는 법칙들을 이끌어낼 수 있을 경우, 그 복합체는 이들 부분들의 총화라고 할 수

2. 우선 환원주의자들도 유기체를 단순히 부분들의 단순한 기계적인 집합으로 간주하는 것이 아니라 **상호관계 속에 있는 부분들**로 이해한다는 데 주목할 필요가 있다. 물론 이때 상호관계를 설명할 보완적인 이론들이 필요하다. 이런 보완적 이론은 물리화학적 부분이 고립되어 있을 때, 그것이 구성하는 복합체 내에서 행동하는 것과 달리 행동할 가능성을 명시할 것이다. 그리고 이렇게 명시되는 것은, "전체는 부분들의 총화 이상이다"라는 주장이 일단 어떤 합리적인 의미를 갖는 것이라고 할 경우, 이 주장이 가질 수 있는 유일한 의미라고 새길 수 있다. 그리고 또한 그렇다면 전체가 부분들의 총화라는 주장과 부분들의 총화 이상이라는 주장은 단지 외견상 대립하고 있을 뿐이라고 말할 수 있다.

나아가 이런 시각은 "전체가 부분들에 대한 이해를 통해 이해될 수 있는가 어떤가" 하는 물음에 대한 답변의 실마리를 제공한다. 이 물음은 일반적으로 예견가능성(predictability)에 관련된 것으로 간주된다. 유기체론자들의 기본 주장은 고립된 부분들의 속성들에 대한 지식을 통해 유기적 전체 내의 물리화학적 부분의 속성들을 예견하는 것이 가능하지 않다는 것을 함의한다. 그러나 복합적 전체에서의 특정 관계로 현실화될 물리화학적 부분들의 **잠재적 특성**을 설명하는 이론이 있다면 그러한 예견은 논리적으로 가능하다고 할 수 있다. 환원주의자들은 고립된 부분들에 대한 **완전한 인식**(full knowledge), 즉 특정한 물리화학적 부분이 구성적으로 참여할 수 있는 임의의 생물학적 복합체 속에서 그 부분이 가동시킬 수 있는 모든 잠재적인 특성에 대한 인식의 가능성에 주목한다. 이러한 **완전한 인식**의 현실적 가능성은 경험적인 문

있다는 것이다.

제이다. 따라서 이런 **완전한 인식**의 가능성을 전제로 한다면 유기체론자들은 환원주의자들의 주장을 받아들일 수밖에 없을 것이다.

그리고 또한 이러한 의미의 **완전한 인식**을 전제로 할 경우, 생물학적 복합체가 그것의 물리화학적 부분들을 결정한다는 주장은 이들 부분이 복합체 전체를 결정한다는 주장과 배치되지 않는다고 볼 수 있다. 부분들이 전체를 결정한다거나 전체가 부분들을 결정한다는 주장에서 **결정한다**는 말은 물리화학적 부분들이 상이한 복합체에서 상이하게 행동할 잠재성을 갖는다는 주장의 다른 표현에 지나지 않기 때문이다. 말하자면 물리화학적 부분들이 생물학적 복합체를 **결정한다**고 말하는 것은 생물학적 복합체가 물리화학적 부분들을 **결정한다**고 말하는 것과 사실상 동치가 된다는 것이다.

마지막으로, 유기체를 이해하는 데 있어 **분석적 방법의 적절성 내지 충분성**과 관련된 논란이 있다. 이는 유기체들이 위계적 조직(hierarchical organization) 속에 있다는 사실과 관계가 있다. 유기체들이 위계적 조직 속에 있다는 것은 그것들이 여러 계층간의 **수직적 관계**(vertical relationships: SMW 215-16/221-22)를 갖는다는 것을 의미한다. 생물학에서 분석적 방법의 적용을 곤란하게 만드는 것은 이 수직적 관계이다. 이런 관계들은 물리화학적 부분들의 계층간의 상호작용을 함의하기에, 이에 대한 해명은 **수직적 법칙**을 필요로 한다. 이들은 복합체가 그것의 물리화학적 부분들에 어떻게 영향을 미치는가를 기술하는 법칙들이다. 이들 법칙은 물리화학적 부분들의 **수평적 법칙**, 즉 그들이 참여하는 복합체 내에서의 그들 간의 영향 관계를 지배하는 법칙과 대비된다. 따라서 유기체론자는 분석이 이런 두 종류의 법칙을 도외시하는 한, 분석적 방법의 충분성을 부정할 수밖에 없다. 그러나 이런 법칙들을 포함하는 이론이 존재한다면, 유기체론적 관점에서도 환원적 분석을 거부할 이유가 없게 될 것이다. 그리고 이렇게 본다면 분석적 방법에 대한 유기체론자와 환원주의자의 주장 사이에는 결정적인 불일치가 없다고 할 수 있다. 전자는 그런 이론들을 현실적으로 확보할 수 없음을 지적하고 있는 반면, 후자는 그런 이론들을 발견할 가능성에 주목하고 있을 뿐이기 때문이다.

3. 이제 이러한 논의가 어떤 설득력이 있다고 한다면, 화이트헤드의 철학을, 단순히 유기적 존재와 그 환경과의 내적 관련성을 기반으로 환원불가능성을 역설하는 유기체론자들의 기본 주장과 동류에 놓고, 다른 한편으로 환원 가능성을 역설하는 물리과학자들의 주장과 대비시키는 것은 그의 유기체철학과 기계론과의 차이를 효과적으로 부각시키기 어렵게 만든다. 화이트헤드의 자연철학은 기계론적 환원을 단순 배척하는 유기체론자들의 주장을 단순히 되풀이하고 있는 것이 아니라 이를 형이상학적으로 확대 개편함으로써 기계론적 환원의 실용적 정당성과 그 근본적인 한계를 존재론적 지평에서 보여주고 있다. 필자가 보기에 캅은, **환원**이 문제될 경우 화이트헤드에게서 조심스럽게 구별해야 할 것으로 보이는 중요한 범주적 개념들을 무시하고 단순히 유기체론자들의 통속적인 논리를 답습하여 **전체와 부분간의 내적인 관계**에만 매달림으로써 화이트헤드 자연철학의 진정한 면모를 왜곡하였다.

Ⅲ

1. 화이트헤드의 자연철학이 보여주고 있는 환원적 분석과 설명의 가능성 및 그 한계를 문제삼으려면 존재 기술에 들어 있는 두 가지 기본적인 구별에 먼저 주목해야 한다. 하나는 미시적 지평과 거시적 지평을 구별하는 일이고 다른 하나는 거시적 지평 내에서 사회(society)와 비사회적 결합체(nexus)를 구별하는 일이다.

미시적 지평의 자연을 구성하는 현실적 계기 하나하나는 특수한 것으로, 반복되지도 존속하지도 않는다. 말하자면 이들은 각기 자신들이 구현하는 시공간 영역(region)과 생사를 같이 한다(PR 283-84/499-501). 또 이들 하나하나는 그에 선행하는 과거의 계기들을 기반으로 하는 다른 모든 계기들과의 관계에 힘입어 **지금의 그것**(what it is)이 되고 있다. 그렇기는 하지만 이들은 이런 다른 모든 계기들과의 관계에 의해 완전히 결정되지 않는다. 그들의 특성은 타자에 절대적으로 의존하지 않는다는 것이다. 비록 과거의 제약으로부터 완전히 자유로울 수는 없지만 내적인 창조적 결단(decision)을 본질로 한다는 점에서 그들은 언제나 과거로부터의 부분적인 일탈을 구현하기 때문이다. 따라서 이런 측면에만 주목할 경우 현실적 계기들의 미시세계는 유사성이 부분적으로 계승되고 있을 뿐이라는 점에서 이질적인 생성들(becomings)의 연속이라 할 수 있다. 거기에는 지속적인 동일성을 갖는 것이 존재하지 않는다. 그러나 현실적 계기들의 미시세계에서 드러나는 이러한 비동일성으로의 해체는 자연과학에서 문제되는 환원과 직접적인 관련이 없다. 자연과학이 주목하는 부분들이란 어디까지나 시간 축을 따라 동일성을 향유하는 지속적 존재를 가리키며, 화이트헤드에게 있어 이런 지속적 존재는 모두 상대적 안정성과 독립성을 지니는 **사회들** 곧 거시적 지평의 존재들이기 때문이다.

사회의 범주에 대한 논의는 화이트헤드가 다루는 문제 영역 중에서 비교적 평이한 감각으로 이해될 수 있는 부분이지만,『과정과 실재』의 적지 않는 지면(제1부 3장 2절, 제 2부 3장)이 여기에 할애되어 있다는 점에서 그는 이 논제에 상당한 공을 들이고 있다고 할 수 있다. 그에 따르면 사회는 결합체의 일종이다. 결합체는 현실적 계기들의 공재(togetherness)로 정의된다. 그리고 결합체로 공재하는 계기들이 발생론적 관계에 힘입어 어떤 특성을 계승·반복하면서 공유하고 있을 때 문제의 결합체는 사회로 존립하게 되며, 이때 공유되는 특성은 그 사회의 한정특성으로서 그 사회의 상대적인 안정성과 동일성, 나아가 상대적 독립성의 근거가 된다.

2. 그런데 화이트헤드는 우리가 물리과학과 감각경험에서 부딪치는 존재들을 적절히 담아내기 위해 사회를 몇 가지 기본 유형으로 나누어 놓고 있다. 우선 가장 단순한 유형의 사회는 한 시점에 하나의 계기만을 포함하는 사회로서, 인격적 질서(personal order)를 갖는 것으로 특징지어지며, **존속하는 객체**(enduring object)라 불린다. 그래서 "존속하는 객체와, 존속하는 객체들로 분석될 수 있는 **사회**는 시간과 공간을 통하여 변화의 모험을 향유하는 항구적 존재들이다"(PR 35/102). 그리고 여기서 **존속하는 객체들**로 분석 가능한 결합체는 **입자적 사회**(corpuscular society)이다(PR 198/367). 나아가 사회는 이런 입자적 사회나 비사회적 결합체들을 구성원으로 갖는 보다 큰 규모의 것일 수 있

는데 화이트헤드는 이런 사회를 **구조를 갖는 사회**(structured society)
라 부른다.

구조를 갖는 사회는 흔히 종속적인 사회와 종속적인 비사회적 결합
체를 동시에 구성원으로 갖는다. 아마 이런 사회의 가장 대표적인 사
례를 말한다면 우주 그 자체일 것이다. 하지만 화이트헤드가 이 범주
를 통해 기술하고자 하는 것은 무엇보다도 생물학적 유기체이다. 특히
이들이 갖는 생명활동은 이들 속에 들어있는 비사회적인 결합체의 기
능이다. 이런 결합체는 그 유기체라는 전체 사회를 떠나서는 동일성을
유지하지 못한다. 이들 결합체는 그 **구조를 갖는 사회**가 제공하는 특
수한 환경을 떠나서는 그들 자신을 발생적으로 유지할 수 있게 해 주
는 어떤 특성도 갖지 못하기 때문이다. 그러므로 이런 결합체는, 구조
를 갖는 사회 전체로부터 추상되어 고찰될 경우 **사회**라고 할 수 없다.
보다 적극적으로 말하자면 거기에 참여하고 있는 계기들은 일탈성과
독창성을 기본 특성으로 갖는다는 점에서 반사회적이라 할 수 있다.

사실 화이트헤드는 비사회적 결합체가 갖는 이런 반사회적 독창성
을 생명의 본질로 간주한다.[7] 그리고 그는 이런 독창성을 설명하기 위
해 **근대의 자연**에서 사라졌던 목적인을 끌어들인다.[8] 현실적 계기는
목적인(주체적 지향, subjective aim)을 준거로 주체적 결단을 내리는 가

---

7) 이와 관련하여 화이트헤드의 다음과 같이 말하고 있다. "<완전히 살아 있는>
결합체는 그 동물 신체를 떠나서는 엄격한 의미에서 결코 사회가 아니라는 결론
이 나온다. <생명>은 한정특성이 될 수 없기 때문이다. 그것은 독창성을 위한
명칭이지 전통을 위한 것이 아니다. 자극에 대한 단순한 반응은, 무기적인 사회
이건 살아 있는 사회이건 간에 모든 사회의 특성이다"(PR 104/216).
8) 그는 다음과 같이 말하고 있다. "단일의 계기가 살아 있게 되는 것은 그 합생의
과정을 결정하는 주체적 지향이, 최초의 위상에서 계승한 여건 속에서는 발견할
수 없는 한정성의 새로움(novelty)을 도입했을 때이다. 이 새로움은 개념적으로
도입되며, 주체적 형식의 계승된 <호응적> 조절을 교란시킨다. 그것은 예술가
가 사용하는 의미에서의 여러 <가치>를 변화시킨다"(PR 104/216).

운데 **작용인**인 과거 여건(data)의 제약으로부터 일탈한다. 일상적 의미의 생명체뿐만 아니라 모든 거시적 존재가 환원적으로 분석·설명될 수 없는 것은 바로 현실적 계기들의 이런 끊임없는 창조적 일탈 행위 때문이다. 따라서 근본적으로 현실적 계기들과 이들로 구성되는 사회 간에는 환원적 분석이 들어설 여지가 없다.

그러나 다른 한편 **구조를 갖는 사회들** 가운데는 종속적인 사회만을 구성원으로 하는 것들이 있다. 말하자면 존속하는 객체와 입자적 사회만을 구성요소로 하는 사회가 있다는 것이다. 이런 사회의 예로는 분자나 전자, 양성자 등으로 이루어진 여러 가지 무기물을 예로 들 수 있을 것이다(PR 99/208). 그리고 이런 사회로 분류될 수 있는 존재들인 경우 과학이 일반적으로 보여주고 있는 바와 같이 환원적으로 분석 설명될 수 있을 뿐만 아니라 자연법칙과도 어울린다.[9] 물론 화이트헤드는 여기에서도 환원적 분석 가능성에 한계를 가한다. 그에 따르면 환원가능성의 토대가 되는 **존속하는 객체, 입자적 사회, 구조를 갖는 사회**의 일부 등은 모두 한시적 동일성과 안정성을 가질 뿐이다. 이는 무엇보다도 이들의 궁극적 구성원인 현실적 계기들 각각이 주체적 결단을 통해 그 사회의 동일성에서 끊임없이, 그러나 때로는 급격하게 일탈하는 가운데 그 동일성을 무너뜨릴 수 있기 때문이다. 이런 결단은 모든 자연존재 하나 하나를 생성의 역사적 과정 중에 있는 존재로 만들고, 나아가 이들의 구성체인 우주 전체를 "두 번 다시 동일한 것일 수 없는 것"(PR 31/195)으로 만드는 요인이다. 따라서 화이트헤드에게

---

9) 화이트헤드는 이를 다음과 같이 명시하고 있다. "전자기에 관한 맥스웰의 방정식은 방대한 수의 전자와 양성자를 근거로 하여 힘을 발휘하고 있다. 각 전자는 전자적 계기들의 사회이며, 각 양성자는 양성자적 계기들의 사회이다. 이러한 계기들은 전자기적 법칙의 근거가 된다"(PR 91/195, AI 87).

서 환원적 방법이 거부되는 근본적인 이유는 통속적 유기체론의 주장처럼 단순히 전체와 그 부분들 간의 내적인 관계에 있는 것이 아니라 궁극적 존재로서의 부분들이 창조적 자기원인성을 갖는다는 데 있는 것이다. 화이트헤드가 근대과학을 비판하면서 변화를 수동적인 요소들의 단순한 재배치로 해석하는 정태적인 기계론의 발상을 강력하게 거부(PR 203-209)하는 것은 이런 미시적인 존재론의 문맥에서이다.

그리고 이런 미시적 존재들의 자기원인성을 고려할 때 세계는 질서와 무질서의 혼재로 나타난다. 화이트헤드의 자연에는 완전한 질서도 완전한 무질서도 없다.10) 따라서 무기물의 세계에서조차 어떤 사회를

---

10) 화이트헤드는 이를 다음과 같이 말하고 있다. "모든 환경이 존재들의 사회에 의해 철두철미하게 침투되어 있다는 것은 순수한 가설이다. 존재들의 어느 사회에도 속하지 못하는 많은 존재가 환경에 산재하고 있을지도 모른다. 환경 내의 사회는 그 환경의 질서적 요소를 구성할 것이며, 그 환경 내의 비사회적인 현실적 존재들은 그 환경의 혼돈적인 요소를 구성하게 될 것이다. 우리가 아는 한, 현실 세계를 순수하게 질서정연한 것으로 생각거나 순수하게 혼돈된 것으로 생각할 이유가 없다"(PR 110/226). 사회가 이런 한시성을 갖는 데는 또 하나의 이유가 있다. 그것은 사회가 그 환경에 의지하여 그 동일성을 꾸려나간다는 사실에 있다. 어떤 사회이건 그 환경이 되는 사회로부터 완전히 고립되어 있을 수 없다. 고립된 사회는 없다. 존재하기 위해 그 자신 이외의 아무것도 필요로 하지 않는 것은 없다는 것이다. 사회는 모두 보다 넓은 환경 사회를 그 배경으로 갖는다. 대개의 경우 환경 사회는 그 구성원이 되는 문제의 사회의 자립을 허용하면서 동시에 문제의 사회가 필요로 하는 일반적인 성격을 제공한다. 요컨대 문제의 사회와 결부된 그 환경 사회는, 그 문제의 사회를 한정하는 성격보다 더 일반적인 어떤 성격을 갖고 있다는 것이다. 그러나 임의의 사회가 어느 정도의 성장을 거쳤을 때, 그것에 유리하게 작용하던 보다 넓은 환경 사회는 소멸하거나 그 사회의 존속에 더 이상 유리한 것으로 작용하지 않게 된다. 이렇게 될 때 그 사회는 그 동일성과 안정성을 점차 상실하게 되며, 궁극적으로는 일정한 쇠퇴의 단계를 거친 후 소멸하게 된다. 어떤 사회도 자신의 "무한한 존속을 보장해 줄 수 있는 이상적인 질서"(PR 91/195)를 확보하지 못한다. 따라서 "우주의 특정 부분에 있어서의 재생을 결정하는 <법칙들>의 체계는, 서서히 등장하여 지배력을 갖추고 나서 그 나름의 지속의 단계를 거친 후, 그 체계를 낳았던 사회의 쇠퇴와 함께 소멸해 버리는 것"(PR 91/194-195)이라고 할 수 있다.

그 구성원이 되는 특정 종류의 사회들로 완전히 환원, 설명하는 일은 우연적 충분성만을 갖는다고 할 수 있다. 그리고 여기에 자연인식에서의 개연성을 설명하는 존재론적 사태가 있다.

3. 우리는 이제 이렇게 말할 수 있을 것이다. 흔히 물리과학에서 문제되는 무기물의 거시 사회는 모두 존속하는 객체, 입자적 사회, 구조를 갖는 사회 등에 의해, 일정한 한계 내에서 환원적 분석이 가능하다. 그러나 비사회적 결합체나 이런 결합체를 구성원으로 갖고 있는 **구조를 갖는 사회**는 그 비사회적 결합체를 구성하는 현실적 계기들의 특수성 때문에 완전한 환원적 분석과 설명을 허용하지 않는다. 설령 비사회적 결합체를 이루고 있는 계기들 모두에 대한 **완전한 인식**이 가능하다고 해도 이런 인식은 그 사회에 대한 개념적 · 원리적 인식의 자료가 되기보다는 그 사회의 개체적 특수성에 대한 일회적 · 직관적 성격의 것에 지나지 않을 것이기 때문이다.

IV

1. 우리는 화이트헤드의 자연철학에서 환원적 분석과 설명의 가능성과 한계를 검토하였다. 화이트헤드는 상대적 동일성을 갖고 존속하는 모든 물리적 자연 존재가 사회이며 다시 그 사회에는 종속적인 사회들, 특히 입자적 사회들로 구성되어 있다고 주장하는 가운데 물리과학의 자연인식에 존재론적 근거를 제공하는 한편, 사회들 가운데는 비사회적 결합체를 구성원으로 하는 것이 있어서 때때로 생명의 근거가

되는 자율성과 창조성을 뿜어낸다고 봄으로써 생물학적 유기체의 존재론적 기반을 제공하고 있다. 그는 자연과학의 기계론을 제약하는 가운데 이를 끌어안고 또 이를 뛰어넘음으로써 과학의 자연인식에서 방치되었던 심층의 살아있는 자연을 회복시키고 있다. 이렇게 그의 자연철학에는 다양한 층위의 존재들을 구성원으로 하는 하나의 자연이 존재하고 있는 것이다.

서구 사상이 자연철학을 포기하고 자연을 물리과학에 일임한 이후, 이 **살아있는** 심층의 자연은 인간의 시야에서 사라졌다. 적어도 그것은 물리과학이 휘두르는 추상 도식들의 칼날에 의해 여번의 우연적 요인으로 잘려나갔다. 특히 과학적 사유에 내재된 **실체-속성**이라는 케케묵은 범주적 도식은 자연의 특수성과 역사성을 자연에서 제거하는 데 효과적으로 기여하였다. 예컨대 수학적 정식으로 표현되는 **보존의 법칙**이라는 것은 영속성과 변화간의 논리적이고 존재론적인 관계를 표현한다. 여기서 보존되는 양(量)은 고전적인 실체의 개념에 상응하는 추상적이고 형식적인 요인이고, 이 양들의 구체적인 현현은 전통적인 우연적 속성에 상응한다. 그런데 이러한 도식의 그늘 아래서는 에너지의 변형의 경우에서 나타나는 것들과 같은 창조적 전진의 과정은 그 자체로 독특한 역사적 사태로 간주되지 않는다. 오히려 그것들은 보존된 에너지라고 하는 추상적인 양으로 포섭되어 거세된다. 따라서 새롭고 특수한 현상들은 대개의 경우 과학의 개념적 체계에서 단지 우연자의 역할만 인정받는다.11) 그것들은 현상의 특성을 기술하는, 그래서 설명

---

11) 이러한 근본적인 고찰은 과학의 우연적이고 역사적인 발전이라는 것을 고려한다고 해도 달라지지 않는다. 예를 들어, 삐에르 뒤앙(Pierre Duhem, *La théorie physique, son object et sa structure*. Paris, 1914)과 토마스 쿤(Thomas Khun, *The Structure of Scientific Revolutions*, Chicago: Chicago University Press, 1962)에 의해 탐구된 것과 같은 개념적 체계에서의 변화는

을 필요로 하는 관찰 진술과 마찬가지로 간접적이고 종속적인 방식으로만 기능한다. 이것은 결국 자연에 대한 물리과학의 환원적 분석과 이에 근거한 설명 및 이해의 이론적 틀 속에 머무는 한, 역사적 자연을 논할 수 있는 독자적 범주는 살아남기 어렵게 된다는 것을 의미한다.12)

2. 화이트헤드는 실체와 속성의 존재론적 상관관계를 역전시킴으로써 자연의 심층부로 뛰어들어 자연과학이 거세한 부분을 구제함으로써 자연 전체를 회복시킨다. 여기서 동일성은 자연의 피층적·추상적 측면으로, 이질성은 자연의 심층적 구체적 특성으로 역전된다. **잘못**

새로운 이론적 개념과 자연질서의 새로운 모델(에컨대, 뉴턴의 역학, 전기역학, 상대성이론)을 낳는다. 그러나 여기서도 설명을, 보편적 법칙에 포섭하는 절차로 보는 근본적인 시각은 변화되지 않는다. 변화는 구체적인 형태의 문제이지 문제의 설명이 갖는 논리적 구조의 문제가 아니다. 모든 시대에 있어, 보편적으로 타당한 것으로 간주되는 법칙들이 과학적 설명의 준거점(reference point)이었다. 정상과학의 보수적인 성향, 즉 주어진 패러다임의 뼈대 내에 머물러 있으면서 고정된 모델에 의존하려는 성향은 쿤에 의해 명확하게 지적되었다. 쿤에게 일상적인 탐구 문제의 가장 두드러진 특징은 "그들이 개념적인 것이든 현상적인 것이든 주요한 새로움들을 얼마만큼 적게 끌어들일 것을 목표로 하는가" 하는 데 있다. 쿤이 논증하고 있듯이 새로운 패러다임으로의 전환은 가능한 한 빨리 새로운 설명의 모델을 구성하는 데로 이어져야 할 "무정부적 anarchistic" 중간 단계일 뿐이다. 이 새로운 모델은 그 때 또 하나의 제약적인 요인으로 기능하게 될 것이다. 요컨대 과학의 목적은 구체적인 것 내의 새로움을 독특한 시공간적 사건으로 탐구하는 것이 아니라 확립되어 있는 법칙적 패턴 속에 포섭하는 것이다. 그러나 새로이 발견된 법칙은 시간적 변화에서 벗어난 것이기 때문에 새로움은 시간적으로 불변하는 추상적인 개념적 뼈대 속에서 해소되어버린다(C. G. Hempel and P. Oppenheim, "The Logic of Explanation" in *Readings in The Philosophy of Science*, ed. Herbert Feigl and May Brodbeck, New York: Appleton-Century-Crofts, Inc., 1953).

12) Friedrich Rapp, "Whitehead's Concept of Creativity and Modern Science" in *Whitehead's Metaphysics of Creativity*, ed. Friedrich Rapp and Reiner Wiehl(Albany: State University of New York Press, 1990), pp70-93.

놓인 구체성의 오류(the fallacy of misplaced concreteness)로 상징되는
화이트헤드의 비판 작업은 이들간의 관계에 대한 전도된 발상을 철저
하게 추궁하면서 그의 철학 전반을 관류하고 있다. 자연과학의 자연은
구체적 자연이 아니라 추상적 자연이다. 이 자연이 머금고 있는 동일
성은 심층적 자연의 이질성, 우연성, 역사성에 의해 근본적으로 한계
지워져 있다. 심층의 자연은 자연과학 밖에 있다. 그것은 그 특수한 현
현에서, 예컨대 화학적 반응에서, 생명형태의 계통발생과 개체발생에
서 언제나 이질적인 요인으로 등장하고, 지적·예술적인 창조에서, 종
교적 확신에서는 훨씬 더 이질적인 요인으로 나타나는 그런 자연이다.

결국 화이트헤드의 자연철학은 동일성과 추상성을 근간으로 하는
과학적 경험과 이질성과 구체성을 축으로 하는 내적·외적인 직접경
험, 즉 아직 개념화되거나 이론의 의해 제약되지 않은 경험들을 모두
끌어안고 있다(PR 5/52-53). 이런 의미에서 그의 자연철학, 곧 우주론은
물리주의의 환원적 프로그램이 없는 사변적 지평에서 **통일과학**
(unified science)이라는 이상에 부응하고 있다고 할 수 있다. 그것은 무
기적 존재로부터 인간의 의식에 이르는 존재 전체를 동일한 범주체계
로 포섭하고 문제의 모든 현상들을 하나의 동일한 도식체계로 설명하
고 있기 때문이다(PR 17/71). 그러나 또한 그렇기에 구체적 사실 속에
주어진 것에 접근하고자 하는 그의 열망에도 불구하고 그의 우주론은
유비적 구성에 따르는 고도의 추상과 은유들의 체계로 나타날 수밖에
없었다. 이런 불가피성은 화이트헤드의 다음과 같은 충고 속에 집약되
어 있다. "정확성은 날조된 것이다"(IS 267). 그러니 "단순성을 구하되
그것을 불신하라"(CN 163).

화이트헤드의 자연철학은 **단순성**을 구하는 가운데, 과학이 활용하

고 있는 방법론적·인식론적 절차에 존재론적 근거를 제공하는 한편, 그것을 **불신**하는 가운데 과학의 추상적 자연을 넘어 전체로서의 살아 있는 자연에 주목할 것을 요청하고 있다. 그것은 자연과학의 방법과 결실을 끌어안고서 살아있는 자연의 심층으로 우리를 인도한다. 그리 고 여기서 자연은 인간과 더 이상 선천적 경계를 갖지 않는, 인간의 존 립 근거로 회복된다. 그리고 우리는 여기서 그가 부활시킨 자연철학의 문명사적 의의를 짚어볼 수 있다.

화이트헤드와 포스트모더니즘

....

10. 화이트헤드와 포스트모더니즘

I

"철학은 독단의 오류로 시달려왔다. 이 오류는 작업가설의 원리들이 명석 판명하고 수정 불가능한 것이라는 믿음에 있다. 그래서 철학은 이런 오류에 대한 하나의 반발로서 또 다른 극단 즉 방법 자체를 포기해버리는 오류로 치달았다. 철학자들은 그들이 아무런 체계도 내세우지 않는다는 것을 자랑으로 여기고 있다. 하지만 그들은 바로 그들의 과학이 극복하고자 하는, **사심 없는 표현들의 기만적 명료성에 사로잡혀 있다.** 다른 한 가지 반발은 어떤 지적인 분석이 있을 수 있다고 한다면 그것은 이미 포기된 어떤 독단적 방법에 따르는 길밖에 없을 것이라고 암암리에 가정하고, 이로부터 **지성은 본질적으로 잘못된 허구와 결부되어 있다고 결론하는 것이다.** 이런 유형의 반발은 니체와 베르그송의 반(反)주지주의에서 그 예를 찾아볼 수 있다"(AI 287)(강조는 필자의 것임).

이 구절은 근대 철학의 약점과 이에 대한 비판적 반응 내지 극복으로서의 20세기 철학이 어떤 길을 걷고 있는지에 대한 화이트헤드의 이해와 평가를 잘 보여주고 있다. 이 구절에서 보듯이 그는 근대에 이르기까지의 철학을 비판하는 20세기 이후 반(反)구성주의 철학의 두 원천을 정확히 간파하고 있었다. 하나는 **명료한 언어적 표현**을 최고의 철학적 가치로 내세우는 가운데 철학의 시선을 구성이 아니라 언어분석과 의미의 문제로 전환시키는 길목에 있던 논리실증주의이고, 다른 하나는 이성(지성)에 의한 실재 왜곡을 고발하는 가운데 모든 합리적 구성에 도전함으로써 해체적 포스트모던 철학의 주요 원천 가운데 하나로 기능하고 있는 니체와 베르그송 유의 비합리주의이다. 화이트헤드는 근대철학을 비판하면서 출발하고 있다는 점에서 분명히 이들과 한편에 있다. 그는 근대의 독단적 이성에 대한 신뢰를 철저히 비판한다. 그러나 포스트모더니즘의 근대 비판이 모든 구성에 대한 전면적 해체로 이해되는 한, 위 인용문 도입부의 **또 다른 극단**이라는 표현이 시사하고 있듯이 화이트헤드의 철학은 외견상 명백히 포스트모더니즘과 일정한 거리가 있다. 이 거리는 양자가 **독단**이라는 개념을 달리 이해하여 극복하고자 하는 데서 비롯된다. 일부 논자들은 이 거리에 주목하여 화이트헤드의 철학을 "구성적" 포스트모더니즘으로 특징짓는다. 이들의 논의는 부분적으로 정당성을 갖는다.

하지만 화이트헤드의 철학에서 이 측면에만 시선을 고정시킬 경우 그의 체계는 곧바로 반구성주의 철학과 정반대의 길을 가는 것으로 나타날 수 있다. 이 때 화이트헤드의 철학은 근대의 극복이라기보다 근대 이념을 계승한 수정적 재구성에 불과한 것으로 이해될 것이며, 그래서 마땅히 해체의 대상 가운데 하나로 간주될 것이다. 그러나 필자가 보기에 화이트헤드의 구성은 결코 근대 이념을 계승하고 있지 않으며 그런 점에서라면 해체의 대상일 수 없다. 보다 정확히 말하자면 화이트헤드는 이미 자신의 체계 속에 해체의 기제를 작동시키고 있어서 외부의 해체를 필요로 하지 않는다고 할 수 있다. 그리고 이 점에서 오히려 화이트헤드는 20세기 후반의 시대 정신을 상당 부분 예견하고 있었다고 할 수 있다. 이 글에서 필자는 해체적 포스트모더니즘, 특히 데리다와의 비교를 통해 이 점을 보여주고자 할 것이다. 물론 화이트헤드와 포스트모더니즘이 근대를 바라보는 시각이 다르다. 또한 그래서 양자는 상이한 개념적 도구를 통해 근대를 비판·해체한다. 더욱이 화이트헤드는 구성을 시도한다. 그러나 양자가 궁극적으로 도달하고 있는 최종 국면은 상당부분 접근하고 있다.

II

1. 해체적 성향의 포스트모더니즘은 위 인용문에서 언급된 니체와 베르그송의 비합리주의(또는 반주지주의)를 중요한 한 가지 원천으로 하고 있다. 이에 따르면 실재에 대한 모든 분석적 이해와 이에 대한 체계 구성적 해명은 지성의 산물이다. 그런데 지성이 이 분석과 구성에서 활용하는 범주와 개념들은 실재의 역동적 실상을 왜곡하는 추상들이다. 이들 추상은 일상 생활에서의 실천을 위한 우연적 도구일 뿐이다. 이들은 실재를 반영하지도 묘사하지도 못한다. 비합리주의 이런 시선은, 언어가 실재와의 대응을 토대로 의미를 갖고 작동하는 것이라는 전제하에 언어를 통해 실재와 교섭하는 가운데 합리적 의미세계를 확보하려 해왔던 전통적인 구성적 철학을 전면적으로 거부하는 해체

적 포스트모더니즘의 요체로 발아한다. 그래서 이 포스트모더니즘은 합리적 방법을 통한 의미세계 확보가 불가능하다고 결론한다.

특히 데리다는 언어가 인간의 해석적 활동과는 별개로 있는 어떤 외적 실재의 합리적 질서를 반영하거나 그에 대응한다는 것을 부정함으로써 언어 차원의 합리성을 의문시하는 가운데 사실상 근대를 넘어 철학사를 관류하고 있는 모든 합리주의적 기획에 도전하고 있다. 그는 언어와 실재 사이의 자의적 관계성과, 언어의 시간성에 주목함으로써 합리주의의 허구성을 논파한다. 데리다의 논증의 힘은 기호의 언어적 문맥에서의 차이(spacialization)와 지연(temporalization)이 의미의 일차적 원천이라는 그의 이해로부터 온다. 그의 이런 이해는 언어란 관계 속에 있는 차이의 복잡한 상호작용의 그물망의 결과라는 소쉬르의 격언을 토대로 한다. 이에 따르면 의미는 기표와 그 문맥 사이의 상호 연관적 본성과 이들 사이의 상호작용에 의존한다. 따라서 의미를 불변의 존재론적 **현전**으로 이해했던 전통 철학은 근본적으로 길을 잘못 들었던 것이다. 데리다에게 있어 현전이라 부를 수 있는 것은 이미 차이와 지연의 역동적인 상호작용, 상호관계, 차이화에 의해 구성된 것이다.[1] 요컨대 그것은 그가 차연(différance)이라 부르는 파지(retentions)와 예지(protensions)의 흔적들의 환원 불가능한 종합이다. 따라서 언어가 그 검증을 위해 접근할 수 있는 언어 외적인 불변의 대상은 없으며, 텍

---

1) 데리다에 따르면 의미관계는 존재의 현전에 현재하는 모든 요소들이 그 이외의 다른 무엇인가와 관계 맺고 그럼으로써 그 자체 내에 과거의 징표를 간직하고 미래의 요소와의 관계의 징표 — 이 흔적은 과거라 불리는 것 못지 않게 미래라 불리는 것과도 연관되어 있기 때문에 — 에 의해 스스로 손상되고 그래서 현재라 불리는 것을 지금 아닌 것과의 이런 관계에 의해 구성하는 한에 있어서만 나타날 수 있다(*Margins of Philosophy*, translated by Alan Bass[Chicago: University of Chicago Press, 1982], p.13, 이하에서는 MP로 약칭함).

스트의 언어적 구조를 넘어서서 철학적 전제들의 정확성을 위한 객관적 시금석으로 기능할 수 있는 외적인 **진리**나 **본질**도 존재하지 않는다 (OG 31-32; MP 24-25).[2] 결국 우리는 의미를, 존재로부터 끌어내는 것도 아니고 존재와의 상징적 관련으로부터 끌어내는 것도 아니다. 모든 의미와 가치는 차연이라는 말에 함의된 차이와 지연의 상호작용의 산물이다(OG 50-57).

데리다는 이런 언어 이해를 논거로, 이성중심주의와 존재 신학적 주장으로부터 글쓰기를 해방시키는 데 주력하는 한편 철학이 존재, 현전, 실재를 문학이나 다른 언어적 표현형식보다 더 정확히 보여줄 수 있다는 것을 부정한다. 특히 데리다는 언어적 기표가 문맥 외적인 실재에 대한 정확한 그림을 제공할 수 있다는 철학적 가정과, 이러한 철학적 주장을 보다 고등한 진리 표현으로 간주하여 특권을 부여하려는 형이상학자들의 성향에 도전한다. 데리다는 기표가 지시하는 문맥 밖의 무엇인가가 있다는 철학자의 가정을 거부한다. "텍스트 밖에는 아무것도 없다"(OG 158). 그래서 데리다는 현전과 의미의 확정적인 상관성을 기초로 하는 전통 철학을 모두 이성중심주의라는 딱지를 붙여 해체하고자 한다.

그러나 화이트헤드는 이런 해체의 기조를 성급한 처사로 이해한다. 그는 서구 전통 철학의 약점이 이성중심주의 그 자체에 있는 것이 아니라 오히려 독단적 이성주의, 그런 의미에서 반(反)이성주의에 머물렀던 데 있다고 생각한다. 특히 화이트헤드는 근대 과학과 연관된 철학적 사유를 반성하면서 그 실증사례를 발견한다. 그에 따르면 근대는 독단적 기점에서 출발하였다는 점에서 반이성주의의 시대였다.[3] 그는

---

2) OG는 J. Derrida의 *Of Grammatology*(translated by Gayatri Chakravorty Spivak. Baltimore: John Hopkins University Press, 1976)의 약칭.

다음과 같이 말하고 있다. "종교개혁과 과학적 운동은 후기 르네상스의 지배적인 지적 운동이었던 역사적 반역의 두 측면이다. 기독교의 기원에 대한 호소와 프란시스 베이컨의 작용인에 대한 호소는 한 가지 사유의 운동의 두 측면이다. …이러한 역사적 반역을 이성에 대한 호소로 생각하는 것은 큰 잘못이다. 반대로 그것은 철두철미 반주지주의적 운동이었다. 그것은 단순한 사실에 대한 고찰로 돌아간 것이다. 그래서 그것은 중세 사유의 완고한 합리성에 대한 반동에 기초하고 있었다"(SMW 12/24). 이 인용문에서 보듯이 그는 근대 정신이 근본적으로 사물과 사건을 궁극적 근거(reason)에 의해서가 아니라 그 역사적 원천을 통해서 이해하고자 하면서 개화하였다고 생각하였다. 말하자면 근대는 합리성을 도외시하고 역사적 사실에 주목하면서 출발했다는 것이다.

물론 사물들의 근거로부터 사물들의 특수성과 원천으로 주의를 돌린 것은 하나의 소득이었다. 그것 없이는 과학이 위대한 진보의 출발에 오르지 못했을 것이다. 그러나 화이트헤드는 근거 추구를 소홀히 하면서 철학이 오도되기 시작했다고 생각한다. 적어도 궁극적 근거라는 관념을 염두에 둘 때 근대과학의 기본 관념들은 철저하게 반성되지 않았다. 그러나 그것들은 잘 작동했고 그것들의 성공은 그들의 충분성을 뒷받침해주었다. 그 결과 철학의 과제는 과학이 전제한 세계에 관한 기본 관념들을 그 궁극적 근거를 통해 비판·평가하는 것이 아니라 단순히 그것들을 수용하여 정당화하는 것이었다. 화이트헤드는 이러한 근대의 비철저성이 독단적 합리주의, 곧 반합리주의를 결과했다

---

3) J. Cobb, "Alfred North Whitehead, D. R. Griffin," *et al, Founders of Constructive Postmodern Philosophy*(Albany: State Unversity of New Yo가 Press), 1993. pp.165-95.

고 생각한다. 그리고 화이트헤드가 보기에 베르그송과 니체의 해체적 성향은 근대의 이런 반합리주의적 독단의 자연스런 사상사적 귀결이었다. 그렇지만 20세기 주류 철학은 이런 사상사적 흐름을 따라 성급하게 사변이성을 철회하고 형이상학을 무의미한 언어놀이로 폐기하였다.

화이트헤드는 이 사상사적 흐름 밖에서 사변이성의 극대화를 통해 철저한 합리주의를 실천함으로써, 전통 철학뿐만 아니라 그 전제들을 일부 무비판적으로 계승했던 근대철학을 넘어서려 하였다. 그는 "사물들의 본성 구석구석까지 이성이 침투해 들어갈 수 있다는 궁극적인 내적 신념"(AI 137)과 "본질적으로 일반 이론을 예증하고 있는 사례로서 나타낼 수 없는 요소란 경험 가운데 하나도 없다"는 합리주의의 희망(PR 42/114)⁴⁾을 품고 있었다. 사실 이 신념과 희망은 그가 고전 철학과 그 전제들을 계승한 근대 철학을 비판하는 근본 동기였다. 그리고 화이트헤드는 이런 희망의 실현가능성을 당시 새로이 열리고 있던 두 영역에 대한 숙지에서 포착하였다. 적어도 그는 이 두 영역에서 새로운 시대의 도래를 읽고 있었다. 그 하나는 물리학이다. 상대성이론과 양자이론은 근대 물리학의 가정들을 버리고 과학적 전제들의 근본적인 재구성을 요구하고 있었다. 그리고 다른 하나는 윌리암 제임스의 철학이다. 화이트헤드는 윌리암 제임스의 경험론 철학에서 근대 철학의 데카르트적 전제를 넘어서는 새로운 철학의 가능성을 보았다(SMW 205/213). 그리고 실제로 그의 『과정과 실재』는 20세기 물리학의 성과

---

4) 화이트헤드에 따르면 이런 희망은 그의 철학의 전제가 아니라 도달하고자 하는 이상(理想)이었다. 하지만 그는 이런 이상을 품고 있다는 한 우리는 합리주의자가 된다고 말한다(PR 42/114). 따라서 합리주의의 실현이 하나의 이상으로 간주되고 있다는 점에서 그는 이미 그 최종적 실현을 불가능한 것으로 열어놓고 있음을 짐작할 수 있을 것이다.

와 제임스의 중요한 심리학적 통찰들을 기본 자료로 삼아 상상적 · 유비적 일반화를 통해 얻은 근본관념들을 정합적으로 엮어 체계화한 것이다. 그러나 이 체계는 경험을 향해 개방된 실험적인 성격의 것으로 나타나 있다. 화이트헤드는 다양한 층위의 경험 전체에로 사유를 개방하여 실험적으로 근본관념들을 구성하고 이들을 정합적인 체계로 묶어내는 일이야말로 진정한 의미의 탈근대를 실천하는 것이라 믿었다.

  2. 화이트헤드가 구성한 사변적 체계는 기본적으로 현상의 구제라는 전통 형이상학의 과제를 포함하고 있기는 하지만 단순한 자연 철학적 의미의 현상 구제에 한정되어 있는 것은 아니다. 그의 체계는 인간에게 가능한 모든 경험, 즉 일상의 감각 경험뿐만 아니라 과학, 종교, 예술 등 모든 영역, 모든 층위에서의 내적 · 외적 경험들에 의미를 부여하기 위한 것으로 기획되었다(PR 3-4/49-51). 그래서 그가 구성한 형이상학적 우주론은 일종의 포괄적인 해석학적 존재론으로서, 인간의 내적 · 외적 경험에서 생생하게 부딪치는 생성, 변화, 시간성, 상호연관성, 유동성 등과 같은 존재 일반의 특성, 그러나 전통 형이상학에서 여변의 사태로 처리되어 왔던 그런 특성들을 해명하고 있다. 그의 체계는 이 여변의 사태를 존재의 중심에 놓고 다양한 범주들의 연관을 통해 세밀하게 분석하여 기술함으로써 **합리적 구성** 속에 끌어들이고 있는 것이다.

  화이트헤드의 합리적 구성은 이처럼 처음부터, **진정으로 존재하는 것** 즉 **참된 존재**(res vera)는 생성 가운데 있는 것이라는 직관적 확신에서 출발하고 있다. 그리고 그는 이런 확신의 실증 현장을 제임스가 문제 삼았던 인간의 경험 사건 그 자체에서 발견했다. 인간의 경험 사건은 자연 사건들 가운데, 우리가 그 내부를 들여다 볼 수 있는 유일한 사건이다. 이 내부에서 인간의 경험은 주변의 여건(data)을 자기화하는 과정으로 존립한다. 그는 이 경험의 일반적 구조와 현대 물리학이 이해하고 있는 물질구조로부터 모든 존재 사건의 내적 구조를 유비적으로 추론해낸다. 존재는 주변의 여건 전체를 자기화하는 과정이라는 것이다. 화이트헤드가 우주론의 중심에 놓는 **현실적 존재**(actual entity)는 이런 자기화 과정에 있는 사건으로서의 궁극적 존재이다. 그것은 여건을 자기화하는 가운데 자기를 구성해 가는 과정적 존재, 즉 자기 생성의 과정으로서의 존재이다. 그의 이런 유비적 통찰은 "있음"(being)의 가장 궁극적인 의미를 "생성"(becoming)으로 규정하는 **과정의 원리** (PR 23/81)로 정식화된다. 참된 존재는 자기를 구성하고 있는, 즉 생성하고 있는 존재라는 것이다.

생성의 과정으로서의 현실적 존재는 과거-저곳의 것을 현재-이곳의 것으로 자기화한다. 현재-이곳이라는 시공의 폭은 그것이 자리하고 있는 절대 입각점(viewpoint)이다. 현실적 존재는 자신의 이런 입각점에서 과거를 순응(conform)적으로 경험하고 또 미래를 예기(anticipation)적으로 경험하는 과정이다. 그래서 임의의 한 현실적 존재가 지금의 그것인 것은 이처럼 그것이 자신의 입각점에서 타자 전체와 맺고 있는 관계 때문이다. 따라서 우주 속에 고립된 자존하는 존재란 있을 수 없다. 우주 전체는 현실적 존재들 간의 이런 상호 연관의 그물이다. 현실적인 것은 무엇이나 이 그물에 참여함으로써 현실적인 것이 되고 있다.

나아가 현실적 존재는 일종의 단위 경험이기에 더 이상 쪼갤 수 없다는 의미에서, 즉 쪼갤 경우 그 경험의 현실적 동일성이 사라지게 된다는 의미에서 원자적인 것이다. 그것은 현실 세계를 구성하는 최소의 가장 구체적인 단위 사건이다. 화이트헤드가 말하는 생성의 일차적 의미는 이런 미시적 과정으로서의 생성, 즉 현실적 존재의 합생(concrescence)이다. 현실적 존재의 합생은 자신의 입각점에 해당하는 단위 시공간을 실현시킨다. 물리적 시공간은 이런 4차원의 시공간적 입방체인 단위 사건들의 상관관계에 힘입어 비로소 현실화한다. 따라서 물리적 시공간은 현실적 존재의 생성에 의존하는 파생적 사태이다. 현실적 존재는 시공간 축에 존재론적으로 선행하기에 변화한다고 말할 수 없다. 그것은 생성하고 소멸할 뿐이다. 오히려 그것은 절대 동일자로서 변화를 설명하는 토대가 된다. 변화는 시공간적으로 이웃하는 현실적 존재들 간의 차이로 설명된다. 이런 차이는 현실적 존재가 과거의 여건, 즉 과거의 현실적 존재들에 순응하기를 거부하고 그로부터 일탈하면서 빚어진다. 현실적 존재는 과거의 것에서 부분적으로 일탈하는 가운데 우주의 창조적 변이를 구현한다. 우주의 이런 변이가 바로 **거시적 과정**(macroscopic process)이다. 따라서 현실적 존재들의 내면적 일탈로 말미암아 거시적 세계는 유동하게 된다. 여기에 **창조적 전진**(creative advance)이 있다.

그러나 다른 한편 현실적 존재의 이런 일탈은 무제약적인 것일 수 없다. 그것의 생성은 과거 전체에 순응하면서 시작하기 때문이다. 그래서 현실적 존재는 과거로부터의 절대 자유를 향유하는 존재가 아니다. 순응에서 현실적 존재는 과거 여건을 반복한다. 그리고 이런 순응에 따르는 반복의 역사는 우주 질서의 바탕이 된다. 현실적 존재는 과거세계가 실현한 질서의 그물 속에서 탄생하여 이를 계승하여 반복하고 이를 다시 후속하는 미래 세계에 넘겨준다. 이처럼 그들이 순응적으로 계기하는 한, 거시적 세계의 질서가 나타나게 된다. 사회(society)는 이런 질서에 힘입어 동일성을 구현하는 다양한 층위의 거시적 존재들이다. 이들은 동일성을 향유하는 가운데 우주의 질서에 기여하는 동시에 또 이 질서에 힘입어 그 자신의 동일성을 유지한다. 그러나 사회는 한시적 삶을 영유한다. 그것을 구성하는 현실적 계기들과 그것을 둘러싼 환경을 구성하는 현실적 계기들은 과거에의 완전한 순응을 거부하고 끊임없이 그로부터 이탈하기 때문이다. 그래서 사회는 시간 축을 따라 성장과 쇠퇴를 겪는 역사적 존재가 된다. 화이트헤드의 우주에 영원한 것은 없다. 우주 자체도 마찬가지다. 우주도 그 자체가 하나의 사회, 즉 역사적 존재이다. 영속 불변하는 것이 있다면 그것은 모두 추상이다. 우리 자신을 포함하여 우리가 일상적으로 경험하는 모든 존재는 역사적 존재로서 시간 속에 있다. 화이트헤드의 체계가 **해체**와 인연을 맺게 되는 통로는 바로 존재의 이런 역사성이다. 그리고 이 역사성은 그의 체계로부터 존재 전체를 관통하는 공리적 중심(an axiomatic center)의 가능성을 배제한다. 그리고 이처럼 화이트헤드의 체계는 비록 정합적인 체계라는 점에서 합리적·구성적이지만 자기 부정의 씨앗을 잉태하고 있다는 점에서 근본적으로 **개방적·해체적**이다.

그렇기는 하지만 화이트헤드의 체계는 기본적으로 그 합리성에 힘입어, 근대 철학의 여러 난제들을 야기했던 전통 철학의 전제와 개념들을 비판적으로 평가·설명할 수 있는 토대로 기능한다. 그것은 실체론적 철학에서 파생된 근대 물리적 원자론의 한계, 인간 사유와 물질 간의 불가해한 관계, 인격적 동일성과 같은 문제들을 비판적으로 설명하여 해소한다. 그의 체계는 실체론적 원자를 원자적 사건들인 현실적 존재들의 계기(succession)에서 나타나는 것으로 간주함으로써 물리적 원자론을 폐기하고 20세기 물리학의 물질관과 화해한다. 나아가 그의 체계는 입자와 파동은 양립가능한 사태로 이해한다. 그가 말하는 최소의 사회, 즉 **존속하는 객체**(enduring object)는 입자와 파동 중 어느 것으로나 이해될 수 있다. 이렇게 화이트헤드는 우리 시대의 사고방식을 지배하고 있는 하나의 가정, 즉 상대적 운동 속에 있는 실체가 사건보다 더 실재적이라는 뿌리깊은 가정을 해체한다. 물리적인 아원자적 존재에 대한 분석은 에너지의 양자로 나타나고, 이는 실체로보다는 에너지 사건으로 보다 적절히 기술될 수 있다. 이렇게 화이트헤드는 사건을 존재로 분석하는 종래의 시각을 전도시켜 존재를 사건으로 분석함으로써 근대 철학의 여러 난제들을 차례로 해소 또는 해결한다.

존재를 사건으로 분석할 때 사건의 최소 단위가 바로 현실적 존재이다. 현실적 존재는 더 이상 분석할 수 없다는 의미에서 원자적인 사건이다. 이 원자적 사건은 비록 그 정도에 있어서 차이가 있기는 하지만 기본적으로 물질성과 정신성을 갖는다. 여기서 정신과 신체 또는 사유와 물질이라는 전통 철학의 대립 범주는 해체된다. 정신과 물질이라는 존재론적 범주는 실체 철학이 산출한 추상 개념에 지나지 않는다. 정신은 정신적 사건들로 분석되고 물질은 물질적 사건들로 분석된다. 정신적 사건과 물질적 사건은 형이상학적으로 다른 것일 필요가 없다. 이들의 차이는 형이상학적 종류의 차이가 아니라 정도의 차이로 해소된다.

근대철학을 괴롭혀온 인격적 동일성의 문제도 여기서 그 해결의 실마리를 발견한다. 경험의 원자적 사건으로서의 현실적 계기는 일차적으로 속성이 아니라 관계로 분석된다. 이 관계는 물리적 느낌 내지 파악들, 즉 그 사건과 다른 사건 사이의 내적인 관계이다. 현실적 존재는 그것이 발생해 나온 세계에 대한 물리적 느낌들 또는 파악들의 통일이다. 그런데 근대가 낳은 인격적 동일성의 관념은 이런 계기들의 계기(succession)로 구성되는 사회의 특성이다. 특히 **인격적 동일성**을 뒷받침하는 사회는 그것을 구성하는 존재들이 개념적 느낌들을 계승하면서 구현하게 되는 모종의 질서를 가진다는 점에서 사회이다. 따라서 문제의 동일성은 생성하는 원자적 존재들이 계승 반복하는 일정한 특성, 즉 질서의 동일성에 지나지 않는다.

III

1. 이처럼 화이트헤드는 전통 구성주의 철학을 해체하는 데 그치지 않고 그 자리에 새로운 범주와 개념들을 동원하여 체계를 구성하고, 이 체계를 통해 구성주의 철학이 남겨놓은 문제들을 해소 또는 해명했다는 점에서 그는 해체적 포스트모더니즘과 다른 길을 가고 있다. 그래서 그리핀(D. R. Griffin)은 그의 철학을 **구성적 포스트모더니즘**으로 특징짓는다. 특히 그리핀은 다른 사람들과 함께 쓴 『구성적 포스트모던 철학의 창시자들』(*Founder of Constructive Postmodern Philosophy*)[5]에서 화이트헤드가 사실상 모더니즘의 위험과 종말을 직시하고 있었다고 설득력 있게 쓰고 있다. 캅(J. Cobb)은 이 저작에 기고한 글에서 화이트헤드가 비록 **포스트모던**이라는 말을 사용한 적은 없지만 근대의 성취와 한계를 직시하는 가운데 "포스트모던적" 어조

---

5) D. R. Griffin, *et al.*, Albany: State University of New York Press, 1993.

로 근대 세계에 대해 말하고 있다고 주장한다. 그래서 캅은 어떻게 화이트헤드가 근대의 실체 정향의 언어(substance oriented language)로부터 포스트모던적인 관계 정향의 사건과 언어로 옮아가는지를 검토하고 있다.

그러나 최근 페드라자는 그리핀 유의 시각이 화이트헤드와 **해체**를 대비시켜 이해함으로써 화이트헤드 철학에 내재된 해체적 측면을 제거하고, 그 결과 화이트헤드의 기획과 데리다의 기획 사이에 존재하는 유사성을 은폐하고 있다고 비판한다. 그는 이들 두 철학 사이에 보다 깊은 대화와 교섭의 가능성을 역설한다. 페드라자에 따르면 무엇보다도 그리핀의 해석은 화이트헤드의 철학에서 유지되기 어려운 **중심성**을 구제하려고 시도하고 있다는 데 잘못이 있다.[6] 페드라자는 화이트헤드가 형이상학적 범주들을 회복시키고 구성적인 기획을 전개하고 있는 것은 사실이지만 이는 그가 포괄적인 해석체계를 구축하고 반합리주의에 맞서려는 그의 시도의 일부일 뿐이라고 말한다. 뿐만 아니라 화이트헤드는 외적 실재에 대응하는 검증 가능한 전제들의 체계가 아니라 주어진 문맥에서 경험을 해석할 수 있는 실용적 능력에 의해 그 성공 여부가 평가되는 점진적인 실험적 해석 도식을 구축하고자 했을 뿐, 이런 도식이 절대적이고 궁극적인 형태로 구축될 수 있다고 믿지도 않았다(PR 9). 페드라자는 이런 점에서 우리가 "우리시대의 포스트모던적 철학자들의 잠재적 공헌자로, 그리고 이들의 선구자로 화이트헤드를 무시할 수 없다"고 결론하고 있다.

---

6) 화이트헤드 철학의 중심성과 관련한 논의는 팀 클락(Tim Clark)에게서 다시 나타난다. 그는 화이트헤드의 철학을 들뢰즈(G. Deleuze)의 철학과 비교하면서 화이트헤드에게는 여전히 어떤 중심성이 남아있다고 주장한다("A Whiteheadian Chaosmos: Process Philosophy from a Deleuzean Perspective," *Process Studies* Vol. 28[1999], pp.179-94).

필자가 보기에 화이트헤드의 철학에 대한 이들 두 가지 이해방식은 각기 그 나름의 정당성을 갖는 것처럼 보인다. 그러나 양측은 각기 화이트헤드에서 구성과 해체를 별개의 요인으로 간주하고 어느 한쪽에만 주목함으로써 그의 철학의 진면목을 놓치고 있다. 왜냐하면 그리핀 유의 주장이 지나치게 구성적 측면에 주목하였다면 페드라자는 그리핀과는 정반대로 화이트헤드 철학의 구성적 측면에 수반되는 합리성이 지나치게 평가절하되고 있기 때문이다. 이는 양측의 주장이 화이트헤드의 체계에 대한 불충분한 표피적 분석에 기초하고 있기 때문인 것으로 보인다. 화이트헤드의 철학에서 구성과 해체는 별개의 요인이 아니다. 그는 구성을 통해 해체를 말하고 있다.7)

　이제 우리는 우선 화이트헤드의 체계에서 작동하는 **해체의 요인**의 정체를 추적해야 한다. 페드라자는 화이트헤드에게 있어 "실재의 상호 연관적이고 유동적인 성격이 그 실재를 객관적으로 완전하게 기술하는 고정된 의미를 허락하지 않는다"는 주장한다. 하지만 페드라자의 이런 주장은 부연이 필요하다. 화이트헤드에게서 실재의 상호 연관성과 유동성은 상이한 방식으로 상이한 지평에서 해체를 불러오고 있기 때문이다.

　우선 유동성과 관련하여 페드라자의 주장은 화이트헤드 철학이 불완전한 합리적 체계를 유동하는 실재와 마주 세우고 있다는 인상을 준다. 그래서 그의 주장을 따를 때 화이트헤드의 한계는 단순히 그의 고정된 체계가 유동하는 실재를 붙잡을 수 없다는 데 있는 것처럼 보인

---

7) 필자는 최근에 쓴 졸고 「화이트헤드의 합리주의와 비합리주의」(『철학』 69집, 한국철학회, 2001 겨울)에서 이 점을 집중적으로 논의한 바 있다. 그래서 필자의 지금 이 글은 그 졸고의 논점을 포스터모더니즘이라는 보다 폭넓은 배경에서 다시 문제삼고 있는 셈이라 할 수 있다.

다. 이것은 온전히 틀린 말은 아니라 해도 정확한 기술은 아니다. 왜냐하면 화이트헤드의 체계는 유동하는 실재와 함께 하면서 그것에다 분석적·기술적 의미를 주고 있기 때문이다. 따라서 어떤 의미에서 우리가 유동하는 실재와 **의미있게** 만나는 것은 그의 체계 안에서라고 해야 한다. 그리고 이것이 사실이라면 페드라자가 화이트헤드철학의 해체적 경향성을 읽어내는 기본 자료의 한 요소인 유동성은 화이트헤드의 체계 밖에서 겉돌고 있는 실재의 특성이 아니다. 물론 일상적 의미에서 그것은 화이트헤드 철학의 특성을 포괄적으로 드러내는 용어라 할수 있다. 그렇기에 그것은 화이트헤드의 체계를 밖에서 바라보고 단순히 그 일반적 특성을 기술하는 한 문제가 되지 않을 것이다. 그러나 화이트헤드의 체계 내로 들어갈 때 그 개념은 세부적으로 정교한 범주들을 통해 기술되고 있다. 말하자면 그 특성은 화이트헤드 철학에서 명백히 구성적으로 해명되고 있는 개념이다. 따라서 그 개념 자체는 구성이나 해체와 관련하여 중립적이다. 단순히 유동성을 적시하여 화이트헤드 철학의 해체적 경향성을 말하는 것은 성급한 처사라고 할 수 있다. 그것은 화이트헤드에게 체계 구성의 동기를 제공하고 또 그의 구성에 참여함으로써 상당부분 해명되고 있기 때문이다. 따라서 페드라자의 주장과 달리 실재의 유동성이 그 자체로 단순히 화이트헤드 철학에서 해체의 메커니즘을 대변하고 있는 것이 아니다. 해체의 요인은 유동성에 관한 분석적 해명 속에서 특수한 요인으로 드러나고 있다. 따라서 우리가 화이트헤드와 해체적 포스트모더니즘 사이의 유사성을 유동성에서 찾아 정교하게 드러내려한다면 화이트헤드가 유동성 즉 생성에 대한 그의 기술 속에 심어놓은 탈중심화의 요인을, 그 기술 속의 어디에선가 찾아내어야 한다.

이 문제는 우리를 그의 체계의 핵심, 즉 현실적 존재의 합생 내부로 이끌어간다. 화이트헤드에 따르면 현실적 존재는 그것에 주어진 과거의 세계 전체를 여건으로 하여, 따라서 그것의 인과적 제약 하에 탄생하고 이렇게 인과적으로 주어진 과거의 느낌들을 하나의 느낌으로 통합하면서 완결된다. 그런데 이렇게 **완결된 현실적 존재**는 그 합생의 초기 위상에서 그 현실적 존재가 품고 있던 **목적인**(final cause)이다. 이 목적인의 느낌은 그 현실적 존재를 탄생시킨 여건들 가운데 가장 원초적으로 주어진다. 그것은 원래 신이 품고 있던 개념적 느낌(conceptual feeling) 가운데 하나를, 신에 대한 물리적 느낌(physical feeling)을 매개로 하여 이끌어낸 것이다. 그래서 합생의 과정은 신에게서 파생된 이 개념적 느낌을 실현하기 위해, 주어진 다른 느낌들을 통합해 가는 과정이라고 할 수 있다. 이 과정에서 이들 느낌들은 주체의 목적, 즉 주체적 지향(subjective aim)의 실현에 이바지하는 소재가 된다. 이런 의미에서 합생의 과정은 목적론적 과정이요, 따라서 자율적 결단이 지배하는 과정이다. 주체에 주어지는 모든 느낌들은 이들 느낌의 주체적 형식들(subjective forms)을 제어하는 주체적 지향에 의해 조정된다. 여기서 소재가 되는 느낌들은 긍정과 부정, 평가절하와 평가절상 등의 형식으로 배제되거나 강조 또는 약화된다. 새로운 주체는 이처럼 자율적 결단을 통해 특수한 것, 적어도 주어진 것(과거의 현실 세계 전체)과는 다른 무엇인가로 출현하게 된다.

이것은 화이트헤드가 현실적 존재의 합생에 대한 범주적 기술을 통해 새로움의 출현, 즉 창조적 전진을 설명하는 기본 도식이다. 유동성, 역동성 등과 같은 표현의 의미는 이처럼 현실적 존재의 생성과 소멸에 대한 범주적 기술에서 분석적으로 해명된다. 단순히 **유동성**이 구성에 저항하는 해체적 요인을 대변한다고 할 수 없는 이유도 궁극적으로는 여기에 있다. 왜냐하면 여기서 주체가 갖는 결단과 선택은 신의 주체적 지향에서 파생되는 **최초의 지향**(initial aim)에 의해 범주적으로 설명될 수 있는 사태이기 때문이다. 그리고 이런 의미에서 유동성은 합리적 체계로 온전히 기술되는 사태의 특성이다. 그것은 주체적 지향으로 환원·설명되기 때문이다. 그리고 이렇게 그것이 해명되는 한, 유동성은 합리적 기술에 저항하는 요인이 아니다.

합리적 기술에 저항하는 유동성의 특수한 요인은 합생의 과정에서 신으로부터 받은 **최초의 주체적 지향을 수정하는 결단**(PR 47/124)으로 나타난다. 이런 결단 때문에 전통 철학에서 신이 누렸던 중심성은 상대화된다. 신을 상대화시키는 이 결단은 작용인의 요소가 아무리 깊숙이 작용한다 하더라도 "모든 결정의 피안에 있는 사물의 궁극적 자유" (PR 47/124)가 있다는 화이트헤드의 선언 속에 함축된 현실적 개체의 최종적 결단이다. 이것은 진정한 의미의 자기원인, 즉 작용인의 고리에서 벗어난 자율적인 자기창조를 실현하는 결단이며, 화이트헤드가 현실적 존재를 자기 원인자(causa sui)(PR 88/ 190-91)라고 규정하는 궁극적인 이유가 되는 요인이다.[8] 이 결단은 화이트헤드의 체계에서 더

---

8) 사실 최초의 주체적 지향을 준거로 하여 내리는 결단은 엄밀한 의미에서 자율적인 결단이라고 할 수 없다. 왜냐하면 그것은 신에게서 순응적으로 받아들이는 것이기 때문이다. 그리고 그렇다면 이런 결단은 주체의 자율적 결단이 아니라 신의 의지에 따르는 수동적 결단이다. 여기서의 자율은 환상이다. 그리고 자율이 모두 이런 것이라면 우주는 예정조화된 우주일 것이다. 우주의 과정은 합생하는 개체적 존재들의 자기 결정에 따르는 과정이 아니라 신의 주체적 지향에 따르는 수동적인 과정일 것이기 때문이다. 이것은 개체의 처지에서 보자면 목적인이 지배하는 과정이라 하더라도 전체 우주의 관점에서 보자면 작용인이 지배하는 과정이라고 할 수 있다. 그러므로 주체의 진정한 자율은 단순히 주체적 지향에 따르는 목적론적 결단에 있는 것이 아니라 그 목적 자체를 수정하는 결단에 있는 것이다.

이상 범주적으로 기술되지 않는 궁극적 우연성의 구현자이다. 사실 합생하는 존재가 갖는 다른 모든 결단의 느낌을 특징짓는 주체적 형식들은 주체적 지향에 의해 통제 조정된다. 그런데 주체적 지향은 하나의 느낌이며 이에 대한 수정의 느낌도 하나의 느낌이다. 물론 이 느낌은 그 주체적 지향을 배제 거부하거나 강화 내지 약화시키는 주체적 형식을 가질 것이다. 그러나 이렇게 주체적 지향을 수정하여 결단하는 느낌의 주체적 형식은 더 이상 외적 준거를 갖지 않는 주체적이고 우연적인 요인으로 자리 잡고 있다.9) 궁극적으로 화이트헤드의 형이상학적 체계를 우연적 구도로 몰고 가는 것은 바로 이런 존재 내재적인 비합리적 우연성이다. 그것은 합리적 구도로 해명될 수 없는 존재의 비합리성이다. 그것은 우리의 우주시대의 우연성과 예측 불가능한 변이를 궁극적 뿌리에서 설명하며, 모든 이론 구성을 제약한다. 그것은 지금에 있어 어떤 구성적인 독단적 언명도 근거 없는 것임을 폭로하여 해체한다.

여기서 우리가 주목해야 할 것은 이런 유동성 내의 특수한 우연적 요인이 체계 밖에서 체계를 위협하는 외적 요인으로 등장하고 있지 않

---

9) 이렇게 화이트헤드의 합리적 체계 내에는 더 이상 범주적으로 규정되지 않는 사태가 그 핵심에 자리잡고 있다. 화이트헤드가 **주체적 지향의 수정**을 언급할 때 그는 존재의 뿌리에 이런 우연적 요인이 있음을 간파하고 있었음에 틀림없다. 앞서 지적했듯이 화이트헤드는 인간 경험의 내적 구조에 대한 통찰에서 존재 내면의 구조를 유비적으로 추리하였다. 따라서 이런 결단은 존재 해명의 원천적 모델을 제공한 인간의 경험 속에 원천을 두고 있을 것이다. 우리는 일상의 경험에서 순간순간 결단한다. 이들은 물론 합리적일 수도 있고 그렇지 않을 수도 있다. 따라서 인간 경험을 원초적 모델로 하고 있는 존재 내부에 이런 비합리적 요인이 있다는 것은 당연하다. "직접적인 경험이 우리에게 가장 완벽하게 열려 있는 현실태들, 즉 인간 존재의 경우 … 최종적인 결단은 책임성, 승인이나 반대, 자찬과 자책, 자유, 강조 등에 대한 우리의 경험의 토대가 된다. 경험이 이러한 요소는 단순한 오해로 치부될 수 없을 장도로 큰 부분을 차지하고 있다. 그것은 인간 삶의 전체 색조를 지배한다"(PR 47/124). 존재 또한 마찬가지다.

다는 점이다. 오히려 그와 정반대로 이런 비합리적 결단이야말로 화이트헤드가 역설하는 유동성 즉 창조적 전진을 그의 체계에서 가장 구체적으로 실현하고 있는 체계 내적 요인이라고 해야 한다. 적어도 필자가 보기에 이런 자율적 결단에 힘입어 창조성은 본래적인 의미의 창조성이 된다. 순응, 계승, 반복의 과정만이 있다면 창조성은 의미를 잃을 것이기 때문이다.[10) 창조성은 거부와 일탈을 구현하는 결단에서 그 본래적인 의미를 얻는다. 이 결단이 진정한 의미의 새로움을 가져오기 때문이다. 그리고 이렇게 구현되는 새로움은 신조차도 예측할 수 없는 것이다. 그것은 이제 오히려 신을 향해 새로운 결단을 요구한다. 새로운 존재들은 신의 결과적 본성(consequent nature)에 참여하여 그의 원초적 본성과 엮이면서 신으로 하여금 자신의 주체적 지향을 수정하지 않으면 안되도록 하기 때문이다. 그리고 이 때마다 우주 전체의 미래가 달리 구획된다. 이것은 우주 전체가 창조적으로 변이하고 있다는 말의 궁극적 의미이다. 다음과 같은 그의 낭만적 표현도 이런 맥락에서 범주적으로 해명된다. "자연은 결코 완결적인 것이 아니다. …그것은 항상 자신을 넘어서 간다."

결국 이렇게 볼 때, 화이트헤드는 적어도 유동성이 대변하는 해체의 요인을 체계 밖에 두고 대결하고 있다고 말할 수 없다. 오히려 그는 이

---

10) 범주적으로 창조성은 **다**(many)에서 **일**(one)로의 과정이다. 그것은 이접적인 다자를 연접적인 일자로 만드는 궁극적인 형이상학적 원리이다. 창조성의 이러한 형식적이고 원리적인 특성은 수적인 새로움의 출현을 설명한다. 그러나 창조성이 단순히 이런 원리적 형식적 특성에 그치는 것이라면 그것은 양적인 의미의 새로움을 실현시키는 궁극자(the Ultimate)에 불과하다. 창조성을 구현하는 현실적 존재의 자기구성과정이 진정한 의미의 자기 창조의 과정이 될 수 있으려면 그것은 가능한 질서, 즉 예측 가능한 질서의 울타리를 넘어설 수 있는 것이어야 한다. 라이프니츠(Leibniz)의 예정조화된 우주에서 새로움을 끌어들이는 창조성을 말하기는 어려울 것이기 때문이다. 예정된 질서의 울타리를 넘어서는 사태는 합생 중인 존재가 그 주체적 지향을 수정하는 결단에서 구현된다.

를 체계 속에 끌어들임으로써 구성 속에서 해체요인을 보여주고 나아가 이 해체의 요인에 의해, 생성하는 세계에 대한 그의 구성적 해명에 궁극적 의미를 주고 있다. 그러나 그것은 또한 화이트헤드의 체계를 포함한 모든 이론적 구성을 배반할 잠재력을 갖고 있다는 점에서 해체적 포스트모더니즘의 중심 이념과 만난다. 그는 해체의 요구를 존재 내부의 목소리로 듣고 있는 것이다.

2. 존재의 궁극적 우연성이 화이트헤드의 형이상학적 체계를 철두철미 존재론적 측면에서 실험적이고 개방적인 것으로 이끌었다면 페드라자가 지적하고 있는 또 다른 측면, 즉 존재들 간의 상호 연관성은 해체적 포스트모더니즘이 주목하는 언어적 지평에서 화이트헤드적 해체를 결과한다. 화이트헤드는 데리다와 마찬가지로 언어가 철학에 부과하는 본질적인 한계를 직시하였다. 그가 이런 언어의 한계를 확인한 것은 존재의 상호 연관적 성격과 관련해서였다. 생성하는 존재는 타자 전체와의 관계 속에서 지금의 그것으로 생성하고 있다. 이것은 존재의 상호 연관성이다. 이런 상호연관성 때문에 그 어떤 현실적 사태도 고도의 추상형식인 언어에 의해 온전히 표현될 수 없다. 예컨대 마침표로 마감된 하나의 표현은 모든 환경으로부터 완전한 추상의 가능성을 시사한다. 이런 경향성은 철학이 임의의 한 존재사태를 다른 사태들과의 연관 없이 그 자체에 대한 분석만으로 이해될 수 있다는 잘못된 그림을 제공한다(MT 66/84). 화이트헤드가 객관적인 언어적 주장에서의 의미의 단순 정위를 비판하고 나서는 것은 이런 맥락에서이다. 그리고 존재들의 상호연관성에 대한 화이트헤드의 이런 확신은 언어의 지평에서 데리다의 인식론적·문맥주의적 해체와 유사한 귀결을

동반하고 나타난다.

　존재의 상호 연관적 본성은 언어로 하여금 결코 존재 전체를 포착할 수 없게 할 뿐만 아니라 모든 종류의 언어 표현으로 하여금 그 의미의 총체적인 가능성을 예측할 수 없게 한다. 화이트헤드는 "고래가 희다"와 같은 단순한 주술 명제조차도 그것이 발언되는 형이상학적 배경의 차이에 따르는 복잡하고 다양한 의미를 감추고 있을 수 있다고 주장한다. 진술의 의미가 그 문맥과의 상호 연관성 속에서만 확정될 수 있다는 사실은 화이트헤드 철학에서 진리의 단적인 표현을 불가능하게 한다. 진리는 언제나 필연적으로 문맥적이다. 심지어 언어 밖에서조차도 화이트헤드는 의미와 진리를 상호작용의 복잡한 작용 속에 둔다.11) 그래서 데리다와 마찬가지로 화이트헤드는 문맥을 떠나서 언어가 명제적 진리를 표현할 수 있으리라는 가능성을 부정한다. 화이트헤드는 다음과 같이 쓰고 있다. "모든 명제는 어떤 일반적이고 체계적인 형이상학적 특성을 보여주는 우주와 관계한다. 이런 배경을 떠날 때 명제를 형성하는 분리된 존재들과 전체로서의 명제는 결정적인 특성을 지니지 못한다. 아무것도 한정되어 있지 않다. 왜냐하면 모든 한정된 존재는 그것에 필요한 지위를 제공해주는 체계적인 우주를 필요로 하기 때문이다. 따라서 사실을 제안하는 모든 명제는 그 완전한 분석에서 그 사실에 필요한 우주의 일반적인 특성을 제안하는 것임에 틀림없다. 무에서 떠도는 자족적인 사실들이란 존재하지 않는다"(PR 11/62). 존재는 모두 언제나 상호 연관된 복잡한 존재의 부분이다. 따라서 철학적 언명들은 대상들이나 세계에 대한 객관적이고 초연한 기술일 수 없다.

---

11) A. N. Whitehead, "Mathematics and the Good" in *The Philosophy of A. N. Whitehead,* ed. Schilpp. P. A. (La Salle: The Open Court Publishing Co., 1941), pp.666-81.

그것들은 이미 그것들과 그 용법을 한정하는 전제된 문맥에 들어 있다. 모든 명제가 체계와 문맥을 필요로 하기 때문에 언명들을 실재에 대한 단순한 확정적 지시로 환원하는 것은 불가능하다.

결국 존재의 상호 연관성과 언어의 문맥적 본성은 화이트헤드로 하여금 "체계의 한 요소로 해석되지 않고서도 이해될 수 있는 단순한 자족적인 사실이란 없다"(PR 14/67-68)고 결론하게 한다. 데리다처럼 화이트헤드는 의미가 사물과 사물을 구별할 수 있게 하는 차이와 대비의 복잡한 상호작용에서 온다고 본다. 의미와 가치는 사물들의 무한한 관계성과 그들의 구체적인 구현 사이의 상호작용에서 나타난다는 것이다. 더욱이 후일 화이트헤드는 배제와 차이화의 과정에서 사물들이 그 동일성과 특이성을 얻는다고 말한다(MT 50-54/66-68, 57-63/74-79). 의미도 사물을 구체적인 것으로 만드는 차이화의 과정에서 출현한다. 따라서 화이트헤드에게 있어 의미는 결코 무한한 우주적 본질의 결과가 아니다. 그것은 다른 특수한 사물들과 관계 맺고 있는 특수한 사물 내의 차이와 포함의 상호작용의 결과이다.

그렇기는 하지만 화이트헤드와 데리다 양자의 언어에 대한 이해가 전적으로 동일한 것은 아니다. 화이트헤드는 데리다처럼 극단적으로 사유가 언어에 의존한다고 주장하지 않는다. 화이트헤드에 따르면 언어는 사유의 본질일 수 없다. 언어가 사유의 기초라면 우리는 언어들 간의 어떤 번역도 불가능할 것이다. 화이트헤드는 사유가 단편적인 감각경험이 다른 경험과의 관계 속에서 우리에게 주어지는 방식에서 발생한다고 말한다. 데리다가 말하는 차연의 작용이 그렇듯이 화이트헤드는 경험들 간의 관계와 대비가 사유를 출현시킨다고 보고 있는 것이다. 그러면서도 그는 사유를, 보다 고도의 복잡한 관념으로 붙잡아 회상하고 전달하려면 언어 없이 불가능하다고 말한다. 언어가 현재의 경험을 과거의 경험이나 다른 경험과 매개하는 기능을 하고, 나아가 세계의 연관성을 반영하는 하나의 통일체로 경험의 다양한 측면들을 연관시킨다고 보았기 때문이다(MT 33-34/47-48). 이런 의미에서 그는 언어 없이 사유가 불가능할 것이라고 말한다(MT 32-36/47-52). 이것은 그가 언어를 중시하는 이유이다. "셋째 날에 대한 설명이 이어야 했다. 그는 그들에게 언어를 주었고 그들은 영혼이 되었다고"(MT 41/56). 그러나 그는 언어를 모든 사유와 경험의 전면에 내세우는 데 있어 데리다만큼 나아가지는 않았다.

나아가 데리다와 달리 화이트헤드는 언어와 현전 사이의 연관성과 언어에 대한 재현적 이해를 보존한다. 사실 이 두 가지는 데리다가 부정하는 것들이다. 이런 차이는 기본적으로 데리다가 기본적으로 인식론적이고 현상론적인 시각을 갖고 있었던 반면 화이트헤드는 존재론적이고 실재론적인 시각을 갖고 있었다는 데 연원한다. 화이트헤드에게 있어 글쓰기(writing)는 상징행위(symbolism)이다. 상징행위는 글쓰기에 앞서 행해진 것으로 언어적 행위의 형성에 있어 모태가 되었다(MT 37/52). 하지만 화이트헤드는 말하기(speaking)가 인간 본성의 구현인 반면 글쓰기는 인위적인 근대의 산물이라고 보는 가운데 데리다와 달리, 그 재현적 특성을 근거로 말하기에 우위를 부여한다.

우리는 이제 화이트헤드와 데리다 둘 사이에 존재하는 유사성과 차이성을 다음과 같이 정리할 수 있다. 그들 양자는 언어 그 자체의 상호 연관적 본성을 인정하고 고정된 객관적 의미를 거부한다는 데서 일치한다. 그래서 그들은 절대적인 보편적 진리로 자처하는 추상, 자신의 특수한 전망과 입각점의 한계를 깨닫지 못하는 철학의 오만을 같은 목소리로 비판한다. 그러나 데리다의 경우 이런 비판의 핵심에는 주로 언어의 상호 연관적이고 유동적인 본성이 있었던 반면 화이트헤드에게서는 존재의 상호 연관적 본성과 우연성이 있었다. 따라서 화이트헤드와 데리다가 공유한 포스트모던적 관심은 또한 그들의 철학적 전개를 유사한 것으로 만들고 있지만 데리다가 인식론적·언어적 시각에서 이를 정초하고 있다면 화이트헤드는 존재론적 시각에서 이를 정초하고 있다는 데서 다르다. 그러나 이런 차이에도 불구하고 화이트헤드는 존재에 대해 초연한 사심 없는 철학적 기술의 가능성을 부정하는 가운데 모더니즘의 핵심에서 이탈하여 데리다 작업의 특징을 이루는 해체(MP 329-330)로의 길을 열고 있다. 결국 그의 구성은 완결된 단 하나의 보편적인 형이상학적 문맥을 전제로 하지 않는다는 점에서 분명히 해체적 "포스트모더니즘"의 경향을 함축하고 있었다.

IV

데리다는 구성과 해체를 상호 모순되는 기획의 선택지로 간주하였다. 이는 그가 언어의 지평에 충실하여 **해체**의 기제를 구성의 기본 도구인 언어에서 발견하고 있기 때문이다. 그러나 화이트헤드는 구성과 해체를 상호 모순되는 기획으로 간주하지 않았다. 아마도 그는 포스트모더니즘이 주장하는 것과 같은 전면적인 해체는 독단적 구성과 대결할 때만 정당성을 갖는다고 보았을 것이다. 그는 독단과 해체라는 두 극단을 피하면서 존재 자체에 대한 구성적 해명의 가능성을 엿보았다. 그는 이런 가능성을 실현시키기 위해 무엇보다도 먼저 전통의 관념적 제약들을 무너뜨린다. 그에 따르면 철학의 형식적이고 구조적인 전제들에 의해 부과되는 제한조처는 그런 전제들의 한계 너머로 **방황**하려는 사변의 모험을 가로막는다(AI 294). 이런 한계 의식은 철학에서의 혁신을 저해하고 문명을 피폐시키는 반합리주의적 독단의 원천으로서, 무엇보다도 먼저 해체되어야 한다. 전통철학에 대한 화이트헤드의 해체적 비판은 여기서 출발한다.

화이트헤드는 존재 내면에 대한 신비주의적 직관을 합리화하기(MT 174/200) 위해 새로운 범주와 관념들을 과감히 끌어들여 사변적 구성을 시도한다. 이 구성의 행로에서 그는 철학의 경계를 넘어선다. 그리고 그는 철학이 예술적 상상적 작업보다 우위에 있다는 것을 부정한다. 오히려 그는 생산적인 사유를 진척시키는 데 있어 시적인 통찰력과 상상이 행하는 역할을 역설한다. 그러나 화이트헤드는 절대적인 형이상학적 체계가 인간에게 가능하다고 생각하지 않았다. 그는 다만 "우리의 모든 경험이 해석될 수 있는 일반관념들의 정합적이고 논리적이며 필연적인 체계"(PR 3/49; AI 222)를 실험적으로 구축하려 했을 뿐이다. 이런 의미에서 그의 체계는 경험의 메타문맥 또는 모체(matrix)로 이해될 수 있다. 이것이 성공적으로 작동할 경우 그것은 인간에게 가능한 모든 경험에 의미를 부여해 줄 것이다. 이것은 화이트헤드가 철학의 기본 과제로 여겼던 사항이다. "높은 차원의 감성적 경험에서 가라앉아 버리는 것, 그리고 인식 그 자체의 최초의 작용에 의해서 더욱 깊숙이 가라앉아 버리게 되는 것을 합리적 경험 속에다 복원"(PR 15/68-9)시키는 일이다. 그리고 이 과제의 성공 여부는 이런 복원 능력에서 가름된다. 그런데 우리가 이 복원력과 관련한 평가를 뒤로 미루고, 그의 체계 내에 주목할 때 그것이 복원해 놓은 사태는 독단적인 구성을 거부하는 궁극적 우연성과 상호 연관성을 기본 특성으로 하는 것임을 확인할 수 있다. 필자는 바로 이 점에 주목하여 그의 구성이 해체와 이념적으로 결합한다고 주장하였다. 무엇보다도 그의 체계가 포착하고 있는 존재의 궁극적 우연성과 상호 연관성은 독단적 합리주의적 전통에 저항하고 화이트헤드 자신의 체계마저 역사적인 것으로 만들고 있기 때문이다. 해체적 요인, 비합리적 요인은 화이트헤드의 체계의 본질적 요인으로서 그 체계과 함께 살아 숨쉬면서 한편으로는 체계에 생기를 부여하고 다른 한편으로는 그 체계를 끊임없이 위협하는 독특한 요소로 작동하고 있다.

참 고 문 헌

Aristoteles, *Categoriae and De Interpretatione in The Work of Aristotle.* Vol. I. trans, by E. M. Edghill, Oxford: The Clarendon Press. 1968.

_____, *Physica in The Work of Aristotle.* Vol. II. trans, by R. P. Hardie and R. K. Gaye, Oxford: The Clarendon Press. 1966.

_____, *Metaphysica in The Work of Aristotle.* Vol. VIII. trans., by David Ross, Oxford: The Clarendon Press, 1966.

Ayer, A. J. Language, *Truth, and Logic,* New York: Dover Publications, Inc., 1946.

Bar-On, A. Zvie, *The Categories and the Principles of Coherence: Whitehead's Theory of Categories in Historical Perspective.* Dordrecht: Martinus Nijhoff Publishers, 1987.

Bennet. J. B., "A Suggestion on 'Consciousness' in Process and Reality," *Process Studies* Vol. 3(1973), pp.41-43.

Bertocci, Peter A. "Hartshorne on Personal Identity: A Personalistic Critique," *Process Studies* Vol. 2(1972): pp.216-221.

Bracken, Joseph A. S. J., "Energy-Events and Fields," *Process Studies* Vol. 18(1989), pp.153-165.

Bullough, Edward, "Psychical Distance as Factor in Art and an Aesthetic Principle," *British Journal of Psychology*, 5(1912).

Christian, W. A. "The Concept of God as a Derivative Notion" in *Process and Divinity*, ed. William L. Reese & Eugene

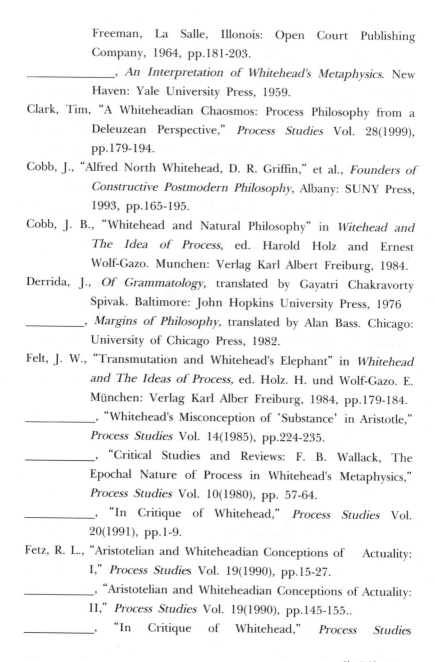
Freeman, La Salle, Illonois: Open Court Publishing Company, 1964, pp.181-203.

_____, *An Interpretation of Whitehead's Metaphysics.* New Haven: Yale University Press, 1959.

Clark, Tim, "A Whiteheadian Chaosmos: Process Philosophy from a Deleuzean Perspective," *Process Studies* Vol. 28(1999), pp.179-194.

Cobb, J., "Alfred North Whitehead, D. R. Griffin," et al., *Founders of Constructive Postmodern Philosophy*, Albany: SUNY Press, 1993, pp.165-195.

Cobb, J. B., "Whitehead and Natural Philosophy" in *Witehead and The Idea of Process*, ed. Harold Holz and Ernest Wolf-Gazo. Munchen: Verlag Karl Albert Freiburg, 1984.

Derrida, J., *Of Grammatology,* translated by Gayatri Chakravorty Spivak. Baltimore: John Hopkins University Press, 1976

_____, *Margins of Philosophy*, translated by Alan Bass. Chicago: University of Chicago Press, 1982.

Felt, J. W., "Transmutation and Whitehead's Elephant" in *Whitehead and The Ideas of Process,* ed. Holz. H. und Wolf-Gazo. E. München: Verlag Karl Alber Freiburg, 1984, pp.179-184.

_____, "Whitehead's Misconception of 'Substance' in Aristotle," *Process Studies* Vol. 14(1985), pp.224-235.

_____, "Critical Studies and Reviews: F. B. Wallack, The Epochal Nature of Process in Whitehead's Metaphysics," *Process Studies* Vol. 10(1980), pp. 57-64.

_____, "In Critique of Whitehead," *Process Studies* Vol. 20(1991), pp.1-9.

Fetz, R. L., "Aristotelian and Whiteheadian Conceptions of Actuality: I," *Process Studies* Vol. 19(1990), pp.15-27.

_____, "Aristotelian and Whiteheadian Conceptions of Actuality: II," *Process Studies* Vol. 19(1990), pp.145-155..

_____, "In Critique of Whitehead," *Process Studies*

Vol.20(1991): pp.1-9.

Field. R. W., "William James and the Epochal Theory of Time," *Process Studies* Vol. 13(1983), pp.260-274.

Franklin, Stephen T., *Speaking From the Depths*. Michigan: William B. Eerdmans Publishing Company, 1990.

Fetz, Reto Luzius, "Creativity : A New Transcendental?" in *Whitehead's of Metaphysics of Creativity*, ed. Friedrich Rapp and Reiner Wiehl, Albany: State University of New York Press, 1990.

Ford, Lewis S., "Neville's Interpretation of Creativity" in *Explorations in Whitehead's Philosophy*, ed. Lewis S. Ford and G. L. Kline, New York: Fordham University Press, 1983.

Forster, E. M., *Anonymity: An Enquiry*, London: Leonard and Virginia Woolf at the Hogarth Press, 1925

Garland, William J., "The Ultimacy of Creativity" in *Explorations in Whitehead's Philosophy*, ed. Lewis S. Ford and G. L. Kline, New York: Fordham University Press, 1983.

Greene, Theodore, *The Arts and the Art of Criticism*, Princeton: Princeton University Press, 1940

Griffin, D. R. *et al.*, *Founders of Constructive Postmodern Philosophy*. Albany: SUNY Press, 1993.

Gross, M. W. "Whitehead's Answer to Hume: Reply" in *A. N. Whitehead: Essays on His Philosophy,* ed. G. L. Kline, Englewood Cliffs, N. J: Prentice-Hall, Inc., 1963.

Hall, David L., *The Civilization of Experience: A Whiteheadian Theory of Culture*. New York: Fordham University Press, 1973.

Hempel, C. G., *Philosophy of Natural Science*. Englewood Cliffs, N. J.: Prentice Hall Inc., 1966.

Hempel, C. G. and Oppenheim, P., "The Logic of Explanation" in *Readings in The Philosophy of Science*, ed. Herbert Feigl and May Brodbeck. New York: Appleton-Century-Crofts, Inc., 1953.

Hempel, Carl, "On the Nature of Mathematical Truth," *American*

Mathematical Monthly, 52(1945), pp. 543-56.

Hume, D., *A Treatise of Human Nature*, ed. L. A. Selby-Bigge. Oxford: The Clarendon Press, 1978.

Janusz, Sharon and Webster, Glenn, "The Problem of Persons," *Process Studies* Vol. 20(1991), pp.151-161.

Jenkins, Iredell, *Art and the Human Enterprise*, Cambridge: Harvard University Press, 1958,

Kant, I. *Critique of Pure Reason.*

Khun, Thomas, *The Structure of Scientific Revolutions*, Chicago: Chicago University Press, 1962.

Kraus, E. M., *The Metaphysics of Experience: A Companion to Whitehead's Process and Reality*, New York: Fordham University Press, 1979.

McHenry, Leemon B., *Whitehead and Bradley: A Comparative Analysis*, Albany: State University of New York Press, 1992.

Laszlo, E., *The Systems View of the World*, New York: George Braziller, 1972.

Leclerc, I., "The Necessity Today of the Philosophy of Nature," *Process Studies* Vol. 3(1973), pp.158-168.

Leclerc. I., "Whitehead and Theory of Form," *Process and Divinity. The Hartshorne Festschrift.* ed. William L. Reese and Eugene Freeman. La Salle, Illinois: Open Court Publishing Company, 1964.

Martin, Gottfried, *General Metaphysics: Its Problems and Method.* translated by D. O' Conner. New York: Humanities Press, 1968.

Merill, K. R., "Hume, Whitehead, and Philosophic Method," *David Hume: Critical Assessments*, ed. Stanley Tweyman, London: Routeledge, 1995.

Moreland, J. P. "An Enduring Self: The Achilles' Heel of Process Philosophy," *Process Studies* Vol. 17(1989), pp.193-199.

Nagel, E., "Logic Without Ontology" in *Naturalism and the Human*

Spirit, ed. Y. H. Krikorian, New York: Columbia University Press, 1944.

Nagel, E., *The Structure of Science,* New York: Harcourt, Brace, and World, Inc., 1966.

Neville, R. C., *The Highroad Around Modernism,* Albany: State University of New York Press, 1992.

Neville, Robert. C., "Whitehead on the One and the Many" in *Explorations in Whitehead's Philosophy,* ed. Lewis S. Ford and G. L. Kline, New York: Fordham University Press, 1983.

Nobo, Jorge Louis, *Whitehead's Metaphysics of Extension and Solidarity,* Albany: State University of New York Press, 1986.

Pedraja, Luis G. "Whitehead, Decontstruction, and Postmodernism," *Process Studies* Vol. 28(1999), pp.68-84.

Pols, E., "Human Agents as Actual Beings," *Process Studies* Vol. 8(1978), pp.103-113.

Plamondon, Ann L., *Whitehead's Organic Philosophy of Science,* Albany: State University of New York Press, 1979.

Rapp, Friedrich, "Whitehead's Concept of Creativity and Modern Science" in *Whitehead's Metaphysics of Creativity,* ed. Friedrich Rapp and Reiner Wiehl, New York: State University of New York Press, 1990.

Robson, J. W. "Whitehead's Answer to Hume" in *A. N. Whitehead: Essays on His Philosophy,* ed. G. L. Kline, Englewood Cliffs, N. J: Prentice-Hall, Inc., 1963.

Schindler, Stefan, "'Consciousness' in Satisfaction as the Prereflection Cogito," *Process Studies* Vol. 5(1975), pp.187-190.

Shalom, Albert "Hartshorne and the Problem of Personal Identity," *Process Studies* Vol. 8(1978), pp.169-176.

Sherburne, D. W., *A Whiteheadian Aesthetic; Some implications of Whitehead's Metaphysical Speculation,* New Haven: Yale

University Press, 1961

Toulmin, S., *Foresight and Understanding,* New York: Harper and Row, 1961.

Van der Veken, Jan, "Creativity as Universal Activity" in *Whitehead's of Metaphysics of Creativity,* ed. Friedrich Rapp and Reiner Wiehl, Albany: State University of New York Press, 1990.

Wallack. F. B., *The Epochal Nature of Process in Whitehead's Metaphysics,* Albany: State University of New York Press, 1980.

Wilcox, J. R., "A Monistic Interpretation of Whitehead's Creativity," *Process Studies* Vol. 20(1991), pp.162-174.

Wellek, René & Warren, Austin, *Theory of Literature.* New York: Harcourt, Brace, 1949.

Whitehead, A. N., *Introduction to Mathematics*(1911). London: Oxford University Press, 1953.

_____, *The Concept of Nature*(1920), Michigan: The University of Michigan Press, 1957.

_____, *Science and the Modern* World(1925), New York: Macmillan Company, 1967: 『과학과 근대세계』, 오영환 역, 서울: 서광사, 1989.

_____, *Religion in the Making*(1926), New York: Macmillan Company, 1954.

_____, *The Function of Reason*(1929). Boston: Beacon Press, 1958.

_____, *Symbolism: Its Meaning and Effect.* New York: Macmillan Company, 1927.

_____, *Process and Reality.* 1929, Corrected edition edited by David Ray Griffin & Donald A. Sherburne, New York: The Free Press, 1978: 『과정과 실재』, 오영환 역, 서울: 민음사, 1991.

_____, *Adventure of Ideas.* New York: Macmillan Company, 1933.

_____, *Modes of Thought*(1938), New York: The Free Press, 1968:『열린 사고와 철학』오영환·문창옥 역, 서울: 고려원, 1992.

_____, "Mathematics and the Good" in *The Philosophy of A. N. Whitehead,* ed. P. A. Schilpp, La Salle: The Open Court Publishing Co., 1941.

_____, "Immortality" in *The Philosophy of A. N. Whitehead,* ed. P. A. Schilpp, La Salle: The Open Court Publishing Co., 1941.

Wooldridge, Dean, Mechanical Man: *The Physical Basis of Intelligent life*, New York: McGraw-Hall, 1968.

찾 아 보 기

가능태(potentiality) 15, 41, 65, 66, 68,
　　70, 78, 86, 109, 110, 111, 113,
　　117, 129, 144, 148, 195, 199, 207
가능태로부터의 추상 42, 43, 44, 45, 48
가치평가 117
갈랜드(W. J. Garland) 196, 197, 198,
　　199, 201
갈릴레오 245
개념적 가치평가 113
개념적 느낌(conceptual feeling) 285
개념적 파악 112
개별적 본질 67
개연성 262
객체화(objectification) 83, 107, 211
객체화된 명제 14
거시사회 22
거시적 과정(macroscopic process) 278
결과적 본성(consequential nature) 16,
　　110, 111, 112, 113, 114, 115, 116,
　　118, 122, 288
결단(decision) 21, 78, 117, 257, 285,
　　286, 288
결정성 184
결합체(nexus) 21, 150, 167, 257, 258,
　　259, 262

경험 107, 221, 225, 241
경험론 219, 220, 275
경험세계 12
경험적 진리 55
경험주의 38
계기 19, 151, 162, 186, 203, 280
계기들 18, 21
고독(solitariness) 104
고전 경험론 220, 241
공리 56, 61
공리적 중심(an axiomatic center) 279
공재(togetherness) 19, 68, 258
공허한 현실태(vacuous actuality) 144
과정 12
『과정과 실재』(Process and Reality) 10,
　　37, 53, 62, 111, 119, 179, 200,
　　214, 258, 275, 246
과정의 원리 144, 277
과정의 형식 12, 62, 70
과정철학 17, 18, 102, 130, 131, 150,
　　157, 162, 165, 179, 184
『과학과 근대세계』(Science and the
　　Modern World) 67, 111, 200, 247
관계론적 우주론 227
관계적 본질 43, 67, 68

『관념의 모험』(*Adventures of Ideas*) 10, 11

관념의 모험 29, 30, 33, 35, 37, 47, 49, 75, 90, 123

『구성적 포스트모던 철학의 창시자들』 (*Founder of Constructive Postmodern Philosophy*) 281

구조를 갖는 사회(structured society) 22, 259, 260, 262

구조주의 7

구체적 자아 18

구체화의 원리 111, 207

『국가』(*Republic*) 58

궁극자(the ultimate) 15, 16, 116, 117, 123, 215

궁극자의 범주(the category of the ultimate) 19, 196, 208, 210, 212, 214, 215

귀납 23

귀납적 원리 229

귀납적 일반화 36, 241

귀납추리 23, 219, 220, 221, 230, 231, 232, 233, 236, 237, 241

귀류법 18, 164, 173

그로스(M. W. Gross) 221, 222, 228, 229, 230, 231, 235

그리핀(D. R. Griffin) 281, 283

그린(T. Greene) 89

기계론 256, 261, 263

기독교 102, 120, 274

기하학적 도형 58

노보(J. L. Nobo) 199, 201

논리실증주의 220, 270

논리실증주의자 54

논리적 원자론 7

논리적 일관성 23

논리적 주어 77, 78, 85, 92, 228, 229, 230, 231, 235

논리학 56, 76, 77, 133, 137

뉴턴 66, 245

느낌에의 유혹(lure for feeling) 79

느낌을 위한 유혹 76

느낌의 유혹 81, 82

니체 6, 269, 270, 271, 275

다수성 211

다에서 일로 19

다원론 19

단순 정위(simple location) 138

대비 95, 211, 291

대수형식 43

데리다(J. Derrida) 25, 26, 271, 272, 273, 282, 289, 291, 293

데카르트 107, 223, 224, 228, 245, 275

데카르트-뉴턴적 우주론 227

도식 32, 33, 38, 111

독단 24, 270

동어반복 174

동일성 22, 156, 163, 166, 174, 232

들뢰즈(G. Deleuze) 282

라이프니츠 230, 245
레클럭(I. Leclere) 129, 191, 192, 201
로크 128, 220
롭슨(J. W. Robson) 221, 222, 231,
　　232, 233, 234, 235, 237, 240
루이스(H. D. Lewis) 170
루크레티우스 130

만족(satisfaction) 95, 121, 122, 211
메타신념 238
명석 판명성 34
명제 13, 46, 76, 77, 78, 79, 80, 81, 82,
　　83, 84, 85, 86, 88, 89, 91, 92, 95,
　　97, 135, 171, 228, 229, 290
명제적 느낌(propositional feeling) 81
모나드 230
모더니즘 293
모순율 237
목적인(final cause) 220, 259, 285
몰랜드(J. P. Moreland) 170, 172, 173,
　　176
문명 8, 10, 11, 29, 40, 294
물리적 느낌(physical feeling) 112, 280,
　　285
물리적 파악(physical prehension) 86,
　　90, 112, 113, 115, 121
물질성 280
미시세계 22

바쏘(S. Basso) 245

바운(B. P. Bowne) 168
반 더 베켄(J. V. der Veken) 200, 207
반구성주의 24
반주지주의 271
버클리 220
범주 48, 74, 76, 77
『범주』(Categoriae) 134, 135, 136,
　　137, 139
범주적 도식 214, 263
범주적 체계 194
범주체계 73, 86, 90, 95
베르그송 6, 123, 139, 269, 270, 271,
　　275
베르토치(P. A. Bertocci) 168, 173, 182
벡터(vector) 44
변화 16, 17
변환(transmutation) 91, 92, 95
보편과학 70
보편성 12
보편자 192
복합적 객체 43
부정(negation) 31, 152
부정성 109
부클러(J. Buchler) 178
분류 36
분석명제 11, 12, 222, 230, 238
분유 60
불교 124
불순한 가능태(impure potentiality) 77
블로우(E. Bullough) 82
비동일성 22
비트겐슈타인 7

비합리주의 6, 7, 139, 270, 271
뿌엥까레(Poincaré) 55

사변의 모험 294
사변이성 8, 275
사변철학 10, 29, 40, 101, 105, 122,
 124
『사유의 양태』(*Modes of Thought*) 62
사회(society) 21, 108, 150, 151, 152,
 157, 162, 167, 186, 187, 226, 228,
 231, 251, 257, 258, 262, 279, 280,
 281
사회적 질서 151
산술명제 63
상대성이론 275
상대적 원리(principle of relativity) 144
상상 241
상상적 일반화 35, 36, 230, 241
상징 102
상징행위 292
상호 내재 150
생성(becoming) 62, 114, 115, 116,
 117, 132, 133, 140, 142, 144, 146,
 147, 148, 149, 150, 157, 161, 167,
 174, 183, 192, 195, 199, 209, 211,
 257, 276, 277, 285
생성의 획기 144
생성의 획기성 이론(epochal theory of
 becoming) 16
샬롬 168, 173, 183, 185
선천적 종합명제 55
선험 현상학 7

설명의 범주 62, 196
셔번(D. Sherburne) 80
소멸 114
소쉬르 272
『소피스트』(*Sophists*) 60
수직적 관계 255
수직적 법칙 255
수평적 법칙 255
수학명제 11, 12
수학적 진리 13, 53, 55, 56, 57, 58, 59,
 60, 61, 62, 64, 65, 69, 70
수학적 형식 64, 65, 70
순수가능태(pure potentiality) 15, 110, 215
순수한 가능태 13, 66, 67, 69, 70, 77
순수한 창조성 19
순응(conformation) 112
술어적 패턴 84
스피노자 139, 204, 205
시 76, 82
시간 5, 6, 151
시간성 6
시간의 획기성 이론 147
시간철학 147, 179
시공간 영역 21
시공연속체 146, 147
신 15, 74, 81, 86, 89, 103, 108, 109,
 110, 112, 113, 114, 115, 116, 117,
 118, 120, 122, 207, 208, 211, 285,
 286, 288
실재 세계 40
실재적 가능태(real potentiality) 78, 79,
 142, 211

실재적 본질 149
실증주의 220
실체 34, 128, 131, 133, 134, 136, 137,
   138, 141, 152, 245, 264
실체-속성 263
실체와 속성의 범주 140
실체적 활동성 200
실체철학 17, 130, 133, 139, 140, 162,
   166, 182
심리적 거리 82

아름다움(beauty) 75, 87, 89, 92, 93
아리스토텔레스 16, 17, 95, 127, 128,
   129, 130, 131, 132, 133, 134, 135,
   137, 138, 139, 141, 152, 155, 157,
   158, 224
아리스토텔레스의 제일 질료 201, 209
안정성 22
야누츠(Sharon Janusz) 178, 179, 180,
   181, 182, 183, 185
양자 114, 145, 179
양자사건 179, 180, 185
양자이론 275
언어 35, 56, 57, 184, 246, 271, 272,
   289, 291
언어분석 270
언어적 진리 14
여건(data) 62, 64, 79, 88, 152, 260,
   277, 285
역전(reversion) 89, 95
연대성 191, 195, 202, 204, 208, 209,
   212, 215

연역 59
연장적 양자(extensive quanta) 145, 147
연장적 연속체 48, 146, 147
영속성 263
영역(region) 68, 257
영원적 기체 199
영원한 객체(eternal object) 11, 12, 13,
   15, 16, 43, 65, 66, 67, 68, 70, 77,
   87, 90, 91, 110, 111, 112, 113,
   116, 118, 148, 207, 208
영원한 객체들(eternal objects) 42, 109
예견가능성(predictability) 254
예기(anticipation) 277
예술 73, 75, 82, 84, 85, 90, 91, 93, 94,
   95, 96
예지(protensions) 272
예측 23
예측명제 219, 221, 222, 228, 229, 230,
   231, 232, 233, 235, 236, 237, 240
옌킨스(Iredell Jenkins) 94
우주론 23, 38, 40, 45, 47, 74, 162,
   164, 165, 175, 186, 188, 191, 193,
   194, 221, 222, 226, 228, 230, 231,
   235, 237, 239, 246, 265, 277
우주시대(cosmic epoch) 147, 179, 227,
   228, 230, 231, 235, 237, 240, 287
워렌(Austin Warren) 75, 76
원자론 279
원초적 가치평가 113
원초적 본성(primordial nature) 16,
   110, 111, 112, 113, 116, 118, 122,
   207, 288

원초적 파악 118
월럭(F. B. Wallack) 154, 178
웹스터(Glenn Webster) 178, 179, 180, 181, 182, 183, 185
위계조직 41
위상(phase) 112, 147, 148, 215
윌렉(René Welleck) 75, 76
윌콕스(J. R. Wilcox) 201, 204, 205, 206, 207
유기체(organism) 21, 249
유기체철학 21, 256
유기체론 261
유비적 관계 36
유비적 일반화 249, 276
유혹(lure) 14, 77, 80, 81, 88, 118, 239
의식 31, 38, 109, 172, 183, 187, 225
의식적인 판단 80
이성 96, 239, 270
이성론 219
이성중심주의 273
이원론 245
이윙(A. C. Ewing) 170
이행(transition) 62, 64, 91, 114, 116, 132, 144, 147, 199, 211, 212, 234
인격적 동일성 154, 155, 161, 163, 164, 165, 166, 167, 168, 169, 178, 186, 220, 239, 279, 280, 281
인격적 사회(personal society) 18, 163, 169
인격적 질서(personal order) 258
인격주의 168
인식론 76, 77, 170, 219, 221, 224, 236

일반관념 34, 35, 38, 106, 294
일반적 제일성 241
일반화(generalization) 10, 30, 33, 35, 36, 37, 38, 40, 41, 46, 47, 107, 124
일상언어 184
일시적 자아 168
일시적인 자아 168
일원론 19, 139
입자적 사회(corpuscular society) 22, 258, 260, 262

자기 원인성 25
자기원인(causa sui) 108, 117, 286
자기창조 286
자기초월적 본성 115
자기초월체(superject) 115, 144
자연과학 37
자연법칙 228, 229, 260
『자연의 개념』(The Concept of Nature) 247
자연의 법칙 227
자연의 제일성 230, 236
『자연인식의 원리』(An Enquiry Concerning the Principles ol Natural Knowledge) 247
자연철학 246, 247, 248, 249, 252, 253, 256, 262, 263, 265, 266
『자연철학』(Philophia Naturalis) 245
『자연학』(Physica) 132
작용인(efficent cause) 220, 260, 274, 286

잘못 놓인 구체성의 오류(the fallacy of misplaced concreteness) 139, 154, 224, 265
잘못 놓인 오류 154
장소(locus) 149
적용가능성(applicability) 23, 34, 40, 54, 60
전자기적 사회(electromagnetic society) 179
정신성(mentality) 30, 31, 152, 280
정신적 극(mental pole) 152
정합성(coherence) 23, 119, 120, 122, 123, 239
『제 7 서한』(Seventh Letter) 58
제논 148
제일성 23
제임스 123, 275, 276
존 스튜어트 밀(J. S. Mill) 137
존속하는 객체(enduring object) 22, 153, 258, 260, 262, 280
존슨(A. H. Johnson) 121
존재론 276
존재론적 범주 97
존재론적 원리(ontological principle) 140, 192, 196, 198, 199
존재의 범주 76
종교개혁 274
『종교의 형성』(Religion in the Making) 74, 201
종교적인 순간 15
종교철학 102, 103, 105, 120, 122
종합명제 12, 55

주어-술어 136, 137, 138, 153, 157
주체적 종(subjective species) 87
주체적 지향(subjective aim) 14, 49, 82, 86, 88, 96, 113, 118, 143, 145, 148, 199, 212, 259, 285, 287, 288
주체적 직접태(subjective immediacy) 143
주체적 통일성(subjective unity) 145
주체적 형식(subjective form) 87, 91, 92, 112, 113, 285, 287
지성적 의식 31
지속적 존재 162
지속하는 나 170
직접 경험 40

차연(différance) 272, 273, 291
차이의 방법 34, 40
참여 59
창조성(creativity) 15, 16, 19, 48, 109, 110, 111, 116, 117, 118, 191, 192, 194, 195, 196, 197, 198, 199, 200, 201, 202, 203, 204, 205, 206, 207, 208, 210, 212, 213, 214, 215, 288
창조적 결단 21, 25
창조적 전진(creative advance) 40, 198, 203, 210, 212, 214, 263, 278, 288
철학의 목표 46
철학적 일반화 37, 38, 41, 251
최초의 지향(initial aim) 112, 122, 286
추론 64, 65
추상 31, 32, 38, 40, 41, 45, 46, 65, 69, 70, 92, 146, 211, 224, 265, 289

추상관념 29, 30, 31, 32, 33, 35, 38,
    39, 41, 46, 47
추상관념들 45, 47
추상물 18
추상성 22
추상적 본질 149
추상화의 역전 41, 44
충분성(adequacy) 23, 40, 119, 255,
    262

칸트 54, 55, 176, 219, 220
캅(J. Cobb) 252, 253, 256, 281
코기토(cogito) 107
크라우스(E. M. Kraus) 42
크리스천(W. A. Christian) 191, 192,
    196, 197, 198, 201
클락(T. Clark) 282
키에르케고르 6

탈근대 276
『테아이테토스』(Theatetus) 60
통일된 과학(unified science) 22, 265

『파르메니데스』(Parmenides) 59, 60
파악(prehension) 87, 91, 122
『파이돈』(Phaedo) 58, 59
파지(retentions) 272
페드라자 282, 283, 284, 289
페츠(R. L. Fetz) 129, 131, 154, 155
펠트(J. W. Felt) 128, 131, 133, 134,
    135, 141, 155
포스터(E. M. Foster) 83, 86

포스트모더니즘 24, 26, 269, 270, 271,
    281, 284, 289, 293
포스트모던 281
폴(E. Pols) 179
프란시스 베이컨 274
프랭클린(S. T. Franklin) 45, 46, 47
프로이트 95
플라톤 35, 57, 58, 59, 60, 62, 65, 67,
    224
필연성 12

하이데거 6
하이데거의 존재신학 200
하츠혼(C. Hartshorne) 121, 163, 164,
    166, 167, 168, 182, 183, 184
한정특성(defining characteristic) 108,
    151, 167, 186, 251, 258
한정성 151
한정의 형식 65, 109
합리성 33, 64, 119, 220, 228, 237,
    239, 272, 274, 283
합리적 종교(rational Religion) 104
합리주의 5, 10, 16, 37, 239, 274, 275
합리화(rationalization) 10, 30, 38, 40,
    44, 46, 47, 123, 232, 233, 241
합생(concrescence) 86, 90, 111, 112,
    114, 116, 118, 121, 122, 147, 197,
    199, 211, 278, 285
해석기하학 44
해체 7
해체적 포스트모더니즘 25
헤겔 5, 6, 7

헤라클레이토스 157

헴펠(Carl Hempel) 56

혁신(innovation) 194, 294

현실세계(actual world) 16, 19, 62, 110

현실적 계기(actual occasion) 21, 41, 81, 108, 152, 162, 170, 174, 175, 179, 180, 186, 187, 188, 251, 257, 258, 259, 260, 279

현실적 존재(actual entity) 25, 46, 48, 62, 90, 106, 107, 108, 109, 110, 112, 113, 115, 116, 117, 118, 121, 122, 129, 131, 142, 143, 145, 147, 148, 149, 150, 151, 153, 154, 157, 162, 174, 175, 176, 178, 185, 191, 192, 195, 196, 197, 198, 199, 201, 202, 203, 205, 208, 211

현실태(actuality) 12, 15, 41, 62, 63, 64, 65, 66, 67, 70, 77, 78, 81, 83, 87, 89, 91, 110, 111, 117, 120, 129, 192, 199, 201, 209, 211, 214

현실태로부터의 추상 42, 43, 46, 47

현실화(actualization) 142, 145

현전 224, 272, 273

형상(form) 58, 60, 108, 112, 151, 251

형상이론 58

형상적 구조 115

형성적 요소(formative elements) 109, 110

형이상학 35, 67, 74, 97, 127, 128, 132, 133, 135, 139, 152, 181, 222, 235, 240, 275, 276

『형이상학』(Metaphysica) 127, 136, 137, 139

형이상학적 논의 10

형이상학적 범주 36, 74, 108, 120, 282

형이상학적 범주체계 77

형이상학적 우주론 11, 13, 30

형이상학적 이원론 245

형이상학적 진리 69

홀(D. L. Hall) 36

화이트헤드의 오해 128, 129

환원적 분석 21, 22, 249

환원주의 252, 253

활동성(activity) 107

획기성이론 17, 128, 131, 132, 140, 141, 145, 146, 150, 155, 157

흄(D. Hume) 23, 128, 219, 220, 221, 222, 223, 224, 225, 229, 230, 231, 232, 235, 236, 237, 239, 241

힌두교 124

화이트헤드철학의 모험

2002년 5월 4일 초판발행
2002년 5월 4일 1판 1쇄

지은이 문 창 옥
펴낸이 남 호 섭
펴낸곳 통 나 무

서울 종로구 동숭동 199-27
전화 : (02) 744 - 7992
팩스 : (02) 762 - 8520
출판등록 1989. 11. 3. 제1-970호

ISBN 89-8264-107-6   93160